참된 신자가 되라

참된 신자가 되라

1판 1쇄 인쇄 2007년 1월 5일
1판 1쇄 발행 2007년 1월 12일

지은이 조나단 에드워즈
옮긴이 이기승
펴낸곳 (주)씨뿌리는 사람

등록번호 제2006-4호
주　　소 경기도 이천시 부발읍 아미리 725
　　　　　 (서울사무소) T. 741-5184~5　F. 744-1634

책값은 뒤표지에 있습니다.

ISBN 978-89-90342-18-8
ISBN 89-90342-18-X

"천국은 마치 사람이 자기 밭에 갖다 심은 겨자씨 한 알 같으니
이는 모든 씨보다 작은 것이로되 자란 후에는 나물보다 커서 나무가 되매
공중의 새들이 와서 그 가지에 깃들이느니라"(마 13:31-32).

공급처　기독교문사 도매부　T. 741-5181~3　F. 762-2234

참된 신자가 되라
− 참된 믿음이 나타내는 표지와 유익 −

조나단 에드워즈 지음 | **이기승** 옮김

씨뿌리는사람

차 례

머리말 · 6

1. 중대한 죄인에게 베푸시는 용서 · 9
2. 마귀의 경험과 구별되는 참된 은혜 · 27
3. 기도의 의무를 다하지 않는 위선자들 · 61
4. 신앙의 스승이라는 자들에게 주는 경고 · 93
5. 택하신 백성, 왕 같은 제사장, 거룩한 나라,
   그의 소유 된 백성인 크리스천 · 117
6. 그리스도께서 참된 제자들에게 주시는 평안 · 179
7. 몸을 떠나 주와 함께 거하는 성도들 · 199
8. 의인들이 받을 유업 · 241

역자 후기 · 323

머 리 말

 사도 바울처럼, 청교도 설교가에게 있어서 그의 마음에 품은 열정과 욕구는 자기 백성인 청교도들이 예수 그리스도 안에서 참으로 구원받고 발견되는 것이다. 교회 안에는 항상 참된 신자와 거짓 신자들, 곡식 가운데 가라지가 있어 왔는데, 곡식과 가라지를 구별하는 일은 청교도 목회자에게 가장 큰 도전 가운데 하나였다. 바울은 고린도 교인들에게 "너희가 믿음에 있는지 너희 자신을 시험하라"고 말했다.
 그러나 청교도 목회자는, 너무 무거운 행보(行步)는 불필요한 내면 감시와 회고(回顧)를 불러일으킨다는 것 또한 알고 있다. 그러나 부족한 자기 성찰은 불필요한 저주의 원인이 될 수도 있다. 그래서 "99% 크리스천"(almost Christian)이 되도록 하는 위협은 불길한 것이며 또한 실제적이다. 그리고 오늘처럼 "쉬운 믿음주의"(easy-believism)와 "값싼 은혜"(cheap grace)가 만연한 때는 없었다.

미국의 위대한 설교자 조나단 에드워즈(Jonathan Edwards)가 한 이 설교 모음에는 참된 은혜와 그에 반대되는 가짜 은혜가 여러 다양한 방법으로 설파되고 있다. 과도한 자기 성찰이 억압을 가하고 해를 끼칠 수 있는 반면, 자기 성찰에 대한 완전한 결여는 훨씬 더 큰 해를 끼칠 수 있다.

　하나님께서 이 설교들을 사용하셔서 죄인들을 깨우치시고 성도들을 위로하시기를 기원한다. 이 설교들이 그 두 가지 목적을 이룸으로써 하나님의 영광을 더 높여 드리는 것이 에드워즈의 바람이요 또한 우리의 바람이다.

　하나님께 영광을!

설교 ❶

중대한 죄인에게 베푸시는 용서

> "여호와여 나의 죄악이 중대하오니
> 주의 이름을 인하여 사하소서"(시 25:11).

이 시편의 몇 구절로 보아 다윗은 고통과 위험의 시기에 처해 있음이 분명하다. 그 사실은 특히 15절과 그에 뒤따르는 구절에 나타난다. "내 눈이 항상 여호와를 앙망함은 내 발을 그물에서 벗어나게 할 것임이로다." 그가 받는 괴로움은 그로 하여금 그의 죄를 생각나게 했고, 그를 죄의 자백으로 이끌어 죄 사함을 위해 하나님께 부르짖게 하였는데, 이는 고통의 시기에 적합한 일이었다. 7절을 보라. "여호와여 내 소시의 죄와 허물을 기억지 마시고 주의 인자하심을 따라 나를 기억하시되 주의 선하심을 인하여 하옵소서." 그리고 18절을 보라. "나의 곤고와 환난을 보시고 내 모든 죄를 사하소서."

본문에서 시편 기자가 죄의 용서를 위한 호소에서 사용하는 논쟁은 주목할 만하다.

첫째, 그는 하나님의 이름을 위하여 용서를 호소한다. 그는 그가 행한 그 어떤 선한 행실이 지닌 의와 가치 때문에, 혹은 지은 죄를 위해 행한 그 어떤 보상 때문에 용서를 기대하지 않는다(만일 사람의 의가 정당한 호소의 근거가 될 수 있다면, 다윗은 그 누구보다도 더욱 그렇게 할 수 있는 사람이다). 다윗은 하나님 자신의 이름을 위하여, 하나님 자신의 영광을 위하여, 하나님 자신의 자유로운 은혜의 영광을 위하여, 그리고 하나님의 언약의 성실성의 영광을 위하여 죄를 용서해 주시기를 하나님께 간구한다.

둘째, 시편 기자는 자비를 위한 논쟁으로서 그가 지은 죄의 중대함을 호소한다. 그 자신의 의를 호소하거나 그가 지은 죄가 극히 작음을 호소하지 않는다. 그는 "나의 불의를 사하소서. 이는 내가 그 죄를 상쇄하려고 선한 일을 많이 하였나이다."라고 말하거나, "나의 불의를 사하소서. 이는 내 불의가 작기 때문이며, 나에 대해 분노할 그 어떤 큰 이유가 없나이다. 나의 불의가 그다지 크지 않으므로 나를 대적하여 그것을 기억해야 할 그 어떤 이유도 없나이다. 내가 거스른 것은 그런 것이 아니므로 충분히 간과할 수 있나이다"라고 하지도 않았다. 반대로, 그는 "나의 죄악을 사하소서, 이는 나의 죄악이 중대함이니이다."라고 말한다. 그는 그가 지은 죄가 중대함을 호소하고 있는 것이지 그 죄가 작음을 호소하고 있는 것이 아니다. 그는 지은 죄가 매우 가중스럽다는 사려(思慮)로써 그의 기도를 강화한다.

질문. 그러나 그는 어떻게 용서를 위해 이 호소를 할 수 있었는가?

답변. 지은 죄악이 컸기 때문에 그는 더 큰 용서가 필요했다. 그는 이렇게 기도한 것이라 해도 과언이 아니다. "나의 죄악을 용서해 주소서. 이는 내 죄악이 너무 커서 심판을 감당할 수 없나이다. 내 죄악이 너무 크기에 용서가 필요하나이다. 만일 나를 용서하시기를 기뻐 아니하신다면 나는 지극한 불행에 빠질 것이니이다." 그는 마치 사람이 구조를 요청함에 있어서 불행의 막대함을 이용하는 것처럼, 죄에 대한 그의 호소를 강화하기 위해 그가 지은 죄의 중대함을 이용한다. 거지가 빵을 구걸할 때, 그는 막심한 가난과 필요를 호소할 것이다. 고통 속에 있는 사람이 자비를 구하여 부르짖을 때, 그가 처한 극한의 처지를 호소하는 것보다 더 적합한 호소가 어디 있겠는가? 하나님께서는 이 같은 호소를 받아들이시는데, 우리가 처한 불행 이외에 그 어떤 다른 것으로 말미암아 우리를 향해 자비를 베푸시는 것이 아니다. 하나님은 가치가 있기 때문에 죄인을 자비롭게 여기시는 것이 아니라, 죄인이 하나님의 자비를 필요로 하기 때문에 자비를 베푸신다.

교리: 만일 우리가 자비를 얻으려고 하나님께 나아가면, 우리가 지은 중대한 죄는 결코 용서에 방해물이 되지 않는다.

만일 장애가 된다면, 우리가 본문에서 살피는 바와 같이 다윗은 결코 용서를 위한 호소로서 죄의 중대함을 사용하지 않았을 것이다.

자비를 얻기 위해, 우리가 진실로 하나님께 나아가기 위해 다음의 일들이 필요하다.

1. 우리는 우리의 불행을 목도해야 하며 자비의 필요를 느껴야 한다. 자신들의 불행을 느끼지 않는 자들은 자비를 위해 진실로 하나님을 찾을 수 없다. 왜냐하면 하나님의 자비에 대한 인식은 불행에 대처하시는 하나님의 선하심과 은혜를 불러오기 때문이다. 불행이 없으면 자비의 베푸심이 있을 수 없다. 불행에 대한 생각 없이 자비를 생각하는 것이나, 재난 없는 동정은 모순이다. 그러므로 먼저 자신의 불행을 알지 못하면 자신을 자비의 타당한 행위가 필요한 자로 생각할 수 없다. 그러므로 이러한 경우가 아니라면 사람들은 자비를 얻기 위해 하나님께 나아가는 것이 불가능하다. 인간은, 자신은 진노의 자식이며 율법이 자신을 대적하며, 율법의 저주에 노출되어 있으며, 죄책 아래 있는 자신에 대해 하나님은 매일 분노하신다는 사실을 뼈저리게 느껴야 한다. 하나님의 진노의 대상이 되는 것과 하나님을 원수로 삼는 것은 심히 두려운 일이며, 하나님의 진노를 감당할 수 없다는 사실을 깨달아야 한다. 비록 순간적인 즐거움을 누릴지라도 죄책은 우리를 불행한 피조물로 만든다는 사실을 깨달아야 한다. 하나님께서 분노하시는 한, 사람들은 오로지 불행하며 파멸에 이를 피조물이라는 사실을 깨달아야 한다. 만일 하나님께서 도우시지 않는다면 무력하고 멸망해야 할 자들임을 깨달아

야 한다. 자신들이 처한 입장이 전적으로 절망적이라서 어느 누구도 아무런 도움을 줄 수 없다는 사실, 영원한 불행의 구덩이에 빠져야 한다는 사실을 깨달아야 한다. 만일 하나님께서 자비를 베푸시지 않으신다면, 불가불 그 구덩이에 빠져야 한다는 사실을 깨달아야 한다.

2. 우리는 가치가 없으며, 하나님은 우리에게 자비를 베푸셔야 함을 깨달아야 한다. 자비를 구하러 하나님께 진실로 나아가는 자는 채권자로서가 아니라 구걸하는 자로 나아간다. 그들은 단순한 자비, 주권적 은혜를 위해 나아가며, 꼭 받아야 할 어떤 것을 위해 나아가지 않는다. 그러므로 그들은 자신이 바로 불행 아래 있다는 사실, 자신이 하나님의 진노의 위협 앞에 노출되어 있다는 사실, 하나님은 자신의 원수가 되실 만한 자격이 있으며 줄곧 자신의 원수가 되셔야 한다는 사실을 알아야 한다. 우리는, 하나님께서 거룩한 율법 안에서 우리를 위협하시는 것이 정당하다는 사실을 깨달아야 하는데, 하나님의 거룩한 율법은 우리를 하나님의 진노와 저주의 대상으로 삼아 영원한 지옥에 던질 수 있다. 올바른 방법으로 하나님의 자비를 구하러 하나님께 나아가는 자는 하나님의 엄격하심에 대해 흠을 찾지 않는다. 마치 목둘레에 밧줄을 감은 듯이, 자비의 발끝 먼지에 누운 듯이 자신의 전적인 무가치함을 깨닫고서 나아간다.

3. 우리는 오로지 예수 그리스도 안에서 그리고 예수 그리스도를 통하여 자비를 구하러 하나님께 나아가야 한다. 자비에 대해 갖는 우리의 모든 희망은 예수 그리스도가 누구신지, 그분이 무엇을 하셨는지, 그리고 어떤 고난을 받으셨는지에 대한 숙고에서 비롯되어야 한다. 우리는 예수 그리스도 이름 외에 구원받을 만한 그 어떤 이름을 하늘 아래 사람들 가운데 주신 적이 없다는 사실, 예수 그리스도는 하나님의 아들이시며 세상의 구세주이신 사실, 그분의 보혈이 모든 죄를 정결케 하며, 그

분 안에 있는 모든 죄인이 용서받고 용납될 만큼 그분은 가치 있는 분이라는 사실을 숙고해야 한다. 누구라도 자비를 얻으러 하나님께 나아가야 하며, 동시에 자비에 대한 희망을 갖지 말아야 하는 것은 불가능하다. 자비를 얻기 위해 하나님께 나아가는 것은 우리가 얻을 수 있는 희망을 갖는다는 사실을 함축한다. 만일 그렇지 않다면, 하나님께 나아가는 것이 가치 있는 일이라고 생각지 않을 것이다. 그러나 올바른 방법으로 하나님께 나아가는 자들은 그리스도를 통해 희망을 갖거나, 혹은 그리스도의 구속의 충분함을 숙고함으로써 희망을 갖는다. 그러므로 만일 누군가가 자비를 얻기 위해 하나님께 나아간다면, 중대한 죄를 용서를 받는 데 장애물이 되지 않는다. 지은 죄가 제아무리 무수하고 커서 하나님의 진노를 매우 크게 할지라도, 그 죄는 그들을 용서하시는 하나님을 조금치도 뒷걸음질하시게 하지 못한다. 이 사실은 다음의 숙고들에 의해 분명해질 수 있다.

첫째, 하나님의 자비는 지극히 작은 죄를 용서하실 수 있는 것처럼 큰 죄도 용서할 만큼 충분하다. 이는 그분의 자비가 무한하기 때문이다. 무한한 것은 작은 것 위에 있는 것처럼 큰 것 위에도 충분히 있다. 그러므로 무한히 위대하신 하나님은 거지 위에도 계시지만 열왕 위에도 계신 분이다. 가장 미약한 벌레 위에도 계신 것처럼 지극히 높은 천사들 위에도 계신 분이다. 하나의 무한한 척도(infinite measure)는 다른 무한한 것들의 범위를 초월한다. 그러므로 무한한 하나님의 자비는 모든 죄를 용서할 만큼 충분해야 한다. 만일 하나님의 자비가 지극히 작은 죄 가운데 하나를 능가하지 못한다면, 역시 지극히 큰 죄나 수만 가지 죄를 능가하지 못한다. 그러므로 이 사실 홀로 교리를 증명하지 못함이 고백되어야 한다. 왜냐하면 비록 하나님의 자비가 다른 것들과 한가지로 대죄(大罪)를 용서하기에 충분하다 할지라도 자비의 부족 외에 다른 장애물이 있을 수 있기 때문이다. 하나님의 자비는 충분할 수 있고, 다른 속성들은 이 경우들에 있어서 자비의 섭리(dispensation of mercy)와 역행할 수 있다. 그러므로 나는 주목한다.

둘째, 그리스도의 보혈은 작은 죄를 제거할 수 있는 것처럼 대죄를 제거하기에 충분하다. 요한일서 1장 7절은 "그 아들 예수의 피가 우리를 모든 죄에서 깨끗하게 하실 것이요"라고 말씀한다. 사도행전 13장 39절은 "또 모세의 율법으로 너희가 의롭다 하심을 얻지 못하던 모든 일에도 이 사람을 힘입어 믿는 자마다 의롭다 하심을 얻는 이것이라"고 말씀한다. 하나님의 자비를 얻기 위해 진실로 하나님께 나아가는 자들의 모든 죄는, 만일 우리에게 말씀하시는 하나님이 참되시다면, 무슨 죄가 될지라도 사함 받는다. 그리고 만일 사함 받는다면, 하나님은 용서하시기 위해 준비되셔야 한다. 그리스도께서 모든 죄 값을 지불하심으로써 하나님께서 만족하셨기 때문에 올바른 방법으로 자비를 얻기 위해 하나님께 나아가는 자들의 대죄를 용서하시는 것은 그 어느 방면으로도 영적 속성이 지닌 영광과 모순되지 않는다. 하나님은 이제 당신의 거룩하심의 영광에 대해 그 어떤 편견도 없이 중대한 죄인들을 용서하실 수 있다. 하나님은 거룩하심으로 말미암아 지극히 작은 죄도 용납하지 못하시며 죄를 혐오하시는 타당한 증거를 제시하신다. 그러나 그리스도께서 모든 죄 값을 지불하셨기 때문에, 얼마나 중대한 죄인으로 살아왔든지 하나님은 이제 죄인들을 사랑하실 수 있고 더 이상 죄를 결코 지지하시지 않는다. 그리스도께서 죄인의 죄책을 담당하셨을 때, 하나님께서는 진노를 자신의 사랑하는 아들 위에 쏟으심으로써 죄에 대한 혐오를 충분히 증거하셨다. 이보다도 죄에 대한 하나님의 혐오를 더 보여 주는 것은 존재하지 않는다. 만일 모든 인류가 영원히 저주받았다면, 그것은 죄에 대한 하나님의 혐오를 보여 주는 큰 증거가 되지 못했을 것이다.

하나님은 그리스도를 통하여 당신의 위엄의 영광에 그 어떤 손상을 끼치지 않으시고 중대한 죄인을 용서하실 수 있다. 실로 하나님께서 지니신 위엄의 영광은 만족을 요구하지만, 그리스도께서 받으신 고난이 하나님의 영광이 받은 손상을 충분히 보상하신다. 멸시는 그렇게 클 수 없었다. 그러나 그리스도와 같이 영광스러운 분이 죄인들을 위한 중재자가 되시는 사명을 감당하여 그렇게도 많은 고난을 당하신다면, 그 일은 하늘과 땅을 주관하시는 위엄하신 분께 끼치는 손상을 충분히 보상한다. 그리스도께서 받으신 고난은 정의를 충분히 만족시킨다. 최고의 통치자이시며 세상의 심판관이신 하나님의 정의는 죄에 대한 심판을 요구한다. 최고의 심판관은 정의의 법칙에 따라 세상을 심판하셔야 한다. 하나님은 심판관으로서는 자비를 보여 주시지 않지만, 주권자로서는 자비를 보여 주신다. 그러므로 주권자로서 베푸시는 자비의 실천과 심판관으로서 요구하시는 정의는 서로 조화를 이루어야 한다. 그리고 이 조화는 그리스도께서 받으신 고난에 의해 완성되는데, 그리스도께서 받으신 고난에서 죄는 완전히 심판받고 정의는 해답을 얻는다. 로마서 3장 25-26절은 말씀한다. "이 예수를 하나님이 그의 피로 인하여 믿음으로 말미암는 화목 제물로 세우셨으니 이는 하나님께서 길이 참으시는 중에 전에 지은 죄를 간과하심으로 자기의 의로우심을 나타내려 하심이니 곧 이때에 자기의 의로우심을 나타내사 자기도 의로우시며 또한 예수 믿는 자를 의롭다 하려 하심이니라." 만일 사람이 자비를 얻기 위해 진실로 하나님께 나아간다면 율법은 대죄를 용서하는 길에 방해물이 못 된다. 왜냐하면 그리스도께서 율법을 완성하셨기 때문이다. 그리스도는 받으신 고난에서 율법의 저주를 담당하셨다. 갈라디아서 3장 13절은 말씀한다. "그리스도께서 우리를 위하여 저주를 받은 바 되사 율법의 저주에서 우리를 속량하셨으니 기록된 바 나무에 달린 자마다 저주 아래 있는 자라 하였음이라."

셋째, 그리스도께서 올바른 방법으로 자비를 얻기 위해 하나님께 나아가는 중대한 죄인들의 구원을 거절하지 않는 까닭은 죄인들을 구원하는 일이 그분의 사역이기 때문이다. 실로 죄인의 구세주가 되는 것이 그분이 하시는 일이다. 바로 그 일을 위해 그리스도는 세상에 오셨다. 그러므로 그리스도는 그 일을 거절하지 않으신다. 그리스도는 의인을 부르러 오신 것이 아니라 죄인을 불러 회개시키러 오셨다(마 9:13). 죄는 그리스도께서 치료하시기 위해 세상에 오신 악이다. 그러므로 죄가 많은 그 어떤 사람도 거절하지 않으신다. 죄가 많을수록 그는 그리스도가 더 필요하다. 사람의 죄성은 그리스도께서 오신 이유다. 죄는 그리스도께서 사람을 구원하시기 위해 오신 바로 그 불행이다. 불행하면 불행할수록 죄인들은 더더욱 그분의 구원을 필요로 한다. "건강한 자에게는 의원이 쓸데없고 병든 자에게라야 쓸 데 있느니라"(마 9:12). 의원은 도움을 절실히 필요로 하는 사람을 치료하는 일을 거절하지 않는다. 만일 자비를 가진 의원이 환자나 부상자를 찾아가서 고칠 수만 있다면 확실히 도움을 최대한 필요로 하는 자들을 고치는 일을 거절하지 않는다.

넷째, 그리스도의 구속으로 말미암는 은혜의 영광이 여기에 있다. 중대한 죄인을 용서하기 위한 충만한 은혜의 영광이 여기에 있다. 구원의 길에 대한 전반적인 계획은 이 목적을 위한 것이며 하나님의 자유로운 은혜에 영광을 돌리기 위한 것이다. 하나님은 영원 전부터 이 속성에 영광을 돌리기 위해 마음에 계획을 품고 계셨다. 그러므로 그리스도를 통하여 죄인들을 구원하시는 계획을 하나님은 마음에 품고 계셨다. 하나님의 위대한 은혜는 중대한 죄인들을 구원하시는 데서 충분히 나타난다. 그 어떤 죄인의 죄책이 크면 클수록 영광스럽고 놀라운 은혜는 용서에서 더더욱 드러난다. 로마서 5장 20절은 "죄가 더한 곳에 은혜가 더욱 넘쳤나니"라고 말씀한다. 죄인이 지은 죄가 얼마나 중대한가를 말할 때, 죄인이 갖고 있는 큰 죄책은 이루 말할 수 없지만 사도는 용서에서 나타나는 은혜의 풍성함을 간파한다. 디모데전서 1장 13-14절은 말씀한다. "내가 전에는 훼방자요 핍박자요 포행자이었으나 도리어 긍휼을 입은 것은 내가 믿지 아니할 때에 알지 못하고 행하였음이라 우리 주의 은혜가 그리스도 예수 안에 있는 믿음과 사랑과 함께 넘치도록 풍성하였도다." 말로 표현할 수 없는 대죄를 지고 있는 자들을 구속하기에 충분한 것을 증거하시는 점에서, 온전히 구원하실 수 있다는 점에서, 그리고 심지어 불행에서 구속하실 수 있다는 점에서 구세주는 영광을 받으신다. 거의 절망적인 병이나 상처를 치료하는 것이 의사의 영광인 것처럼, 그분께 나아가는 자를 구원하는 것이 그리스도의 영예이다. 그러므로 의심할 여지 없이, 만일 그분에게로 나아온다면 그리스도는 중대한 죄인들을 기꺼이 구원하고자 하신다. 왜냐하면 그리스도는 자신을 영광스럽게 하는 일에서 뒷걸음질하지 않으시고 그분 자신의 보혈의 가치와 미덕을 격찬하고자 하시기 때문이다. 죄인들을 구속하시고자 자기 자신을 드리신 것을 아시기에, 그리스도는 온전히 구속할 수 있는 능력이 있음을 보여 주시고자 한다.

다섯째, 만일 자비를 얻기 위해 하나님께 올바르게 나아간다면 용서는 그 어떤 중대한 죄인에게도 제공되고 약속된다. 복음의 초청은 "목마른 모든 자들아" "수고하고 무거운 짐 진 자들아 다 내게로 오라" 그리고 "누구든지 내게로 오라"는 말씀처럼 항상 보편적인 언어로 선포된다. 지혜의 목소리는 일반적으로 모든 사람에게 향한다. 잠언 8장 4절은 "사람들아 내가 너희를 부르며 내가 인자들에게 소리를 높이노라"고 말씀한다. 오 사람들이여, 그 소리는 도덕적이거나 종교적인 사람을 향한 것이 아니라 바로 당신을 향한 것이다. 그러므로 그리스도는 요한복음 6장 37절에서 약속하신다. "아버지께서 내게 주시는 자는 다 내게로 올 것이요 내게 오는 자는 내가 결코 내어 쫓지 아니하리라." 이 말씀은 마가복음 16장 15-16절에서 부활하신 후 사도들에게 주신 명령이다. "너희는 온 천하에 다니며 만민에게 복음을 전파하라 믿고 세례를 받는 사람은 구원을 얻을 것이요 믿지 않는 자는 정죄를 받으리라." 이 말씀은 "이 복음은 천하 만민에게 전파된 바요"(골 1:23)라고 한 사도의 말과 일치된다.

적용

이 주제를 올바르게 사용하면, 양심이 죄책감의 짐에 짓눌려 있고 자비를 얻기 위해 그리스도를 통하여 즉시 하나님께 나아가는 죄인들을 격려한다. 만일 당신이 우리가 설명한 길을 따르면 자비의 팔은 당신을 껴안기 위해 열려 있다. 지은 죄가 아무리 검붉을지라도 당신이 지은 죄 때문에 하나님께 나아가는 것을 두려워할 필요가 없다. 당신이 세상에 있는 모든 사악한 사람들과 지옥에 있는 모든 저주받은 영혼들처럼 당신 영혼을 짓누르는 많은 죄책을 갖고 있지만, 만일 자비를 얻으려고 하나님께 나아간다면, 당신 자신의 악함을 깨닫고 오로지 그리스도 안에 있는 하나님의 자유로운 자비를 통해 용서를 구한다면, 당신은 결코 두려워할 필요가 없다. 당신이 지은 중대한 죄는 당신이 용서받는 데 아무런 장애가 되지 못한다. 그러므로 만일 당신의 영혼이 짐을 지고 있고 지옥에 대한 두려움이 당신을 짓누르고 있다면, 더 이상 그 짐과 고통을 지고 있을 필요가 없다. 만일 의지를 갖고 있다면 당신은 자유롭게 나아가 당신 스스로를 자유롭게 할 수 있고, 당신이 지고 있는 모든 짐을 그리스도께 던지고 그분 안에서 쉼을 얻을 수 있다.

그러나 여기서 일부 각성한 죄인들이 지금 내가 하는 권고에 대해 반기를 드는 일부 반론에 대해 말하고자 한다.

반론 1. "나는 나의 청춘을 다 소비했고, 내 인생의 황금기를 죄 짓는 데 보내서, 오로지 나의 늙은 시대를 하나님께 드릴 때 하나님이 나를 받아들이지 않으실까 두렵다."

답변 1. 하나님은 하나님께 나아가는 옛 죄인을 받아들이지 않으신다고 어디서 말씀하셨는가? 하나님은 종종 보편적인 말씀으로 제안과 약속들을 주셨다. 그리고 거기에 그 어떤 예외라도 있는가? 그리스도께서 "옛 죄인을 제외한 목마른 자는 다 내게로 와서 마시라"고 말씀하시는가? "옛 죄인을 제외한 수고하고 무거운 짐 진 자들아 다 내게로 오라 내가 너희를 쉬게 하리라"고 그 어디서 말씀하시는가? 혹은 "만일 옛 죄인이 아니라면 내게 오는 그를 내어 쫓지 아니하리라"고 말씀하셨는가? 당신은 성경 어디에서 그와 같은 예외를 읽었는가? 왜 당신의 머릿속에 하나님의 말씀 그 어디에도 근거 없는 생각을 주입하도록 방치하는가? 실로 옛 죄인이 다른 사람들보다 기꺼이 하나님께 나아가기란 드문 일이다. 그러나 만일 나아간다면, 그들은 다른 누구나처럼 쉽게 받아들여진다.

답변 2. 하나님께서 젊은 사람들을 받아들이실 때, 그것은 그 이후 하나님을 위해 하는 것처럼 보이는 봉사를 위한 것이 아니며, 또는 젊은 이를 나이 많은 사람들보다 더 받아들일 가치가 있기 때문도 아니다. 당신은 늙었기 때문에 하나님께서 받아들이지 않을 것으로 생각하는 데서 전적으로 문제를 그르치고 있다. 하나님께서 젊음의 시기에 있는 사람들을 쉽게 받아들이시기에 당신의 젊음이 하나님께서 받아들이시기에 훨씬 더 가치 있다고 생각지 말라. 하나님께서 그 누구든 기꺼이 받아들이시는 것은 오로지 그리스도를 위해서다.

당신은 당신의 인생이 거의 소비되어 하나님을 섬길 수 있는 가장 좋은 황금시기가 다 지나갔으므로 하나님께서 당신을 받아들이지 않을 것이라고 말한다(마치 회개가 하나님께 받아들여진 것이 하나님을 위한 봉사가 목적인 것처럼). 그러나 자기 의를 주장하는 영혼은 그와 같은 반론의 밑바닥에 있다. 하나님께서 사람들을 받아들이시고 호의를 베푸시는 것은, 하든지 아니면 하도록 기대를 받든지, 인간 자신의 어떤 선과 봉사를 위한 것이라는 생각에서 자유할 수 없다. 실상 인생의 황금시기인 젊음의 시기에 하나님을 부인하고 사탄을 섬기는 데 젊음을 소비하는 자들은 두려운 죄를 짓고 하나님의 분노를 일으킨다. 그리고 나이가 들어 늙을 때 하나님은 빈번히 그들을 내버려 두셔서 그들의 마음의 완고하게 하신다. 그러나 나이가 들어 그리스도를 기꺼이 영접하려 한다면, 하나님은 그들을 전혀 다른 사람으로 받아들이실 준비를 하고 계신다. 왜냐하면 그러한 방식으로 오직 그리스도와 그분이 지닌 가치를 존중하시기 때문이다.

반론 2. "그러나 나는 배척받기에 합당한 특별한 죄 지은 것을 두려워한다. 나는 빛을 거슬러 죄를 지었고 죄에 대한 강한 양심의 확신을 갖고 있다. 나는 뻔뻔하게 죄를 지었고, 하나님의 성령의 감동의 역사를 거절하여 하나님의 선택받은 자 그 누구도 범치 않은 그런 죄를 지은 사실을 두려워한다. 나는 하나님께서 구원하고자 하시는 자를 내버려 두셔서 그와 같은 무서운 뻔뻔스러움으로 빛과 확신에 대적하여 죄를 짓도록 하실 것이라고 생각할 수 없다." 그리고 다른 사람들은 "나는 하나님을 대적하는 마음, 신성모독적인 생각, 악의가 가득하고 원망하는 정신을 가졌고, 남용된 자비와 성령의 책망을 가졌고, 구세주를 짓밟아서 나의 죄는 영원한 저주에 떨어질 사람들에게나 특별한 그런 죄와 같다."고 말할지 모른다.

답변 1. 버림받기에 특별한 죄는 없지만, 성령을 거스르는 죄는 있다. 당신은 하나님의 말씀에서 어떤 다른 말씀을 읽는가? 만일 어떤 다른 말씀을 읽지 않는다면 그와 같은 다른 것을 생각할 근거를 갖고 있는가? 하나님 말씀 외에 그와 같은 문제를 판단할 어떤 다른 규칙을 우리는 갖고 있는가? 만일 우리가 하나님의 말씀을 초월할 모험을 감행한다면, 불행하게도 우리는 어둠 가운데 빠질 것이다. 만일 하나님의 말씀보다 우리 자신의 결정으로 더 멀리 나아가고자 한다면 사탄이 우리를 붙들고 이끌 것이다. 당신이 보기에 그와 같은 죄가 버림받기에 특별하며, 하나님께서 결코 용서하시지 않는 죄처럼 보일 것이다. 그러나 만일 당신이 하나님께서 결코 용서하시지 않는 죄를 드러내기 위해 하나님의 말씀을 갖고 있지 않다면, 그에 대해 어떤 이유를 제시할 수 있는가? 그것은 죄를 용서하시기에 하나님의 자비가 얼마나 충분한지, 혹은 그와 같은 뻔뻔스런 죄를 깨끗하게 씻을 수 있는 그리스도의 보혈을 볼 수 없기 때문인가? 만일 그렇다면, 그것은 당신이 하나님의 자비가 얼마나 막대한지를 여태껏 전혀 알지 못했기 때문이다. 당신은 여태까지 그리스도의 충분한 보혈을 보지 못했고, 그리스도의 보혈의 미덕이 얼마나 멀리 확장되는지를 알지 못하고 있다. 일부 선택받은 자들은 성령을 거스르는 죄를 제외한 모든 죄의 죄책을 지고 왔다. 만일 당신이 성령을 거스르는 죄책을 지고 오지 않는 한 버림받기에 특별한 어떤 죄책을 지고 온 것은 아니다.

답변 2. 사람들은 자기들이 범죄한 사실을 좀처럼 믿으려 하지 않는 것 같으며, 믿을 때에도 용서받을 수 있다고 쉽게 믿으려 들지 않는다. 어떤 죄인들은 다른 사람들보다 더 지옥의 위험에 처해 있다고 고백하지 않을 수 없다. 모든 사람이 큰 위험에 빠져 있음에도 불구하고 어떤 이들은 구원을 받으려고 하지 않고, 회개하고 그리스도께 나아오지 않으려는 것 같다. 그러나 그리스도께 나아오는 모든 사람은 쉽게 받아들여진다. 그리고 다른 사람들의 경우와 마찬가지로 그리스도께 나아오는 한 사람을 위한 격려가 있다.

　당신이 말하는 것과 같은 죄들은 실상 하나님 보시기에 너무 흉악하고 하나님의 분노를 일으키며, 특별한 방법으로 영혼을 저주의 위험으로 이끌어 가고, 마음의 최후의 완고함에 이를 수 있는 위험으로 이끈다. 하나님은 보편적으로 다른 죄들보다 그러한 죄들에 대해 엄중한 심판을 내리신다. 그러나 그러한 죄들은 버림받기에 특별한 죄는 아니다. 버림받는 한 가지 죄가 있는데 그 죄는 성령을 거스르는 죄이다. 당신이 범한 죄들에도 불구하고, 만일 당신이 죄를 발견하고 그리스도께 나올 마음을 갖고서 그리스도께 가까이 한다면, 그와 같은 죄들을 범했음에도 불구하고 쉽게 받아들여질 것이다. 하나님께서 어떤 죄인들을 다른 죄인들보다 그리스도께 나오도록 덜 역사하시는 경우가 있지만, 그것은 하나님의 자비와 그리스도의 구속이 다른 사람들을 위한 것보다 덜 역사하기 때문이 아니다. 오히려 사람들의 악함을 제한하는 그분의 은혜를 알맞게 분여하시는 지혜 때문이다. 그리고 회개하는 은혜를 주시고자 하시는 그분의 의지 때문인데, 그 수단 가운데 이것은 한 가지 수단, 즉 우리가 지닌 빛과 양심의 확신과 일치하는 도덕적이며 종교적인 삶을 인도하기 위한 것이다. 그러니 일단 어떤 죄인이 기꺼이 그리스도께 나아온다면, 다른 죄인들을 위한 것처럼 자비는 준비되어 있다. 그가 지은 죄를 해결하시지 않으려는 어떤 생각은 전혀 품지 않으신다. 세아무리 죄가 많다 해도, 그가 지은 죄들을 기억하시지 않는다. 하나님은 그가 지은 죄들을 가지고서 그를 질책하지 않으신다.

　반론 3. "그리스도께 뻔뻔히 나아가기 이전에 나 자신을 더 나은 존재로 만들기까지 기다리는 편이 더 낫지 않은가? 나는 지금까지 사악한 삶을 살아왔고, 그러한 자신을 지금 보고 있다. 그러나 나는 나 자신을 개조할 희망을 갖고 있고, 최소한 나 자신을 그다지 지독하지 않은 악인으로 간주하고 있다. 그래서 나는 자비를 얻기 위해 하나님께 나아갈 용기를 더 갖게 될 것이다."

답변 1. 당신이 얼마나 비이성적으로 행동하고 있는지를 숙고하라. 당신은 당신 자신을 자신의 구세주로 세우려 발버둥치고 있다. 당신은 좀 더 쉽게 받아들여지려는 이유 때문에 당신 자신으로부터 무언가를 얻으려고 애쓰고 있다. 그렇게 함으로써 당신은 오로지 그리스도 때문에 받아들여지도록 구하고 있지를 않다. 그리고 그것은 그리스도로부터 당신의 유일한 구세주 되심의 영광을 빼앗는 것이 아닌가? 그리스도를 유일한 구주로 삼는 희망만이 당신을 구원하는 길이다.

답변 2. 당신이 행할 수 있는 어떤 것 때문에 그리스도께서 당신을 더 쉽게 받아들이지 못하는 것을 먼저 알지 못하면, 당신은 결코 그리스도께 나아올 수 없다. 당신은 당신 자신을 더 개선하려고 노력하는 일이 전적으로 헛됨을 먼저 알아야 한다. 당신은 자신을 더 가치 있는 존재로 만들 수 없다는 사실을 알아야 한다. 당신은 당신이 행할 수 있는 그 무엇에 의해서도 당신을 더 가치 있는 존재로 만들 수는 없다.

답변 3. 지금의 당신보다 더 나은 존재가 아니더라도, 만일 진실로 그리스도께 나아오면 그분 안에 당신을 위한 용서가 충분함을 보아야 한다. 당신이 내세울 당신 자신의 그 어떤 의가 없어도 당신을 용서하시는 그리스도의 충분함을 보지 못한다면 그리스도께 나아와 받아들여지지 않을 것이다. 받아들여지는 길은 그와 같은 어떤 격려에 근거하여 나아오는 것이 아니라—이제 당신은 보다 나은 존재로, 보다 가치 있는 존재가 되어 있다—그리스도의 가치와 하나님의 자비의 단순한 격려에 근거하여 나아오는 것이다.

답변 4. 만일 당신이 진실로 그리스도께 나아온다면, 당신 자신을 더 나은 존재로 만들기 위해 나아와야 한다. 당신은 병이나 상처를 치유받기 위한 환자로서 의사이신 그분께 나아와야 한다. 그분 앞에 당신의 모든 악함을 펼쳐놓아라. 당신의 선함을 호소하지 말고 당신의 악함을 호소하고, 그 때문에 당신의 필요를 호소하라. "나의 불의를 용서하소서. 나의 불의가 그다지 크지 않나이다."라고 말하지 말고, 본문의 시편 기자가 말한 것처럼, "나의 불의를 사하소서, 나의 불의가 중대함이니이다."라고 고백하라.

설교 ❷

마귀의 경험과 구별되는 참된 은혜

> "네가 하나님은 한 분이신 줄을 믿느냐 잘하는도다 귀신들도 믿고 떠느니라"(약 2:19).

이 말씀에서 네 가지 사실을 주목하라.

1. 사색적인 믿음이나 종교 교리에 대한 믿음 같은 것을 마치 자신들이 지닌 자산(資産)이나 어음의 증거로, 하나님께로부터 받는 호의의 대상으로 의존하는 자들이 있었다. 특히 유일하신 하나님의 존재에 대한 교리가 언급된 까닭은, 그것은 그 당시 흩어진 고백적인 크리스천과 이교도 사이를 구별하는 가시적이며 두드러진 교리였기 때문이다. 그러므로 그 교리를 권면으로 받아들여 수많은 사람들이 신뢰하였거나, 최소한 실재적인 크리스천이 세상과 구별되게 갖는 영적이며 영원한 특권에 대한 증거이자 관심사였다.

2. 이 믿음은 많은 것을 내포한다. 믿음은 훌륭한 성취이다. "잘하는도다." 믿음을 갖는 것은 필요한 대로 잘하는 것이다. 이 교리는 그리스도교가 지닌 근본적인 교리 가운데 하나였고, 어떤 면에서 다른 모든 교리보다 뛰어난 것이었다. 구원을 얻기 위해 믿음이 필요했다. 이 교리에 대한 믿음이 없으면, 특히 사도가 써 보낸 편지를 받아서 알 수 있는 그와 같은 유리한 입장을 가진 사람들에게 있어서는, 큰 죄가 될 수 있었고 그들이 받을 저주를 더욱 악화시키는 일이 될 수 있었다. 이 믿음은 또한 여러 면에서 좋은 성향을 갖고 있었다.

3. 유일하신 하나님에 대한 믿음은 한 사람이 구원의 상태에 있다는 어떤 증거였다. 본문 전체는 이 사실이 사도의 계획이었음을 보여 준

다. 그리고 그것은 특히 이 구절의 결론부에서 네 번째 요지로 선포되고 있다.

4. 믿음이 은혜의 상태에 있는 표지가 아님을 증명하는 사도의 주장은 그 믿음이 귀신에게서도 발견된다는 것이다. 귀신들은 하나님 한 분이 계심을 믿는다. 그들은 하나님이 거룩하시며 죄를 미워하시는 하나님이심을 안다. 그들은 하나님이 진리의 하나님이시며 미래에 심판하실 것을 믿으며 자신들 위에 큰 불행이 닥칠 것을 안다. 그리고 그들은 하나님은 전능하신 하나님이시며 자신들에게 위협하신 원수갚음도 감행하실 수 있음도 믿는다. 그러므로 말씀에서 내가 추론하는 교리는 다음과 같다.

교리: 귀신이 경험하는 것과 같은 동일한 본성을 소유한 사람의 마음속에 있는 그 무엇도 진정 구원받는 은혜의 증거가 아니다.

만일 귀신이 그 자신 안에 갖거나 혹은 자신 안에서 발견하는 그 무엇이 하나님의 성령의 구원하시는 은혜의 증거라고 한다면 사도의 주장은 옳지 않다. 사도가 하는 주장은 확연하다. "마귀 안에 있는 것, 혹은 마귀가 하는 것은 은혜의 증거가 아니다. 그러나 마귀들은 하나님 한 분이 계심을 믿는다. 그러므로 하나님 한 분이 계시다는 당신의 믿음은 당신이 은혜의 상태에 있는 확실한 증거가 아니다." 사도가 하는 주장의 전체적인 근거는 다음의 명제에 놓여 있다. 마귀 안에 있는 것은 분명한 은혜의 표지가 아니다. 그럼에도 불구하고, 나는 이 교리와 관련하여 두세 가지 진리에 대한 이유나 주장을 펼칠 것이다.

주장 1. 마귀는 결코 거룩하지 않다. 어느 정도의 거룩도 없다. 그러므로 그들이 주체가 되는 그 무엇이라도 거룩한 경험이 될 수 없다.

마귀는 한때 거룩했다. 그러나 그가 타락했을 때 그는 그의 모든 거룩함을 상실하여 완전히 사악하게 되었다. 그는 가장 중대한 죄인이며, 어떤 의미에서 모든 죄의 아비다. 요한복음 8장 44절은 말씀한다. "너희는 너희 아비 마귀에게서 났으니 너희 아비의 욕심을 너희도 행하고자 하느니라 저는 처음부터 살인한 자요 진리가 그 속에 없으므로 진리에 서지 못하고 거짓을 말할 때마다 제 것으로 말하나니 이는 저가 거짓말쟁이요 거짓의 아비가 되었음이니라." 요한일서 3장 8절은 말씀한다. "죄를 짓는 자마다 마귀에게 속하나니 마귀는 처음부터 범죄함이니라." 마귀는 "사악한 자"로서 종종 고귀함에 대해 말하고, 고귀한 방식으로 행하기도 한다. 그래서 마태복음 13장 19절은 "악한 자가 와서 그 마음에 뿌리운 것을 빼앗나니"라고 말씀한다. 38절은 "가라지는 악한 자의 아들들이요"라고 말씀한다. 요한일서 2장 13절은 "청년들아 내가 너희에게 쓰는 것은 너희가 악한 자를 이기었음이니라"고 말씀한다. 요한일서 3장 12절은 "가인같이 하지 말라 저는 악한 자에게 속하여"라고 말씀한다. 요한일서 5장 18절은 "하나님께로서 나신 자가 저를 지키시매 악한 자가 저를 만지지도 못하느니라"라고 말씀한다. 그러므로 마귀들은 악한 영, 더러운 영, 흑암의 권세, 이 세상 어두움의 주관자, 그리고 악 그 자체로 불린다. 에베소서 6장 12절은 "우리의 씨름은 혈과 육에 대한 것이 아니요 정사와 권세와 이 어두움의 세상 주관자들과 하늘에 있는 악의 영들에게 대함이라"고 말씀한다.

   그러므로 마귀가 품고 있는 것들은 확실히 참된 거룩의 본성일 수 없다. 마귀들이 하나님과 종교에 대해 갖는 지식과 이해는 영적이며 거룩한 빛일 수 없으며 같은 종류의 지식일 수도 없다. 그들의 마음에 각인된 그 어떤 영상(影像)도 영적 본성일 수 없다. 아무리 위대할지라도 신성한 것들에 대해 그들이 가지고 있는 지각(知覺)의 종류는 거룩한 지각일 수 없다. 아무리 힘이 있을지라도 마음을 움직이는 것과 같은 그들의 애정(affection)은 거룩한 애정일 수 없다. 만일 마귀들 내부에 거룩함이 없다면, 사람들이 마귀 안에 있을 때 그들 안에는 거룩이 있을 수 없으며, 마귀들이 사람 안에 있을 때 마귀 안에 있는 것을 초월하는 어떤 것이 추가되지 않는 한 그들은 거룩할 수 없다. 그리고 만일 그 어떤 것이 그들에게 추가된다면, 그 추가된 것들은 마귀 내부에 있는 것들과 동일한 것이 아니다. 그러나 그것들은 마귀의 주체적인 다스림을 능가하는 것인즉, 우리가 가정하는 것과 정반대되는 것이다. 내가 주장하는 바는, 마귀가 지닌 것과 같은 본성과 마귀의 주체적인 다스림을 초월하는 그 무엇도 거룩한 경험이 될 수 없다는 것이다. 감정, 경험, 혹은 인격적 특질을 거룩하게 만드는 것은 마귀가 하는 일이 아니다. 그러나 주체를 거룩하게 만드는 것은 특질이다.

그리고 만일 마귀가 가지고 있는 그 특질들과 경험들이 거룩의 본성을 갖고 있지 않다면, 그 특질과 경험들은 그것들을 가지고 있는 사람들이 거룩하거나 은혜롭다는 그 어떤 확연한 증거가 될 수 없다. 참된 은혜의 확실한 표지는 아니지만, 영적이며 은혜로운 그런 것들은 얼마든지 있을 수 있다. 참된 은혜는 하나님의 이미지, 하나님의 인장(印章)과 부호(符號)이며 하나님께서 자신의 소유로 알리시는 데 사용하는 도장(圖章)이다. 그러나 거룩의 본성을 갖지 않는 것은 이 이미지를 알리는 어떤 것도 갖고 있지 않은 것이다. 은혜의 확실한 표지는 은혜의 본성과 본질을 갖거나, 은혜의 본질에서 흘러나오거나, 아니면 어떤 방식으로든 은혜의 본질에 속한 것이 되든지 둘 가운데 하나가 되어야 한다. 왜냐하면 하나를 다른 것과 구별하는 것은 본질이거나 본질에 속한 것이기 때문이다. 그러므로 간혹 거룩과 은혜의 본질 없이 발견되는 것은 본질적일 수 없거나 은혜를 구별하는 표지가 될 수 없다.

주장 2. 귀신들은 절대적으로 참된 거룩이 없을 뿐만 아니라 그 어떤 보편적인 은혜의 주체도 아니다.

만일 어떤 것들이 거룩의 본성과 본질을 갖지 않은 은혜의 표지가 될 수 있다고 생각한다면, 그렇게 생각하는 그들은 확실한 은혜의 증거들이 되려면, 은혜에 아주 근접하거나 눈에 두드러질 정도로 은혜와 유사한 어떤 것을 가져야 한다는 사실을 용인할 것이다. 그러나 귀신들은 어떤 참된 거룩을 완전히 결여하고 있을 뿐만 아니라 거룩과는 전혀 다른 먼 거리에 있고, 그들 안에 거룩과 유사한 그 어떤 것도 갖고 있지 않다.

이 세상에는 구원하는 은혜(saving grace)를 전적으로 갖고 있지 않으면서도 보편적인 은혜를 가진 자들이 있다. 그들은 참된 거룩을 갖고 있지 않지만, 그럼에도 불구하고 도덕적인 미덕으로 일컬어지는 것을 갖고 있다. 그리고 그들은 하나님의 성령께서 끼치시는 어떤 정도의 보편적인 영향도 갖고 있다. 그것은 일반적으로 복음의 빛 아래 살며 법적인 맹목과 완고함에 넘겨지지 않은 자들에게서도 그렇다. 사탄과 멸망에 넘겨진 자들은 이 세상에서 사는 동안 어느 정도의 제한하는 은혜(restraining grace)를 갖고 있다. 그것이 없다면 지구는 그들을 참아낼 수 없고 그들은 인간 사회에서 도저히 용납할 수 없는 자들이 될 것이다. 그러나 마귀들처럼 누군가가 저주를 받거나 지옥에 빠진다면, 하나님은 그분의 제한하시는 은혜와 성령의 모든 자비로운 영향을 완전히 철회하신다. 그들은 구원하는 은혜나 보편적인 은혜를 갖지 못하며 성령의 은혜나 그 어떤 성령의 보편적인 은사도 갖지 못한다. 참된 거룩뿐만 아니라 어떤 종류의 도덕적 미덕도 갖지 못한다. 그래서 저주를 받을 때 사람들의 마음에 들어 있는 사악한 행동은 기승을 부린다. 바로 여기에 지옥에 있는 저주받은 자들과 이 세상에 있는 거듭나지 못한 은혜 없는 자들의 차이가 있다. 이 세상에 있는 악한 자들은 저주받은 사악한 자들이 이 세상을 떠날 때 갖는 그들에게 주입된 어떤 악의 원리보다 더 많은 거룩이나 참된 미덕을 갖지 못한다. 그러나 사람들이 지옥에 던져질 때, 하나님은 그들로부터 완전히 성령을 거두시고, 자비로운 보편적인 영향들을 거두시고, 성령의 모든 제약과 선한 섭리를 완전히 철회하신다.

주장 3. 어떤 면에서 마귀와 같은 인간이 자기 자신과 같지 않고 또 자신과 상반되는 어떤 표시가 있어야 한다고 생각하는 것은 이해할 수 없는 일이다. 참된 성도는 극단적으로 마귀와 같지 않고 마귀와 상반된다. 이는 상대적으로나 실제적으로도 그렇다.

마귀들은 아주 상대적이다. 마귀는 하나님과 그리스도를 대적하는 대반역자요 주요 원수이며, 하나님의 큰 진노의 대상이고, 저주받은 죄인이며, 하나님께 완전히 버림받아 내던져진 존재이며, 하나님의 임재에 나아갈 문이 영원히 닫혀진 존재이고, 하나님의 정의의 수감자이며, 영원한 지옥 세계의 거주자이다. 반대로, 성도는 하늘 예루살렘의 시민이며, 영광스런 하늘 왕의 가족의 일원이고, 하나님의 자녀이며, 하나님께서 사랑하시는 아들의 형제요 배우자이고, 하나님의 후사이며, 그리스도와 함께하는 후사이며, 하나님께 대해 왕과 제사장이다.

마귀들은 실제적으로 극히 다르다. 그들을 지배하고 있는 미워하는 본성과 고발하는 기질 때문에 마귀는 사탄, 대적자, 아바돈(Abbadon), 아볼리온(Apollyon), 위대한 파괴자, 늑대, 우는 사자, 큰 용, 그리고 옛 뱀으로 일컬어진다. 성도는 하나님의 거룩한 자, 하나님의 기름 부음 받은 자, 지상에서 높은 자, 지상에서 온유한 자, 양과 비둘기, 그리스도의 어린 자녀, 하나님의 형상을 지닌 자, 마음이 청결한 자, 하나님의 보배, 그리스도의 정원의 백합화, 낙원의 식물, 하늘의 별, 그리고 살아 계신 하나님의 성전으로 불린다. 성도들은, 그들이 성도들인 한에 있어서, 하늘이 지옥과 다른 것처럼 마귀와 다르며, 빛이 어둠과 극히 대조되는 것과 같이 현저하게 다르다. 지정된 영원한 상태 또한 대조적일 뿐만 아니라 극히 다르다.

어떤 점에서 사탄처럼 되는 것 혹은 동일한 성질, 자격, 감정, 혹은 행동의 주체가 되는 것은 사람이 자기 자신과 전혀 다른 사람이 되는 증거이며, 모든 면에서 극히 상반되는 영원한 상태에 들어가도록 지정된 환경에 처해 있는 것으로 생각하는 것은 타당하지 않다. 성경에서 악한 자들은 "마귀의 자식들"로 불린다.

이제 어떤 면에서 사탄과 같은 인간 존재가 사탄의 자식이 아니라 무한히 거룩하시고 복되신 하나님의 자녀인 어떤 표지가 될 수 있다고 생각하는 것이 타당하겠는가? 우리는, 악한 자들은 사탄과 함께 자신의 몫을 가질 것이며, 사탄과 그의 사자들을 위해 예비해 두신 영원한 불로 심판받을 것이라는 말씀을 듣는다. 이제 어떤 면에서 사탄과 같은 인간 존재가 사탄과 함께 그의 몫을 가지지 않을 것이며 영광스런 천사들과 예수 그리스도와 함께 갖고서 그리스도께서 계신 곳에 함께 거하며 그분의 영광을 보며 그 영광에 참여하게 될 수 있는가?

교훈의 이용

우리가 받을 교훈을 위한 몇 가지 추론이 있다

추론 1. 이성의 평가를 빌려 이미 말한 것으로부터, 저주받은 인간이 행하거나 경험할 그 무엇도 그 어떤 확연한 은혜의 표지가 될 수 없다는 추론이 가능하다.

저주받은 인간은 마귀와 같고, 본성과 상태에 있어서 마귀를 닮게 된다. 저주받은 인간은 그들 내부에 마귀보다 더 나은 것을 갖고 있지 않다. 마귀의 자식과 종이 될 때, 마음속에 더 고상한 원리를 갖지 못하고,

더 탁월한 종류의 경험도 가질 수 없고 할 수도 없으며, 마귀의 자식과 종으로서 마귀와 함께 거하며 마귀와 함께 같은 불행에 참여하는 자가 된다. 마태복음 22장 30절에서 그리스도는 성도가 가질 미래의 상태에 관해 말씀하신다. "하늘에 있는 천사들과 같으니라." 그러므로 불경한 자들의 미래에 대해서는, 그들은 지옥에 떨어진 사악한 천사와 같을 것이라고 말할 수 있겠다.

마귀와 관련된 교리의 진실을 보여 주기 위해 제시한, 앞에서 언급한 각 이유들은 저주받은 사람들과 관련하여 효력을 지닌다. 저주받은 자들은 어느 정도의 거룩도 없다. 그러므로 그들이 가진 것을 능가하지 못하는 그런 경험들은 거룩한 경험이 될 수 없다. 저주받은 자들은 절대적으로 모든 참된 거룩이 결여되어 있을 뿐만 아니라, 어떤 보편적인 은혜마저도 가질 수 없다. 마지막으로, 지옥에 떨어진 저주받은 자로서의 인간 존재의 어떤 면은 마귀들과 매우 다르고 상반되며 그들의 몫을 마귀와 함께 갖지 않는다고 생각하는 것은 옳지 않다.

추론 2. 그러므로 우리는 종교적인 일에 관한 그 어떤 정도의 사색적인 지식(speculative knowledge)도 구원하는 은혜(saving grace)의 확실한 표지라고 말할 수 없다. 타락하기 이전에 하늘의 영광스런 천사들 가운데 있었던 마귀는 힘과 지혜에 있어서 뛰어난 아침의 별과 불꽃으로 묘사되었다. 그리고 이제는 비록 죄스러운 존재가 되었지만, 그의 죄는 천사적인 본성의 능력을 버리지 않았다. 인간이 타락했을 때, 그는 인간 본성의 힘을 상실하지 않았다. 죄는 영적인 원리를 파괴하지만 본성적인 능력은 파괴하지 않는다. 죄는, 완전히 장악할 때, 거룩하고 영적인 이해를 하는 데 본성적인 능력의 활동을 완전히 방해하며, 다른 면에서 활동하는 올바른 길에 수많은 장애물을 놓는다. 죄는 많고 강한 편견으로 말미암아 이성의 자연적인 능력을 큰 불이익 아래 둔다. 그리고 타락한 자 내부에서 영혼의 능력은, 의심할 나위 없이 탄탄하게 연결된 육체 기관의 약함과 무질서를 통해 활동에 큰 제약을 받는데 그것이 바로 죄의 결과이다. 그러나 바로 말하자면, 죄의 본성 혹은 도덕적 타락 안에는 본성적인 능력을 파괴하거나 그것을 감소시킬 경향을 지닌 그 어떤 것도 없어 보인다.

만일 죄가 그런 경향과 영향을 갖기 위한 필요한 본성이라면 사악한 자는 그들의 육체와 육욕의 무제한적인 활동에 전적으로 넘겨졌고, 죄가 모든 면에서 가장 완벽한 자리를 차지한 미래의 상태에서는 영혼의 능력이 크게 감소될 것이다. 우리가 그렇게 생각할 그 어떤 이유를 갖고 있지는 않지만, 반대로 영혼의 능력은 크게 확대되며 그들이 가진 실제적인 지식이 광범위하게 증대되며, 심지어 신적 존재(the Divine Being)와 관련하여 종교가 지닌 것들, 그리고 인간의 영멸(永滅)하지 않는 영혼이 지닌 큰 관심들, 악한 자들의 눈은 그들이 다른 세상에 갈 때 열린다.

마귀가 지닌 위대한 능력은 에베소서 6장 12절을 갖고 논의할 수 있다. "우리의 씨름은 혈과 육에 대한 것이 아니요 정사와 권세와 이 어두움의 세상 주관자들과 하늘에 있는 악의 영들에 대함이라." 사탄의 교활함에 대한 성경 말씀에서 같은 논의가 이루어질 수 있다(창 3:1; 고후 11:3; 행 13:10). 마귀는 이해하는 큰 능력을 갖고 있기 때문에, 다른 일들뿐만 아니라 하나님께서 하시는 일과 보이지 않는 영원한 세상에 대해 큰 사색적인 지식을 가질 수 있다. 그는 실제적으로 이 일들에 대해 큰 이해를 가져야 하는데, 마귀가 처음 존재할 때부터 그가 처한 모든 환경은 이 모든 일에 관여할 수 있도록 자신을 의도적으로 확장해 온 것이다. 타락하기 전에 그는 하늘에서 끊임없이 아버지의 얼굴을 보는 천사들 가운데 하나였다. 죄는 기억을 파괴하는 경향을 가지고 있지 않다. 그러므로 이미 일어난 일에 대한 사색적인 지식에서 기억이 지워지는 경향은 없다.

마귀는 자신의 큰 능력을 교묘히 드러내기 때문에, 그 교묘함을 행동으로 드러내는 방법 또한 교묘하다. 원론적으로 종교적인 일들을 꾸미고, 그의 교묘한 술책을 사용하고, 제도와 이성을 사용하는 데 마귀는 그의 실제적인 이해의 능력을 드러낸다. 과학적인 분야에서 매우 예술적인 논객이 되어 과학과 관련이 있는 자들을 혼동시키고 기만하기 위해 과학과 관련이 있는 일들과 광범위한 친분을 가진다.

그러므로 의심할 바 없이 마귀는 신성에 있어 엄청난 정도의 사색적인 지식을 갖고 있고, 사실상 가져 왔고, 하늘 위에 있는 가장 훌륭한 신학교에서 교육을 받았다. 그는 우리와 같은 진흙의 벌레들이 가질 수 없는 하나님의 본성과 속성에 관한 광범위하고 정확한 지식을 가지고 있다. 그리고 그는 특히 창조 사역과 같은 하나님의 사역에 대한 더 넓은 지식을 가지고 있는데, 그 까닭은 지금 눈에 보이는 세상이 만들어질 때 창조를 관망하는 자였기 때문이다. 그는 새벽 별 가운데 하나였다(욥 38:4-7). "내가 땅의 기초를 놓을 때에 네가 어디 있었느냐 네가 깨달아 알았거든 말할지니라 누가 그 도량을 정하였었는지, 누가 그 준승(準繩)을 그 위에 띄웠었는지 네가 아느냐 그 주초는 무엇 위에 세웠으며 그 모퉁이 돌은 누가 놓았었느냐 그때에 새벽 별들이 함께 노래하며 하나님의 아들들이 다 기쁘게 소리하였었느니라."

그는 하나님께서 하시는 사역의 섭리에 대해 매우 방대한 지식을 가지고 있다. 그는 태초부터 이 일련의 사역을 관망하는 자가 되어 왔다. 그는 모든 세대에 하나님께서 어떻게 통치하시는지를 보아 왔다. 그리고 그는 세대에서 세대에 걸쳐 교회를 향한 놀랍고도 성공적인 섭리를 부여하시는 섭리의 전체 열차를 지켜보아 왔다. 그리고 그는 무관심한 관망자가 아니라 그 섭리의 전체 과정에 하나님과 자신 사이에 큰 반역자로, 불가불 그의 깊은 의도를 갖고 그 모든 과정을 꼼꼼히 지켜보는 반역자로 서 있었다.

그는 구세주이신 예수 그리스도에 관해, 구속 사역의 성격과 방법에 관해, 그리고 이 모든 것을 계획하시는 하나님의 놀라우신 지혜에 관하여 큰 지식을 가지고 있다. 모든 것들보다 우선하여 사탄을 대적하는 것이 하나님의 사역이었고, 사탄은 주로 자신을 하나님을 대적하는 자로 세웠다. 전쟁이 수행되어 온 것은 이 사건과 관련이 있는데, 이 전쟁은 세상이 시작된 날부터 모든 세대에 걸쳐, 특별히 그리스도께서 오신 이후에 미가엘과 그의 천사들과 마귀와 그의 천사들 사이에 이루어졌다. 마귀는 이 사역을 함에 있어서 영적 지혜의 단계에 그의 관심을 충분히 쏟았다. 왜냐하면 그의 교묘함에 걸림돌이 된 것은 지혜의 부족이었기 때문이다. 그는 큰 실망과 말로 표현할 수 없는 고통으로 그 사역에 작용하는 영적 지혜가 얼마나 그의 계획들을 좌절시키고 혼동시켜 왔는지를 보아 왔다.

그는 다른 세계에서 이루어지는 일들을 직접 보고 있기 때문이다. 그는 하늘에 대해 큰 지식을 갖고 있고(왜냐하면 그는 그 영광의 세계의 거주자였기 때문이다), 지옥의 첫 거주자였기 때문에 지옥과 지옥이 얼마나 불행한 곳인지에 대해 큰 지식을 갖고 있다. 그는 다른 모든 거주자들 이상으로 지옥의 고통을 경험했고, 5,700년 이상 그들을 지옥에 계속 남겨두어 왔다.

그는 성경에 대해 큰 지식을 가지고 있다. 그 까닭은 우리의 구세주를 시험하는 데 있어서 성경에 기록되어 있는 말씀을 알고 이용하는 데 방해를 받지 않은 사실이 드러나기 때문이다. 그리고 만일 그가 알 수 있다면 그는 알 수 있는 기회를 많이 가졌는데, 큰 영향을 주기 위해 가장 정확하게 알아야 성경을 왜곡시킬 수 있고, 하나님의 왕국을 전복하려고 했던 것처럼 사람의 마음에 영향을 끼치는 하나님의 말씀의 효과를 방해할 수 있다.

그는 인류의 본성에 대해 큰 지식을 가지고 있다. 인간의 능력, 기질, 그리고 그들의 마음의 부패를 알아야 한다. 그 까닭은 그는 오랜 기간 큰 관찰과 경험을 해왔기 때문이다. 인간의 마음은 태초부터 주로 마귀의 교묘한 술책, 힘 있는 노력, 쉬지 않는 끈질긴 작용과 관계되어 왔다. 그는 예술적으로 모방할 수 있는 능력으로 실험 종교의 성격에 대한 큰 사색적인 지식을 가졌고, 그와 같은 방식으로 자신을 광명의 천사로 변형할 수 있는 능력을 가졌음이 분명하다.

그러므로 종교에 대한 그 어떤 정도의 사색적인 지식도 어떤 참된 경건의 표지가 될 수 없음이 나의 본문과 교리에서 선포된다. 인간이 하나님의 속성, 삼위일체 교리, 두 가지 언약의 성격, 삼위일체의 위격의 경륜, 그리고 각 위격이 인간을 구속(救贖)하는 일에서 갖는 역할에 대해 그 어떤 분명한 개념을 갖는다 할지라도, 만일 그가 그리스도의 직무에 대해, 그분으로 말미암는 구원의 길에 대해, 영적 지혜가 갖는 경탄할 만한 방법에 대해, 그리고 하나님께서 지니신 여러 가지 속성의 조화에 대해 알지 못한다면, 만일 그가 죄인을 의롭다 하시는 칭의의 방법에 대해, 회개의 성격에 관해, 그리스도의 구속을 적용하는 성령의 역사에 대해 알지 못하고 올바른 구별을 할 수 없다면, 직면하는 어려움을 기쁘게 해결하지 못한다면, 반대에 대답을 할 수 없다면, 무지에 대해 빛을 던질 수 없다면, 하나님의 교회에 덕을 끼치지 못한다면, 분명하고 정확히 말할 수 없다면, 부정하고 반박하는 자에게 확신을 보여 줄 수 없다면, 이 세상에서 빛을 크게 증가하는 자가 되지 못하면, 만일 평범한 교육을 받은 수백만의 참된 성도들보다 이런 종류의 지식을 더 갖지 못하고 거룩하지 못하다면, 이 모든 것은 마음에 어느 정도의 구원의 은혜가 있다는 확실한 증거가 아니다.

 성경이 종종 참된 성도에게 신성한 것들에 대한 특별한 지식을 말하는 것은 사실이다. 요한복음 17장 3절은 "영생은 곧 유일하신 참하나님과 그의 보내신 자 예수 그리스도를 아는 것이니이다"라고 말씀한다. 마태복음 11장 27절은 "내 아버지께서 모든 것을 내게 주셨으니 아버지 외에는 아들을 아는 자가 없고 아들과 또 아들의 소원대로 계시를 받는 자 외에는 아버지를 아는 자가 없느니라"라고 말씀한다. 시편 9편 10절은 "주의 이름을 아는 자는 주를 의지하오리니"라고 말씀한다. 빌립보서 3장 8절은 "모든 것을 해로 여김은 내 주 그리스도 예수를 아는 지식이 가장 고상함을 인함이라"고 말씀한다. 그러므로 우리는 마귀가 가진 놀라울 정도의 사변적인 지식과는 다른 종류의 지식에 대해 이해해야 한다. 하나님께 대한 영적인 구원의 지식이 우리의 마음으로 하여금 신성한 것들을 추구하게 할 때, 그리고 신성한 것들에 대한 독특한 이해를 도울 때 사변적인 지식을 크게 증가시킨다는 것 또한 인정되어야 한다. 그러므로 영적 지식을 가진 자들은 교리적으로 종교적인 것에 아주 친숙한 다른 사람들보다 훨씬 더 월등하다고 보아야 할 것이다. 그러나 그와 같이 종교적인 교리에 친숙한 것은 참된 성도로 구별되는 특징이 아니다.

 추론 3. 지금까지 해 온 관찰에서 얻은 바로는 종교 교리에 대한 단순한 사색적 동의는 은혜의 상태에 있는 확실한 증거가 아니라는 추론이 가능하다. 내가 택한 본문은 귀신들도 믿는다고 말한다. 그리고 한 분 하나님을 믿는 것처럼, 일반적으로 귀신들은 종교 교리가 지닌 진리도 믿는다. 마귀는 믿음에 있어서 정통적이다. 그는 종교가 지닌 참된 개요를 믿는다. 마귀는 무신론자, 소시니주의자(Socinian), 아리안주의자

(Arian), 펠라기우스주의자(Pelagian)이거나 혹은 도덕률 폐기론자(Antinomian)가 아니다. 그가 가진 믿음의 조항들은 모두 건전하고, 그는 완전히 그들 안에 세워졌다.

그러므로 한 사람이 단순히 논쟁의 힘에서 오는 그리스도교의 교리들을 사색적으로 믿는 것은 은혜의 증거가 아니다. 거듭나지 않은 자들이 종교 교리들의 진리가 갖는 강한 설득력을 갖는 것은 아마도 매우 드문 일이며, 특히 신비하고 이성의 이해력을 훨씬 초월한 종교 교리에 대해서는 더욱 그렇다. 그러나 만일 그가 그리스도교와 그리스도교의 교리가 지닌 진리를 매우 확신하고 그것들의 증거에 대해 매우 강하게 논쟁할 수 있다면—이 점에 있어서 그는 마귀를 능가하지 못한다—의심할 바 없이 그리스도교의 진리와 그 진리들이 가진 몇 가지 원리들에 의해 이뤄지는 합리적인 논쟁에 대한 지식을 가진 자로 증명된다.

그러므로 요한일서 5장 1절 말씀과 성경 다른 곳에 있는 여타의 말씀처럼, 예수 그리스도가 하나님의 아들이심을 믿는 것이 은혜의 확실한 증거라고 성경이 말씀할 때, 그 믿음은 단순한 사색적인 동의가 아니라 다른 종류의 믿음으로 이해되어야 하는데, 그 믿음은 디도서 1장 1절에서 말하는 하나님의 선택에 대한 믿음이다. 진리에 대한 영적 확신은 특히 성도들에게 있어서 온 마음을 다해 믿는 믿음인데, 그에 대해 특별히 좀 더 말하겠다.

추론 4. 회심한 사람이 갖는 그 어떤 확실한 표지가 없다고 주장되어 온 교리로부터 이끌어 낼 수 있는 교리가 있다. 그렇게 주장한 그들은 하나님의 진노에 대한 염려와 저주에 대한 두려움으로 말미암아 마음의 불안과 고통의 주체가 되어 왔다는 것이다.

마귀는 하나님의 진노에 대한 염려와 그 진노가 미칠 미래적인 효과로 말미암아 큰 공포의 주체가 되었다는 사실은 내가 택한 본문에 암시되어 있는데, 그 본문은 마귀들이 갖는 믿음뿐 아니라 두려움에 대해서도 말하고 있다. 그것은 소규모의 공포가 아니어서 정사와 권세자들, 능력들과, 높은 마음을 가진 자들과, 억센 존재들을 부들부들 떨게 만들어야 한다.

자신들의 구원에 관심을 갖는 일부 사람들이 자신이 주체인 것에 대해 갖는 많은 공포가 있는데, 이는 양심의 올바른 각성이나 진리에 대한 염려에서 오는 것이 아니라 우울감이나 그들이 하는 상상력에 대해 갖는 두려운 느낌에서 오거나, 아니면 어떤 근거 없는 염려, 그리고 망상과 사탄의 거짓 제안에서 오는 공포이다. 그러나 만일 그들이 참된 각성, 진리에 대한 확신, 있는 그대로의 사물에 대한 관점으로부터 오는 그렇게 위대하고 오래 지속되는 공포들을 갖지 않는다면, 이는 마귀 안에 들어 있는 것보다 더 낫지 않으며 다른 세계에 속한 사악한 인간들 안에 있는 것일 것이다. 지금 아무리 어리석고 지각없는 불경건한 사람일지라도, 모든 것은 마침내 완전히 각성될 것이다. 지옥에서 잠을 자는 그와 같은 일은 없을 것이다.

하나님의 말씀—강단에서 들려주는 영혼을 깨우는 강론과 각성을 일으키는 무서운 섭리—이 주시는 준엄한 경고와 두려운 위협에 의해서 각성될 수 없는 사람이 많다. 그러나 모든 사람은 마지막 나팔소리와 그리스도의 나타나심으로 철저히 각성될 것이다. 모든 부류의 사람들은 진리의 깨달음에서 오는 놀라운 공포로 가득 차게 될 것이며, 사물을 있는 모습 그대로 보게 될 것이다. 그때 "땅의 임금들", 위대한 자들, 부자들, 장군들, 그리고 힘 있는 자들이(그런 사람들은 매우 오만하고, 마음이 완강하고, 종교적인 일들을 경멸하려고 준비된 자들이다) 굴과 산의 바위 가운데 숨으며 산과 바위에게, "우리 위에 떨어져 보좌에 앉으신 이의 낯에서와 어린양의 진노에서 우리를 가리우라"고 절규할 것이다(계 6:15-17).

그러므로 만일 사람들이 큰 공포 때문에 각성하고 그 후에 위로와 기쁨을 갖는다면, 그것은 올바른 종류의 위로로서의 확실한 표지가 아니다.

추론 5. 죄책과 심판의 정당한 벌에 대한 확신을 마음에 심어 주는 율법의 역사가 없는 것은 한 인간이 회심한 확실한 논증이라는 사실을 추론할 수 있다.

각성과 공포는 회심의 확실한 증거가 아닐 뿐 아니라, 무엇을 어떻게 하여 극단의 범위까지 도달하더라도 실제적인 사역이 아니다. 어떤 점에서 은혜나 영적 빛이 있다는 사실은―그러나 오로지 자연적인 양심에 대한 단순한 확신, 행동 그리고 이의 결과인 마음의 작용, 양심의 밝은 빛에 의한 단순한 짓눌림, 그 빛과 함께하는 마음의 협력―하나님께서 주시는 구원하는 은혜의 어떤 확실한 표지이거나 그 사람이 결국 회심했다는 표지이다.

마귀들이 이런 일들, 즉 죄책과 심판의 정당한 벌의 주체이기 때문에 내가 선택한 본문과 교리에서 보면 회심의 증거는 밖으로 드러나는 성향을 갖는다. 그리고 결과적으로 멸망할 모든 사악한 자들은 죄책과 심판의 정당한 벌의 주체가 될 것이다. 자연적인 양심은 지옥에 있는 저주받은 자들에게서 사라지지 않는다. 반대로, 자연적인 양심은 지옥에서 더 큰 힘을 발휘하며, 가장 완벽한 활동을 하며, 영혼 안에서 하나님의 대리자로서 타당한 직무를 충분히 행하며, 하늘과 땅의 왕을 대적하여 반역한 자들을 저주하며, 하나님의 정당한 분노와 복수를 선언하며, 결코 죽지 않는 구더기로서 지옥에 있는 자들을 괴롭히는 수단으로 작용한다. 타락한 자들은 이 세상에서 그들의 눈을 가리고 죄에 대해 보복하시는 하나님의 대리자의 입을 막을 수단을 찾는다. 그러나 그들은 항상 그렇게 할 수 있는 능력이 없다. 다른 세계에서 양심의 눈과 입이 완전히 열릴 것이다. 하나님께서는 이후 세계에서 악한 자들로 하여금 지금 부지런하게 자신들의 눈을 가려 보지 않은 것들을 보고 알게 하실 것이다. 이사야 26장 10-11절은 말씀한다. "악인은 은총을 입을지라도 의를 배우지 아니하며 정직한 땅에서 불의를 행하고 여호와의 위엄을 돌아보지 아니하는도다 여호와여 주의 손이 높이 들릴지라도 그들이 보지 아니하나이다마는 백성을 위하시는 주의 열성을 보면 부끄러워할 것이라 불이 주의 대적을 사르리이다."

우리는 종종 마귀의 대적에 대한 하나님의 진노의 위협과 연결된, "그들이 내가 여호와인 줄 알리라"는 말씀을 보게 된다. 이 말씀은 지옥에 있는 그들이 가질 가공(可恐)할 경험과 양심의 밝은 빛에 의해 완성될 것이며, 그럼으로써 그들은 원하든 원치 않든 여호와 하나님이 얼마나 거룩하고 의로우신지, 그늘이 부시했던 하나님의 권위가 얼마나 위대하고 두려운지를 알게 될 것이다. 그리고 그들은 그들을 파멸시키시는 하나님이 의로우시고 거룩하심을 알게 될 것이다. 이 모든 것은 불경건한 자들이 심판 날에 확신하게 될 것인데, 그들의 마음과 행위의 모든 사악함에 비치는 빛에 의해 될 것이며, 그들의 악함과 함께 저지른 모든 죄를 다른 사람들과 온 세상 앞에 적나라하게 드러낼 뿐 아니라 그들 자신의 양심 앞에도 드러냄으로써 될 것이다. 이 위협은 시편 50편 21절에 나타나 있다. "네가 이 일을 행하여도 내가 잠잠하였더니 네가 나를 너와 같은 줄로 생각하였도다 그러나 내가 너를 책망하여 네 죄를 네 목전에 차례로 베풀리라 하시는도다." 이 말씀을 50편 4절 말씀과 비교해 보라. 심판 날에 대한 계획은 무엇이 의로운지를 찾아내는 것이 아니라(인간적인 심판이 하는 것처럼), 인간의 양심과 세상에 대해 실행하실 심판에서 하나님의 정의를 알리기 위해 무엇이 의로운지를 선포하는 것이다. 그러므로 그날은 "진노의 날, 하나님의 의로운 심판의 계시"로 일컬어진다(롬 2:5).

　이제 죄인들은 하나님의 역사 섭리(dispensation)의 정의에 대적하여 흠잡고, 특히 죄인들에 대해 위협하시는 하나님의 심판을 트집 잡으며 자신들을 변호하고 하나님을 욕한다. 그러나 하나님께서 심판 날의 빛에 그들의 사악함을 드러내시고 그들을 심판대 앞에 세우실 때 그들은 감히 말문을 열지 못할 것이다. 마태복음 22장 11-12절은 말씀한다. "임금이 손을 보러 들어올새 거기서 예복을 입지 않은 한 사람을 보고 가로되 친구여 어찌하여 예복을 입지 않고 여기 들어왔느냐 하니 저가 유구무언이어늘." 하늘과 땅을 주관하시는 왕이 심판하실 때, 그들의 양심은 모든 것을 들추어내는 빛에 의해 완전한 조명을 받아 확신하게 될 터인즉, 심판대에 선 그들은 자신들이 행한 모든 행실, 자신들에 대해 변명하거나 정당화하기 위해 자신들의 의를 내세운 자기 변호, 그들의 심판관이신 하나님의 의를 거스른 모든 대적 행위들을 확신하게 되어 그들의 양심은 하나님이 아니라 오로지 자기 자신들을 저주하게 될 것이다.

　그러므로 사람들이 죄에 대해 큰 확신을 갖는 것이 은혜의 확실한 증거가 될 수 없다는 결론에 이른다. 그들은 자기들이 저지른 생활의 죄들을 하나님을 분노케 한 모든 거스름과 더불어 자신들 앞에 둠으로 그들 자신에게 엄청난 영향을 주고 또 자신들을 두렵게 하고 있다는 사실을 생각하라. 동시에 그들은 그들 자신의 마음의 사악함, 불신앙의 큰 죄, 그리고 아주 비밀스런 영적 불의에 대한 변명의 불가능힘과 가증스러움에 대하여 큰 시각을 갖는다. 아마도 그들은 그들 자신의 의의 불충분함에 대해 확신하며 그로 말미암아 하나님의 호의를 받는 일에 절망감을 가져왔다. 그들은 하나님 앞에서 전적으로 변명할 수 없으며, 저주받을 만하며, 심히 두렵지만 하나님은 그들 위에 위협적인 심판을 실행하시는 일에 정의로우시다는 것을 확신해 왔다. 이 모든 일들은 심판 날 불경건한 자들에게 임할 것인데, 그때 그들은 마귀들과 함께 심판대 왼편에 서서 영원한 불 못에 빠지는 저주의 어두운 운명에 처해질 것이다.

실상 그들은 굴복하지 않을 것이다. 그들의 양심은 그들에게 저주를 내리시는 하나님이 정의로우시다는 것을 확신하게 될 것이다. 그러나 그들의 의지는 하나님의 정의로우심에 고개를 숙이지 않을 것이다. 하나님의 속성을 따르는 그 어떤 마음의 묵종(默從)도 없을 것이며, 하나님의 주권에 대한 그 어떤 영혼의 굴복도 없을 것이고, 최고도의 적개심과 거부만이 있을 것이다. 그러므로 하나님의 정의와 주권에 대한 마음과 의지의 참된 굴복은 참된 회개에 따르는 것이며, 마귀와 저주받은 영혼들이 도저히 따르지 못하고 따를 수 없는 것이고, 아무리 위대하고 분명하다 할지라도 율법의 역사와 양심의 확신이 인간에게 가져다줄 수 없는 특별한 것이다

죄인들이 양심의 위대한 확신과 율법의 두드러진 역사의 주체일 때, 그것은 오로지 양심 안에서 심판 날의 사역을 미리 실행하는 것이다. 하나님께서는 마지막 날 하늘의 구름 위에 보좌를 정하셔서 좌정하실 것처럼 양심 안에 좌정하신다. 말하자면 죄인이 하나님의 심판대에서 심문 받는 것이다. 하나님은 정의로우시고, 거룩하시고, 죄를 혐오하시고 죄에 대해 보수하시는 하나님으로서 두렵고도 위엄하신 모습으로 나타나신다. 죄인의 불의가 빛에 노출된다. 그가 지은 죄들은 하나님 앞에 열거된다. 어두움에서 행한 일들과 마음의 계획이 있는 모습 그대로 다 드러난다. 심판 날에 사악한 자들을 고소할 것처럼, 많은 증인들이 양심의 확신 아래 있는 죄인을 고소하기 위해 일어서고 책들이 펼쳐진다. 특히 양심에 하나님의 엄격하고 거룩하신 율법이 펼쳐지며 그 율법의 법규들이 죄인을 저주하는 데 적용될 것인데, 그 책은 그 책 아래

서 산 모든 사악한 사람들에게 심판의 형벌을 가져다줄 대법규로서 심판 날에 펼쳐질 책이다.

심판 날에 율법의 판결이 죄인에게 선고되며, 판결의 정의가 선언될 것이다. 심판 날 죄인이 갖는 확신은 이 세상에서 가졌던 양심의 확신뿐만 아니라 율법의 사역에 대한 확신도 될 것이다. 그리고 율법의 사역은 (만일 그 사역이 단순히 법적인 것이라면) 죄인의 입을 철저히 봉함으로써 완전해질 때인 심판 날보다 지금 죄인의 양심에서 결코 더 진행하지 못한다. 로마서 3장 19절은 말씀한다. "우리가 알거니와 무릇 율법이 말하는 바는 율법 아래 있는 자들에게 말하는 것이니 이는 모든 입을 막고 온 세상으로 하나님의 심판 아래 있게 하려 함이니라." 지금이나 이후 모든 입이 율법으로 말미암아 닫히며 온 세상은 하나님 면전에 죄책, 죽음과 저주를 받을 자격의 죄책을 지고 나아올 것이다. 그러므로 만일 죄인들이 율법의 위대한 사역의 주체가 되어 왔고, 그럼으로써 죄책을 느끼고 입을 닫았다면, 그들이 회개했다는 확실한 증거가 아니다.

실상 철저한 죄책감의 부족, 심판의 응분의 벌, 그리고 위협적인 저주에서 드러나는 하나님의 정의에 대해 확신을 갖는 것은 결단코 한 사람이 회개하여 진실로 온 영혼을 다해 그리스도를 이 심판에서 구원해 주시는 구세주로 받아들였다는 증거가 아니다. 왜냐하면 우리가 받을 것으로 생각하는 심판 때문에 구세주의 제안을 전적으로 그리고 신실하게 받아들이는 그와 같은 일이 있다는 사실이 쉽게 증명될 것이기 때문이다. 그러나 그와 같은 확신을 갖는 것은 한 사람이 진정한 믿음을 가졌거나 진실로 그리스도를 그들의 구세주로 받아들였다는 그 어떤 확실한 증거가 아니다. 만일 사람들이 큰 확신 이후에 마음에 느닷없이 찾아드는 위로와 기쁨과 자신감을 갖는다면, 그들이 갖는 위로가 좋은 토대 위에 세워졌다는 틀림없는 증거가 아니다.

그러므로 사람들은 그들이 받는 위로에 앞서는 율법의 대 역사에 대해 너무나도 많은 강조를 해왔다. 그들은 그와 같은 율법의 사역을 믿음에 앞서는 필요한 것으로 간주할 뿐 아니라 그것을 믿음과 위로에 뒤따르는 진리와 순수함의 주요 증거로 간주함이 확실하다. 이 수단들로 말미암아 수많은 사람들이 거짓 희망으로 속임 당했다. 그것은 심히 두려운 일이다. 그리고 수많은 사례들과 지금 일어나는 일들이 이것을 확증한다. 하나님의 성령께서 율법의 사역에서 죄인들을 앞서시며 그들의 마음에, 그들이 저지른 영적 불의의 추악함에 대한 큰 시각을 주시고, 그들이 변명할 여지가 없다는 것, 그리고 그들의 모든 의는 하나님의 호의를 받을 수 있는 그 어떤 공로도 되지 못한다는 것, 그들이 자비(구원하는 회심 사역이 뒤따른다)와 함께 하나님의 영원하신 진노 앞에 서야 하는 것을 확신시켜 줄 때, 양심의 큰 확신은 선한 결과를 이루지 못한다는 조심스런 주장이 가능하다. 양심의 회심이 앞장 서 나갈 때 구원하는 믿음과 회개가 확실히 뒤따르는 것은 보편적이며 틀림없는 법칙이라고 말할 보장이 없다. 만일 누군가가 그와 같은 결정을 내릴 근거를 갖지 못한다고 생각한다면 그것은 그들이 하나님께서 확신을 주시는 사역을 연장해 주시고, 믿음을 갖도록 마음을 준비시키시고, 그 모든 것 후에 영혼에 구원하는 믿음을 주시지 않는 목적이 무엇인지 생각할 수 없기 때문이다. 만일 우리가 우리 자신을 하나님이 행하시는 목적과 계획에 관하여 적극적으로 그리고 특별하게 결단할 만큼 충분한 존재로 생각한다면, 우리가 갖는 의심과 곤란의 종점이 어디에 있을 것인지를 생각해야 한다. 죄인들에게 어떤 정도의 성령의 역사와 양심의 확신을 주시고 이후에 그것을 백지화하시는 하나님의 목적이 무엇인지에 대한 질문이 가능하다.

결국은 헛된 것이 되어 버릴 차원의 것(degree)을 하나님께서 주신다면, 그것은 어떤 범주에 속한 것이며 또 얼마나 위대하다 할 수 있겠는가? 죄인이 귀신과 지옥에 있는 저주받은 자들이 갖는 확신을 가질 때, 그로 말미암아 참된 믿음과 영원한 구원이 확실한 결과가 될 것인지 과연 누가 알겠는가? 만일 사도가 본문에서 하는 주장이 옳고, 마귀가 가진 확신이 그와 같은 결과와 관련이 있다면 우리는 확실한 결론에 도달할 수 있다. 죄인들이 가장 완전한 확신을 가질 수 있고, 심판 날과 지옥에서도 그 확신들을 가진다면, 하나님은 미래의 심판과 그와 관계된 저주를 기대하는 일을 결단코 책망하시지 않을 것이라고 누가 말할 수 있겠는가? 만일 하나님께서 그렇게 하신다면, 누가 하나님께 "당신 지금 무슨 일을 하고 있는가?" 하고 말할 수 있고, 혹은 그렇게 행하시는 그분의 목적과 관련하여 하나님을 비난할 수 있겠는가?

하나님의 성령은 종종 하나님께서 확신의 사역을 행하신 후에, 사악한 인간의 마음이 행한 일에 의해 소멸되어 그 확신이 결코 좋은 열매를 맺지 못한다. 그 죄인들이—하나님을 거절하고 대적하는 행위로, 지옥에 있는 저주받은 자들이나 땅 위에 있는 죄인들에게 있어서도 그 대적 행위는 가장 큰 법적 확신에 의해서도 전혀 억제되는 것이 아니다—확신의 사역을 오랜 기간 진행하신 이후까지도 그들로부터 성령을 취하도록 하나님의 분노를 촉발하지 않을 수 있다고 누가 말할 수 있겠는가? 그들을 광야, 심지어 안식의 땅 끝까지 인도하신 이후에 그들 가운데 일부를 멸망시키도록 분노를 터뜨리지 않으실 것이라고 누가 말할 수 있겠는가? 하나님은 모압의 평지에서조차 이스라엘의 일부를 진멸하셨다.

어떤 법적인 확신이나 율법의 사역과 그에 뒤따르는 위로에 수반되는 사건들이 어떤 방법이나 순서를 중생의 확실한 표지로 이용할 수 있는 보장이 성경 어디에 있는가? 성경은 참된 성도들이 갖는 특징인 은혜의 증거들, 하나님의 호의를 받는 상태에 대하여 분명히 말씀하시는 은혜의 증거들로 풍부하다. 그러나 우리는 이런 증거들을 과연 어디에서 찾을 수 있는가? 혹은 은혜 그 자체, 은혜의 성격, 행위 그리고 열매 이외에 주장된 다른 표지들을 어디서 발견할 수 있는가? 은혜의 증거들은 욥이 의지했던 증거들이었다. 은혜의 증거들은 시편 기자가 자신의 신실성의 증거로 주장했던 것들이며, 특히 시편 119편에서 처음부터 끝까지 주장된 것들이다. 은혜의 증거들은 히스기야가 병중에서 의지한 표지들이었다.

은혜의 증거들은 산상수훈 시작 부분에서 주님이 주신 참된 행복을 가진 자들이 가진 특징들이었다. 은혜의 증거들은 주님이 요한복음 14-16장에서 제자들에게 주신 자신의 최후와 죽음에 관한 강화에서, 그리고 17장에서 하신 중보기도에서 드러난 참된 제자 됨에 대한 증거로서 언급된 것들이다. 은혜의 증거들은 사도 바울이 종종 그의 신실성에 대한 증거로, 그리고 영광의 면류관에 대한 확실한 명칭으로 말하는 것들이다. 그리고 은혜의 증거들은 사도들이 종종 그들이 써 보낸 다른 서신들에서 참된 그리스도교, 의롭다 함을 받은 상태, 그리고 영광에 대한 명칭의 타당한 증거들로서 언급하는 것들이다. 그는 성령의 열매들—사랑, 희락, 화평, 오래 참음, 자비, 양선, 충성, 온유, 절제—를 크리스천 됨과 성령 안에서 사는 타당한 증거들로 주장한다(갈 5:22-25). 그가 주장하는 참된 경건의 가장 본질적인 증거는 자비 혹은 신적 사랑인바, 이는 순수하고, 평화로우며, 부드럽고, 다루기에 쉽고, 자비로 충만한 것들 등등이다. 만일 이것 곧 자비 혹은 신적 사랑이 없으면 다른 모든 것들은 아무것도 아니다.

그와 같은 은혜의 증거들은 사도 야고보가 참된 지혜자 혹은 선한 사람이 지닌 타당한 증거로 주장하는 표지들이다. 야고보서 3장 17절은

"오직 위로부터 난 지혜는 첫째 성결하고 다음에 화평하고 관용하고 양순하며 긍휼과 선한 열매가 가득하고 편벽과 거짓(hypocrisy)이 없나니"라고 말씀한다.

그리고 그와 같은 은혜의 증거들은 사도 요한이 그가 쓴 서신 전반에 걸쳐 주장하는 참된 그리스도교의 표지들이다. 그리고 우리는 성경 처음부터 시작하여 끝까지 그 어디에서도 이와 같은 것들보다 달리 주신 그 어떤 다른 표지들을 발견하지 못한다. 만일 사람들이 그들 안에 이와 같은 표지들을 분명히 갖는다면, 하나님의 성령께서 이것들을 그 영혼 안에 소개하기 위해 택하신 방법이 알려지지 않은 상태에서—때로는 추적할 수 없다—진실로 그들이 회심했다고 결정되어야 한다.

하나님께서 하시는 모든 사역은 어떤 면에서 측량할 수 없다. 그러나 성경은 종종 하나님의 성령의 역사를 분명히 말씀한다. 이사야 40장 13절은 "누가 여호와의 신을 지도하였으며 그의 모사가 되어 그를 가르쳤으랴"라고 말씀한다. 전도서 11장 5절은 "바람의 길이 어떠함과 아이 밴 자의 태에서 뼈가 어떻게 자라는 것을 네가 알지 못함같이 만사를 성취하시는 하나님의 일을 네가 알지 못하느니라"고 말씀한다. 요한복음 3장 8절은 "바람이 임의로 불매 네가 그 소리를 들어도 어디서 오며 어디로 가는지 알지 못하나니 성령으로 난 사람은 다 이러하니라"고 말씀한다.

추론 6. 내가 택한 본문과 교리에서 사람이 성실한 욕구를 갖고 구원을 추구하는 것이 은혜의 확실한 증거가 아니라는 결론에 이른다. 의심할 여지 없이 마귀는 그들이 고통 받는 불행에서 구원을 바라며, 그들이 기대하는 더 큰 불행에서 구원받기를 원한다. 만일 그들이 고통을 두려워하여 떤다면, 그들은 불가피하게 그 고통에서 구원받기를 구해야 한다. 성경에서 사악한 자들은, 문이 닫히고 사악한 자들 틈바구니에서 부르짖을 때 의로운 자들이 갖는 특권을 기대하는 자들로 묘사되어 있다. 그들은 문 가까이 와서 "주여, 주여, 우리에게 열어 주소서!"라고 부르짖는다. 그러므로 우리는 매우 성실하고 열정적인 모든 욕망을 경건한 마음의 확실한 증거로 간주할 수 없다. 성도들도 가지고 있는바, 종교적 본성의 성실한 욕망은 새로운 피조물이 갖는 타당한 호흡이며, 참된 성도들이 갖는 구별된 특질이다. 그러나 중생하지 못한 사람들이 갖는 욕망이 경건의 표지로 오해받는 수도 종종 있다. 그들은 자신들이 의에 주리고 목마르다고 생각하며 하나님과 그리스도를 성실하게 구하며 천국을 구한다고 생각하지만, 실상은 모두가 단순한 자기 사랑에 불과하다. 그리고 마귀가 성실히 구하는 것보다 더 높은 원리에서 떠오르는 그런 욕망이 아니다.

추론 7. 은혜가 없는 사람들은, 비록 그것이 종교에 부속되어 있는 그 어떤 외부적인 것일지라도 천상적이며 영적인 것들이 갖고 있는 외부적인 영광에 대해 큰 이해를 가질 수 있다는 결론을 이끌어 낼 수 있다.

만일 사람들이 마음에 외부적인 감각에 의해 얻어진 아이디어들에 대한 강한 인상을 갖는다면, 어떤 소리의 종류, 즐거운 음악, 특별한 의미를 담고 있는 말들, 경우에 합당한 성경 말씀이나 그들의 명상의 주제에 채용된 것들과 같은 귀에 의한 것이든 아니든, 혹은 가시적인 아름다움과 영광, 환한 빛, 황금길, 진귀한 돌로 된 문들, 빛나는 천사들과 성도들에게 둘러싸인 위대한 보좌, 혹은 예수 그리스도께 속한 외부적인 어떤 것들, 가시관을 쓰시고 십자가에 달리신 그분의 겸손하신 모습, 그분의 찢어져 갈라진 상처, 땅바닥에 방울방울 떨어지는 핏방울, 혹은 그분의 용모에서 드러나는 두려운 존엄과 미와 달콤함과 더불어 나타나는 영광스런 상태, 태양보다 더 밝게 빛나는 얼굴, 그리고 그와 같은 눈에 의해 얻어진 아이디어 같은 것들에 의해 강한 인상을 받는다면, 이것들은 그 어떤 은혜의 확실한 표지가 아니다.

지금 지옥에 있는 헤아릴 수 없는 수많은 사람들은 이 세상에 있는 어떤 것들을 훨씬 초월한 천상적인 것들에 부속된 외면적인 영광에 대한 아이디어들을 가지고 있을 것이다. 그들은 심판 날 나타나시는 그리스도께서 입으시는 외면적인 모든 영광과 아름다움을 보게 될 것이다. 그 때 태양이 빛을 잃고 그분 앞에서 어두워질 터인즉, 그 모든 것은 의심할 바 없이 이 현재의 상태에서 성도들과 죄인들이 갖는 상상보다 천 배나 더 강한 인상, 혹은 그 어떤 죽을 인간 누구도 생각하지 못한 인상이 될 것이다.

추론 8. 은혜를 갖지 못한 사람들은 그들의 마음에 많은 영적인 것들에 대해 매우 큰 영향력 있는 감각을 갖지 못한다는 것을 교리로부터 추론할 수 있다. 마귀는 사색적인 지식을 갖고 있을 뿐만 아니라 많은 영적인 것들에 대한 감각을 갖고 있어서, 그것은 그에게 깊은 영향을 주며 그의 마음에 아주 강한 인상을 남긴다.

첫째, 마귀와 저주받은 영혼들은 다른 세계에서 일어나는 중요한 일들에 대한 감각을 갖고 있다. 그들은 보이지 않는 세계가 있으며, 그 세계의 일들이 얼마나 큰지를 보고 안다. 그들의 경험은 그들의 학습에 많은 영향을 끼친다. 그들은 구원의 세계에 대한 감각, 불멸의 영혼들이 지닌 가치에 대한 감각, 그리고 사람들의 복지에 관계된 일들이 지닌 엄청난 중대성에 대한 감각도 지닌다. 누가복음 16장 끝 부분의 비유는 지옥에 있는 부자에 대한 묘사도 이것을 가르치는데, 그는 지옥에서 나사로를 보내어 자기의 다섯 형제들이 고통의 장소로 오지 않게 되기를 간구한다. 지옥의 고통을 참아내는 자들은 의심할 바 없이 광대무변한 영원에 대한 생생하고 영향을 미치는 감각을 지니며, 이 세상의 상대적인 순간성과 순간적인 즐거움의 허무성에 대한 감각을 지닌다.

그들은 이 세상의 모든 것들, 지상의 거주자들에게 가장 위대하고 가장 중요하게 보이는 것들조차 영원한 세계의 것들과 비교할 때 형편없이 사소한 것들임을 결국에는 확신한다. 그들은 시간의 귀중함에 대한 감각, 은혜의 수단의 귀중함에 대한 감각, 그리고 복음 아래 사는 자들이 즐기는 특권에 속한 측량할 수 없는 가치에 대한 감각을 지닌다. 그들은 죄에 빠져 있고, 가진 기회를 무시하고, 하나님께서 주시는 권면과 경고의 빛을 무시하며, 저지른 죄의 어리석음을 비탄하게 통탄해하는 자들의 어리석음에 대한 감각이 있는데, 그로 말미암아 그들은 말할 수 없이 크고 치료 불가능한 불행을 자신들에게 안겨준다.

두려운 경험에 의해 자기들이 걷는 악한 길의 가공(可恐)할 결말을 알 때, 죄인들은 "어찌하여 내가 교훈을 미워하였던가! 어찌하여 내 마음이 증거를 멸시하고 나의 교사의 음성을 순종치 않았으며, 나를 가르쳤던 자들에게 내 귀를 기울이지 않았던가!" 하고 마지막 날 통탄할 것이다(잠 5:12-13).

그러므로 아무리 참된 경건이라도 영적인 일들의 중요성에 대한 큰 감각을 수반해야 한다. 그리고 은혜가 없는 사람은 어떤 꾸준하고 지속적인 방법으로 그와 같은 감각을 유지하는 일이 드물다. 그러나 그와 같은 일들이 은혜의 확실한 증거가 아니라는 사실이 드러난다. 중생하지 못한 사람들이 영원, 시간의 허무성, 불멸의 영혼의 가치, 시간의 귀중함, 은혜의 수단들, 그리고 허락된 죄의 길의 어리석음에 대한 감각을 가질 수 있을지 모른다. 그들은 자신들에게 깊은 영향을 미치고, 그들로 하여금 그들 자신의 죄를 위해 슬퍼하게 하고, 다른 사람들의 죄에도 관심을 갖게 하는 그와 같은 일들에 대한 감각을 가질지 모른다. 그것이 사실일지라도 그들은 이런 것들을 같은 방법으로 갖지 않으며, 경건한 사람들이 갖는 것처럼 모든 면에서 같은 원리들과 견해들을 갖지 않는다.

둘째, 마귀와 저주받은 사람들은 하나님의 두려운 위대하심과 위엄에 대한 강하고 영향을 미치는 감각을 갖는다. 이는 원수들에 대해 베푸시는 보수(報讐) 행위에서 선포된다. 로마서 9장 22절은 말씀한다. "만일 하나님이 그 진노를 보이시고 그 능력을 알게 하고자 하사 멸하기로 준비된 진노의 그릇을 오래 참으심으로 관용하"셨을지라도 무슨 말 하리요. 마귀는 이 위대하고 두려우신 하나님 앞에서, 그리고 하나님의 두려우신 위엄에 대한 강한 감각 아래서 떤다. 하나님의 보수는 이제 마귀들이나 저주받은 영혼들에게 선포된다. 그러나 그것은 주 예수께서 불타는 불로 하늘로서 강림하셔서 그들에게 보수하시는 그날에 더 강하게 선포될 것이다. 그때 그들은 보좌에 앉으신 그분의 얼굴로부터 달아나 숨으려고 안간 힘을 쓸 것이다(그 일은 "그분의 위엄과 영광 때문이다."―사 2:10). 그리고 그들은 주님 면전에서, 그리고 그분의 힘의 영광으로부터 영원한 멸망으로 심판받게 될 것이다. 아버지의 영광으로 그 날에 그리스도께서 오실 때, 모든 눈이 영광중에 계신 그분을 보게 될 것이며(이 면과 관련하여 그들은 그분의 두려운 위엄을 볼 것이다), 그분을 찌른 자도 보게 될 것이다(계 1:7). 낮고 천한 모습으로 오셨을 때 그분을 괴롭히고 모욕한 귀신들이나 사악한 이들 모두는 아버지의 영광중에 오시는 그분을 보게 될 것이다.

그러므로 하나님의 두려운 위엄에 대한 감각은 구원하는 은혜의 확실한 증거가 아니다. 왜냐하면 우리는 사악한 자들과 마귀들이 그럴 수 있는 능력이 있음을 알기 때문이다. 그렇다. 이 세상의 수많은 사악한 사람들이 실제적으로 감각을 가지고 왔다. 이는 시내 산에서 사악한 회중의 눈앞에 하나님께서 자신을 나타내신 선언인바, 그들은 시내 산에서 보았고, 그로 말미암아 깊은 영향을 받은 장막에 있던 모든 회중은 두려움에 떨었다.

　셋째, 마귀와 저주받은 사람들은 자연적이며 도덕적인 모든 면에 있어서 어떤 종류의 하나님의 모든 속성에 대한 확신과 감각을 가지고 있는데, 그것은 강하고 매우 영향력이 있다.

　마귀들은 하나님의 전능하신 능력을 안다. 마귀들은 하나님께서 땅의 기초를 놓으실 때 전능하신 능력을 보았고 그것에 큰 감동을 받았다. 그들은 우주적인 대홍수, 소돔성의 파멸, 애굽에 내리신 놀라운 기적들, 홍해 바다의 갈라짐, 광야 생활, 여호수아를 위해 태양을 멈추신 일, 그리고 여타 이루 헤아릴 수 없이 많은 하나님의 능력의 위대한 계시(demonstration)를 보았다. 마귀들은 그들의 군대를 하늘에서 추방하여 지옥에 던지시고, 계속하여 그들을 어두움의 강한 사슬로 결박해 두셔서 강한 고통을 느끼게 하시는 하나님의 전능하신 능력을 알고 있다. 이후에 하나님의 능력의 영광으로부터 심판 받게 될 때 그들은 더 뼈아픈 경험을 갖게 될 것이다. 그러므로 마귀들은 하나님의 지혜에 대해 막대한 지식을 갖고 있다.

　그들은 하나님의 창조 사역과 또한 섭리 사역에서 어떤 죽을 인간이 하나님의 능력의 영광을 볼 수 있는 것보다 말할 수 없을 만큼 더 많은 기회를 가졌다. 그들은 자신들을 하나님의 능력의 영광을 선언하는 데 헤아릴 수 없을 정도로 영향력 있는 선언의 주체로 삼아 놀랍고도 기막힌 방법으로 그들이 짠 아주 미묘한 궁리 속에 그것들을 혼동시켜 왔다. 그래서 그들은 매우 영향력 있는 방법으로 신적 본성의 무한한 정결과 거룩을 보고 아는바, 이는 죄에 대한 하나님의 무한하신 혐오에서, 그 혐오가 미치는 두려운 영향이 무엇인지를 감지하는 데서 드러난다. 그들은 이미 그들이 받는 고통에 의해서 알며, 이후로는 더 깊이 알게 될 것이다. 그들은 또한 의와 거룩을 사랑하시는 데서, 그리스도와 그의 교회의 영광에서 드러내시는 하나님의 거룩을 볼 것인데, 그것은 또한 마귀와 사악한 자들에게 엄청난 영향을 끼칠 것이다. 그리고 하나님의 공평한 의는 심판 날 가장 분명하고 강하게, 가장 설득력 있고 영향을 주는 빛으로 그들에게 선언될 것인바, 그때 그들은 또한 그분의 자비의 그릇에 그분의 놀라운 사랑의 열매를 담으시는 은혜의 부요함을 드러내시는 위대하고 영향력 있는 계시(demonstration)를 보게 될 것이다. 그때 그들은 그들의 아버지의 왕국에서 해처럼 빛나는 그것들을 그리스도의 오른손에서 볼 것이며, 그들에게 선언되는 복된 선고를 들을 것이며, 그로 말미암아 깊은 영향을 받게 될 것이다(눅 13:28-29).

  마귀들은 하나님의 진리를 알므로 하나님의 심판의 위협을 믿고 그 위협이 성취될 것을 내다보며 두려움에 떤다. 그리고 하나님의 진리를 의심하며 하나님의 말씀을 신뢰하지 않는 사악한 자들은 이후에 가장 확실하고 애절한 방식으로 위협하신 하나님의 모든 말씀이 진리인 것을 발견하며, 그분의 성도들에게 보상하시기로 약속하신 모든 약속에 충실하실 것을 보게 될 것이다. 마귀들과 저주받은 자들은 하나님이 영원불변하심을 안다. 그러므로 그들은 그들의 끝없는 불행에 대해 절망한다. 그러므로 하나님의 속성에 대해 단순히 감동적인 감각을 갖는 것은 그들의 마음에 하나님의 참된 은혜를 갖고 있다는 확실한 표지가 아니다.

  반대. 여기서 어떤 이들은 가능한 한 계속되는 추리의 힘에 반대할 것이다. 그들은 이 세상에 있는 불경건한 자들은 마귀가 처해 있는 환경들과 사악한 자들이 심판 날 처하게 될 환경들과 전혀 다른 환경에 처해 있다고 주장할 것이다. 불경건한 자들은 현재만 보며 미래는 보지 못한다. 그리고 이 세상에 있는 사악한 자들은 영혼을 질식시키고 방해하는 육체 안에 머물고 있고, 그들을 눈멀게 하고 마취시키는 방해물들로 포위되어 있다. 그러므로 다른 세계에서는 사악한 자들이 은혜가 없는 일들에 대해 큰 이해와 생생한 감각을 갖기 때문에 불경건한 자들이 그들이 처한 현재 상태에서 동일한 것, 즉 미래에 있을 일들에 대한 이해와 감각을 가질 수도 있다는 결론은 불가능하다.

답변. 이 세상 사람들이 마귀와 저주받은 자들이 가진 것과 같은 정도로 지금까지 언급되어 온 그러한 것들을 갖는다고 생각할 수는 없다. 이생을 살아가는 어떤 사람이 그들과 같은 정도의 양심의 공포를 갖는다고 생각할 수 없다. 경건한 사람이든 불경건한 사람이든, 어떤 도덕적인 사람이 가진 차원의 사색적인 믿음을 갖는다고 생각할 수도 없다. 그리고 지금 살펴본 바와 같이, 심판 날 사악한 자들은 지금 현재의 상태에서 갖는 것보다 그리스도의 외면적인 영광에 대한 더 방대한 아이디어를 갖게 될 것이다. 그러므로 의심의 여지 없이, 그들은 하나님의 두려우신 위대함과 위엄에 대해 훨씬 더 큰 감각을 갖게 될 것이다. 그러므로 우리는, 마귀와 지옥에 있는 사악한 자들이 영원의 광대함에 대해 더 크고 애절한 감각과 (어떤 면에서) 다른 세계의 일들의 중요성에 대해 이생에서 누가 가진 것보다 더 큰 감각을 가질 것이라는 결론을 내릴 수 있다.

그러나 이 세상에 있는 사람들이 마귀와 저주받은 사악한 자들과 더불어 같은 종류의 사색적인 믿음을 가질 수 있음이 분명하다. 사색적인 믿음은 이해하는 데 있어서 같은 종류의 빛, 같은 견해와 애정(affections), 사물에 대한 같은 감각, 마음과 정신에 드리워지는 같은 종류의 인상이다. 반대는 내가 하는 추리보다 사도가 하는 추리를 더욱 타당하며 결정적인 것으로 받아들이는 데 대한 것이다. 마귀들도 믿기 때문에 사도는 한 분 하나님이 계시다고 믿는 믿음이 은혜의 증거라는 결정적인 주장을 반대했다. 그러므로 하나님의 두려우신 위엄을 감지하기 때문에 은혜를 갖고 있다는 그와 같은 생각과는 정면으로 대치된다. 동일한 일들이 지금까지 언급해 온 다른 일들에서도 벌어지고 있다. 내가 택한 본문은 믿음에 있어서 마귀의 이해의 행위에 대해서뿐만 아니라 그들이 갖고 있는 견해들을 따르는 그들의 감정에 대한 것인바, 떠는 것은 감정의 효과이다. 이 사실은, 만일 사람들이 마귀가 가지고 있는 이해의 관점과 감정과 동일한 이해의 관점과 감정을 갖는다면, 그것은 은혜의 표지가 아님을 시사한다.

  은혜 없이 이 세상 사람들에게 전달될 수 있는 차원의 것(degree)과 관련하여, 은혜의 표지를 인간들의 상태를 결정할 무흠한 법칙으로 이용하려 드는 것은 안전할 것 같지 않다. 인간의 마음에 영향을 미치는 섭리나 보편적인 영향에 의해, 하나님께서 이 세상에 있는 사악한 사람들 안에 다른 세계에 있는 사악한 자들이 갖는 동일한 견해와 감정을 일으키실 확실한 차원의 것을 고정할 법칙을 어디에 가지고 있는지 나는 알지 못한다. 그러므로 후자뿐만 아니라 전자도 영혼의 능력과 원리를 갖고 있음이 분명하며, 그들은 종종 더 큰 차원의 것과 더 작은 차원의 것의 실제적인 주체인 것이 분명하다. 성경에 제시된 은혜의 오류 없는 증거들은 다른 종류의 것이다. 그 증거들은 거룩하고 영적인 성격을 지니므로 전적으로 육신적이며 타락한 종류의 마음으로는 전혀 받아들일 수도 없고 경험할 수도 없다(고전 2:14). 나는 또한 여기서, 관찰과 경험은 여러 많은 경우에 있어서 성경과 이성이 가르치는 것을 확증한다고 부언할 수 있다.

설교 ❸

기도의 의무를 다하지 않는 위선자들

"항상 하나님께 불러 아뢰겠느냐"(욥 27:10).

이 말씀에 관하여 나는 관찰한다.

1. 여기서 말하는 그는 위선자인즉, 만일 당신이 본문 구절에 앞서는 두 구절을 보면 알게 될 것이다. "위선자가 이익을 얻었으나 하나님이 그 영혼을 취하실 때에는 무슨 소망이 있으랴 환난이 그에게 임할 때 하나님이 어찌 그 부르짖음을 들으시랴 그가 어찌 전능자를 기뻐하겠느냐 항상 하나님께 불러 아뢰겠느냐." 욥의 세 친구들은 시종 욥을 위선자로 몰아세웠다. 그러나 본 장에서 욥은 그의 신실함과 완전함을 주장하며 그 자신의 행동이 위선자가 취하는 행동과 얼마나 다른지를 제시한다. 특히 그는 끝까지 경건과 의의 길을 보전하며 지켜 온 그의 견고하고 흔들리지 않는 결의를 선언한다. 당신은 이 사실을 욥기 27장의 처음 여섯 절에서 볼 수 있을 것이다. 본문에서, 그는 이 견고함과 인내심이 경건을 지지하지 않는 위선자의 성격과 어떻게 상반되는지를 보여 준다.

2. 우리는 본문에서 위선자에 대한 해독(解讀)과 관련하여 경건의 의무가 무엇인지, 그리고 그것은 기도의 의무 혹은 하나님을 불러 아뢰는 것임을 관찰할 수 있다.

3. 이 의무와 관련된 위선자에 대해 생각하는 것이 있다. 그는 잠시 동안 기도를 계속할 수 있고 필요한 때에 하나님을 불러 아뢸 수 있다.

4. 주장하는 것이 있다. 그것은 항상 의무를 계속하려는 위선자의 태도가 아니다. "그가 항상 하나님을 불러 아뢰겠느냐?" 그것은 질문 형

식이다. 그러나 말씀은 강한 부정(不定)의 힘을 갖고 있든지 주장의 힘을 갖고 있다. 필요한 때에 위선자가 아무리 하나님을 불러 아뢰어도 그 기도를 항상 계속하지 않을 것이다.

교리: 위선자가 필요한 때에 기도의 의무를 아무리 계속한다고 해도, 그것은 그들이 하는 방식일 뿐, 잠시 후면 대부분 그 기도에서 떠나 버린다.

이 교리를 말함에 있어서 내가 제시할 것이 있다.

1. 위선자들은 필요한 때 얼마나 자주 하나님을 불러 아뢰는가.
2. 잠시 기도한 후 대부분 이 의무에서 떠나는 그들의 태도는 어떠한가.
3. 왜 이것이 위선자들이 취하는 방식인지에 대한 몇 가지 이유들.

1. 나는 위선자들이 필요한 때 기도의 의무를 얼마나 빈번히 계속하는지를 보여 주려 한다.

(1) 그들은 보편적인 조명과 감동을 받고 난 후 잠깐 동안 기도한다. 각성하고 있는 동안, 그들은 지옥에 대한 두려움을 통해 하나님을 불러 아뢸 수 있고 은밀한 기도의 의무를 매우 일관되게 할 수 있다. 그 후에 그들은 어떤 녹아드는 감정들, 하나님의 선하심에 의한 마음의 감동, 혹은 어떤 애절한 격려, 그리고 거짓 기쁨과 위로를 가질 수 있다. 이런 인상들이 지속되는 동안 그들은 은밀한 의무를 감당하며 하나님을 불러 아뢸 수 있다.

(2) 희망과 그들이 지닌 좋은 자산에 대한 고백을 한 후에, 그들은 종종 은밀한 기도의 의무를 잠시 동안만 계속한다. 잠시 동안 그들은 그들이 가진 희망에 영향을 받는다. 그들은 하나님께서 자신들을 자연적인 조건에서 구원해 내시고 그리스도에 대한 관심을 주셨고, 그럼으로써 이후에 두려워하게 될 영원한 불행에서 안전한 상태로 이끄셨다고 생각한다. 그들에게 주신 하나님의 이 놀라운 친절로 그들은 많은 감동을

받고, 잠깐 동안 자신들 내부에서 하나님의 사랑을 발견하고는 자기들에게 주시는 하나님의 사랑에 고무된다. 이제 하나님을 향한 이 감정이 지속되는 동안, 그들에게 경건의 의무들은 즐거워 보인다. 그들이 다락방에서 하나님께 가까이 나아가는 것은 어떤 기쁨이기도 하다. 그리고 현재로서는 살아 있는 한, 하나님을 불러 아뢰는 일을 지속하는 것보다 다 나은 것이 없다고 생각한다.

그렇다. 이전에 가졌던 의도에 영향을 받음으로써 부분적으로 그들은 생생한 감동이 사라지기 전에 은밀한 기도의 의무를 계속할지 모른다. 그들은 항상 하나님을 추구하는 일을 계속하고자 시도했다. 그리고 지금은 느닷없이 그만두게 된 것이 그들 자신의 마음에 큰 충격으로 남는다. 이는 부분적으로 그들 자신이 예상한 관념의 힘을 통해서 오며, 항상 믿어 왔던 것, 즉 경건한 사람들은 경건 생활을 계속하고 그들이 행하는 선은 아침 구름과 같지 않다는 관념의 힘에서 온다. 그러므로 기도의 의무에 사랑이 없어지고 기도의 힘이 점점 사라지지만, 그들은 여전히 자기 자신들의 희망을 사랑하고 있는데, 그 희망은 그들이 뒷걸음질하는 과정에 거짓 희망으로 드러나며 결국은 그 뒷걸음질이 그들의 희망을 빼앗아 버린다.

그들이 항상 가르침을 받는 일이지만, 만일 뒷걸음질이 거짓 희망의 표지라는 사실을 보는 자리로 나아간다면 그들은 두려움에 빠질 것이다. 그들의 희망은 그들에게 사랑스러운 것이며, 그 희망이 참된 것이 아니라는 그 어떤 분명한 증거를 보는 일은 그들을 두렵게 할 것이다. 그러므로 그들이 받는 조명과 감동의 힘이 끝난 이후 상당한 시간 때문에, 그리고 그들이 기도의 의무를 미워한 이후, 기도했다는 기쁨이 있을 수도 있겠지만, 만일 위선자임을 보여 주고 싶지 않다면, 그들은 은밀한 기도의 의무를 어떤 형태로든 감당한다. 이는 잠시 동안 외식적인 경건을 유지하는 것이 될 수 있고, 때로는 기도의 의무를 게을리 하는 자리로 천천히 진행하는 경우가 된다. 그들은 기도 의무의 자리를 갑자기 떠나서는 안 된다. 왜냐하면 자기들이 가진 거짓 평화에 큰 충격을 주고 싶지 않기 때문이다. 그러나 그들은 양심이 그것을 감당할 수 있기까지, 그 문제를 덮어 버릴 수 있는 꾀와 구실을 발견하기까지, 그리고 그들 자신이 보기에 그들이 가진 희망의 진실이 잘 유지되기까지 점진적으로 게을리 하는 자리로 나아가야 한다.

2. 그러나 결국은 잠시 후 대부분 이 의무의 실천을 두고 떠나는 것이 위선자들의 태도이다. 위선자들이 갖고 있는 밖으로 나타나 보이는 선과 경건은 계속 지속되며 보존되는 성격이 아님을 우리는 종종 배워 왔다. 그것은 특히 그들이 하는 기도 의무의 실행과 관련된 것이며 특별히 은밀한 기도와 관련된 것이다. 그들은 이 의무를 누락할 수 있고, 그 누락은 다른 사람들에게 발각되지 않는다. 그들이 하는 고백을 누가 알아차리겠는가? 그러므로 그들 자신의 명성은 그들로 하여금 기도 실행을 잠잠케 하지 못한다. 만일 어떻게 게을리 하는지를 누구라도 알아차린다면, 그것은 그 알아차린 사람들에 대해 그들이 갖는 자비에 엄청난 충격을 가하는 것이 될 것이다. 그러나 그들의 게으름은 주시하는 사람들의 관찰 아래 추락하지 않는다. 적어도 많은 사람들의 관찰 아래서도 추락하지 않는다. 그러므로 그들은 이 의무를 누락할 수 있고 회개한 사람들의 신용을 여전히 확보할 수 있다.

이런 인격을 가진 사람들은 그들이 갖고 있는 평화에 많은 충격을 주지 않고 점차 은밀한 기도를 게을리 할 수 있다. 왜냐하면 실상 회개한 사람이 은밀한 기도 없이 살아가려 해도 사람들은 매우 광범위하게 그가 참된 회개자라는 인식을 갖고 있기 때문이다. 그러나 그들은 점차 그들의 인식을 바꾸려는 수단을 찾고, 그들이 가진 원리들을 가져와 그들의 성향에 부응시키려 한다. 그리고 결국 그들은 일들에 대해 가진 인식에서, 사람은 회심자가 될 수 있으나 이 의무를 매우 게을리 할 수도 있다는 결론에 도달한다. 때가 되면 그들은 모든 것을 잘 짜 맞추며, 하늘에 대한 희망을 갖고, 육신적인 기호(嗜好)를 탐닉하며 극대화하면서 게으름에 더욱 빠지고, 이제는 대부분 기도 없는 삶을 살게 된다. 그들은 실로 갑자기 그런 삶에 빠지지 않는다. 그것은 시간의 사역(work of time)이 되어야 하며, 시간은 그런 삶에 영향을 미칠 것이다. 그들은 점차 막강한 원수들에 대항하여 그들의 양심을 지키며 방어한다. 그렇게 하는 목적은 그 원수들이, 그리고 조용하고 안정된 양심이 마침내 서로 잘 어울릴 수 있도록 하는 것이다.

앞에서 말한 내용이 본 교리가 주장하는 것인 반면, 그것은 위선자가 취하는 방식인데, 그는 얼마 있지 않아 엄청날 정도로 이 의무에서 떠나 버린다. 나는 당신에게 제안하고자 한다.

(1) 의도된 바는 아니지만, 개방적인 기도(open prayer, 나 혹은 다른 사람들과 함께 하는 기도)에 대한 외면적인 관심은 삶의 막바지까지 보편적으로 지속된다. 그들은 회중 가운데서 공공 기도의 자리나 가족 기도회의 자리에 있을지 모른다. 그와 같은 밝은 장소에서 이 사람은 보편적으로 충분히 각성되기 이전에 기도한다. 신중한 종교에 대해 그 어떤 핑계도 하지 않는 수많은 사악한 사람들은 보편적으로 육신적인 계획이 방해하지 않거나 젊음의 기쁨이나 유희가 방해하지 않으며 그들이 사귀는 헛된 동료가 부르지 않는 한 회중들이 하는 공공 기도에 참여한다. 또한 개인 기도와 그들이 살고 있는 가족 기도회에 참여한다. 그러고 난 다음, 그들은 가족 기도회에 참여하는 것에 대해 조금도 양심의 가책을 받지 않는다. 그렇지 않으면 그들은 살아 있는 동안 기도하는 일을 계속하지만, 진실로 하나님을 불러 아뢰지는 않는다. 왜냐하

면 그런 식으로 하는 그와 같은 기도는 그들 자신이 하는 기도가 아니기 때문이다. 그들은 오로지 자기들의 신용을 위해서 하거나 다른 사람들을 따라서 하는 것이다. 그들은 이런 기도회에 참여하고 있을지 몰라도, 여전히 그들 자신의 올바른 기도를 하지 못하고 있다. 그들 가운데 많은 사람들은 욥기 15장 4절에서처럼 말씀과 관련된 사람들인데, 그들은 아직도 종종 가족 기도회나 공공 기도회에 참석하고 있다.

(2) 그러나 그들은 상당히 은밀한 기도의 실천에서 떠나 있다. 그들은 점차 기도에서 떠난다. 그들은 처음에 몇 가지 특별한 시험을 당할 때 기도에 주의를 기울이지 않았다. 젊은 친구들과 함께 어울려 세속적인 사업에 묶여 있었기 때문에 그들은 한때 기도를 빼먹었다. 그 이후 그들은 또다시 기도를 빼먹었다. 그러므로 이제 기도를 빼먹는 것은 일상사처럼 되어 버렸고, 얼마 지나서는 거의 기도하지 않게 된다. 아마도 주일날 교회에 가서나 하며, 때로는 다른 날 그렇게 할 것이다. 그러나 그들은 세상사에서 물러나 하나님을 예배하기 위해, 그리고 은밀한 곳에서 하나님 아버지의 얼굴을 구하기 위해 은밀한 곳에서 매일 꾸준하게 해야 할 기도를 중단했다. 그들은 간혹 양심을 편하게 하기 위해 조금 기도하며, 그들이 가진 낡은 희망을 되살리기 위해 기도한다. 그렇게 하는 까닭은 그것이 자신들에게 충격이 될 것이기 때문이며, 결국은 자신들을 회심자로 부르기 위해 양심을 교묘히 다루어 전혀 기도 없이 살려고 하기 때문이다. 그러나 은밀한 기도의 실천은 사라지고 없다.

3. 이제 왜 이런 방식이 위선자의 태도인지 그 이유를 다룰 차례이다.

(1) 위선자들은 기도의 영(the spirit of prayer)을 결코 갖고 있지 않다. 그들은 이 의무를 이행하는 데 외부에서 자극을 받을지 모르며, 매우 성실하고 감정적이지만 항상 진정한 기도의 영이 없다. 기도의 영은 거룩한 영이며 은혜의 영이다. 스가랴 12장 10절은 "내가 다윗의 집과 예루

살렘 거민에게 은총과 간구하는 심령을 부어 주리니"라고 말씀한다. 진실한 간구의 영이 있는 곳은 어디나 은혜의 영이 있다. 진실된 기도의 영은 성도들의 마음에 내주하시는 하나님 자신의 영 이외의 다른 것이 아니다. 그리고 하나님께로부터 이 영이 임할 때, 그 영은 자연적으로 거룩한 호흡과 열망 안에서 하나님을 향한다. 그 영은 자연히 하나님께 이끌리어 기도로 말미암아 하나님과 대화한다. 그러므로 그 영은 말할 수 없는 탄식으로 성도를 위해 중보하신다(롬 8:26). 하나님의 영이 성도를 위해 중보하시는바, 어떤 면에서 그 영은 성도들의 기도를 기록하시며, 그들을 하나님 앞에 이끌어 하나님 앞에서 그들의 영을 쏟아 붓게 하신다. 그러므로 성도들은 그 영 안에서 하나님을 예배하게 된다. 빌립보서 3장 3절은 말씀한다. "하나님의 성령으로 봉사하며 그리스도 예수로 자랑하고 육체를 신뢰하지 아니하는 우리가 곧 할례당이라." 그리고 요한복음 4장 23절은 말씀한다. "아버지께 참으로 예배하는 자들은 신령과 진정으로 예배할 때가 오나니 곧 이때라 아버지께서는 이렇게 자기에게 예배하는 자들을 찾으시느니라." 진실되고 경건한 자들은 양자의 영, 자녀의 영을 가진바, 그로 말미암아 하나님께로 나아가 하나님을 아버지라 부르는 것이다.

그러나 위선자들은 이 양자의 영을 갖고 있지 않다. 그들은 자녀의 영을 갖고 있지 않다. 왜냐하면 이 영은 은혜로우시고 거룩하신 영이기 때문이며, 오로지 참된 거듭남의 사역에만 허락되기 때문이다. 그러므로 하나님을 불러 아뢰는 것은 경건한 자의 구별된 특징으로 일컬어진다. 시편 145편 18-19절은 말씀한다. "여호와께서는 자기에게 간구하는 모든 자 곧 진실하게 간구하는 모든 자에게 가까이 하시는도다 저는 자기를 경외하는 자의 소원을 이루시며 또 저희 부르짖음을 들으사 구원하시리로다." 요엘 2장 32절은 말씀한다. "누구든지 여호와의 이름을 부르는 자는 구원을 얻으리니."

진실로 위로부터 난 자는 의당 하나님께 기도하며, 하늘 아버지 앞에서 거룩한 탄원을 하며 그의 영혼을 쏟아 붓는다. 이것은 마치 호흡이 육체의 본성과 생명에 수반된 자연적인 현상이듯이 새로운 본성과 생명에 뒤따르는 자연적 현상이다. 그러나 위선자들은 이 새로운 본성을 갖고 있지 않다. 그들이 갖고 있던 그런 조명과 감동은 달아나 버리고 본성은 변화되지 않은 채로 남겨져 있다. 그러므로 기도는 자연히 그들 안에서 질식되어 죽었고, 그들의 영혼의 본성 안에는 기도를 계속할 근거가 없어져 버렸다. 기도는 오로지 그들의 본성에 미치는 어떤 힘에 의해서만 이루어지다가 인간의 본성이 다시 그 자리를 차지하면 쇠하여져 버린다.

참된 회심자의 영은 참되게 하나님을 사랑하는 영이며, 자연적으로 그 영은 하나님과 대화하는 그 의무로 이끌려 가며 하나님께 가까이 나아가는 그 일을 즐거워한다. 그러나 위선자는 그와 같은 영이 없다. 그는 하나님을 거스르는 적개심의 힘 아래 놓여 있으며, 자연히 하나님의 임재로 나아가는 일을 회피하는 경향을 갖는다.

참된 회심자의 영은 믿음의 영이며 하나님의 힘과 지혜와 자비를 의지하는 영이다. 그리고 그와 같은 영은 자연히 기도에서 나타난다. 참된 기도는 표현된 믿음 외에 다른 것이 아니다. 그러므로 우리는 야고보서 5장 15절에서 믿음의 기도에 관한 말씀을 읽는다. 참된 크리스천의 기도는 말씀에 대한 믿음이자 호흡처럼 말씀 안으로 이끌려 가는 영혼의 의지이다. 그러나 위선자는 믿음의 영이 없다. 그는 하나님을 참으로 의지하지 않고 실로 자기 의존적이다.

위선자들이 가진 보편적인 확신과 감정에 관하여, 그리고 그로 하여금 잠깐 동안 기도의 의무를 유지하게 하는 보편적인 확신과 감정에 관하여 말하면—그것들은 마음의 밑바닥에 도달하지 못하며, 그 어떤 본성의 변화도 동반하지 않는다—매우 조그만 일도 쉽게 그것들을 사라지게 할 수 있다. 세상 염려는 보편적으로 위선자들을 억눌러 질식시키며, 젊음의 쾌락과 허무가 종종 그들에게 밀어닥친다. 그리고 그것들은 기도 의무의 끊임없는 실천을 끝내게 한다.

 (2) 위선자가 거짓 회심을 가졌을 때, 그의 마음속에 들어 있는 그의 필요는 이미 충족되었고 그가 가진 욕구는 이미 응답되었다. 그러므로 그는 은혜의 보좌에서 더 이상 할 일을 발견하지 못한다. 그는 결코 그 어떤 다른 욕구에 대한 감각이 없고 지옥으로부터 안전하기만을 원할 뿐이다. 그리고 필요가 충족되었는데(그가 생각하는 바와 같이) 어떻게 그의 욕구가 회심되겠는가! 성실한 요구를 가지고 은혜의 보좌 앞에 나아갈 이유가 어디 있는가? 그는 위험에서 벗어났다. 그가 두려워하던 모든 것이 제거되었다. 그는 이제 충분히 천국에 들어갈 수 있는데 무얼 더 원하란 말인가?

 각성하고 있었을 때, 그는 기도로 하나님께 나아가고자 하는 욕구로 마음이 뒤끓었다. 그는 시종 지옥에 대해 두려워했다. 그 두려움으로 말미암아 그는 하나님께 자비를 구했다. 그러나 그 이후, 회심했다는 생각으로 말미암아 그는 더 이상 하나님께 나아갈 필요가 없어졌다. 그리고 그의 희망이 손상 받을까 하는 두려움 때문에 겉으로 보기에 잠시 동안 기도의 의무를 하는 것 같을지 모르지만, 기도의 필요성을 알지 못하는 그는 기도를 계속하지 않는다. 그리하여 점차 그는 기도하는 일을 완전히 놓쳐 버린다. 위선자가 하는 사역은 그가 회심할 때 끝났다. 그러므로 그는 더 이상 도움을 필요로 하는 자리에 서지 않는다.

 그러나 참된 회심자는 이와 상반된다. 그가 하는 사역은 끝나지 않았다. 그는 여전히 충족되어야 할 큰 일과 필요를 갖고 있다. 그는 여전히 자신을 가난한 자로, 진 자로, 힘없는 피조물로 보며 하나님의 크고 계속적인 도움을 필요로 하는 자로 간주한다. 그는 하나님 없이 아무것도 할 수 없다는 사실을 알고 있다. 거짓 회심은 사람으로 하여금 자신을 자족한 자로 보게 만든다. 그는 자기를 부유하며, 선을 많이 쌓았고, 아무것도 필요치 않은 자로 말한다. 자신이 얼마나 비참하고 불행한지, 얼마나 가난하고 눈이 멀었는지, 그리고 얼마나 발가벗었는지를 알지 못한다. 그러나 참된 회심 이후, 그 영혼은 자신의 중요성과 허무함을 있는 그 자체대로 알며, 그 앎은 감소되기보다는 증대된다. 그 영혼은 모든 것을 위해 하나님에 대한 보편적인 의존을 여전히 의식한다. 참된 회심자는 자기가 지니고 있는 은혜가 완전치 못함을 지각하며, 그가 바라는 모든 것으로부터 멀리 동떨어져 있다는 것을 지각한다. 그러나 그 대신, 회심에 의해 그의 내부에는 그가 이전에 전혀 갖지 못했던 새로운 욕구가 잉태된다. 그는 이제 자기 안에 거룩한 기호(嗜好), 의에 대한 거룩한 배고픔과 갈증이 있다는 사실을 발견하며 하나님과 더 깊은 관계와 친교를 추구한다. 그러므로 그는 여전히 은혜의 보좌 앞에 나아간다. 그렇다. 회심 이후 그가 은혜의 보좌 앞에 나아가 하는 기도는 계속 증가한다.

3. 위선자가 자신의 자산(資産)에 대해 갖는 희망은 하나님의 명령이 이전에 그의 양심 위에 끼친 힘을 제거한다. 그래서 그는 이제 기도하는 거룩한 의무를 과감하게 무시한다. 기도의 의무를 요구하는 명령은 너무나도 명명백백하다. 마태복음 26장 41절은 말씀한다. "시험에 들지 않게 깨어 있어 기도하라." 에베소서 6장 18절은 말씀한다. "모든 기도와 간구로 하되 무시로 성령 안에서 기도하고 이를 위하여 깨어 구하기를 항상 힘쓰며 여러 성도를 위하여 구하고." 마태복음 6장 6절은 말씀한다. "너는 기도할 때에 네 골방에 들어가 문을 닫고 은밀한 중에 계신

네 아버지께 기도하라." 그 자신은 생각하기를, 위선자가 지옥에 들어갈 계속적인 위험에 처해 있었던 한, 그는 이 명령을 감히 어기지 않았다. 그러나 그가 생각하기를 지옥으로부터 안전하다고 생각한 이후, 그는 용감해졌고 성경에서 명령하는 가장 분명한 명령을 무시하면서 살기 시작했다.

4. 잠시 후, 기도를 하지 않는 죄스러운 행위로 되돌아가는 것이 위선자의 방식이다. 그들은 확신 아래 있던 동안 그들의 삶을 갱신하고 올바른 길을 걸었다. 그들이 생각하는 회심 이후 이 개혁은 잠시 동안 지속되며 희망과 거짓 위로의 영향을 크게 받는다. 그러나 이런 일들이 점차 사라지면, 그들의 옛 육정은 점차 되살아나 개가 토한 데 돌아가듯 옛 삶으로 되돌아가며, 잘 씻긴 돼지가 진창 구덩이로 되돌아가듯 한다. 그들은 육신적인 일로, 세속적인 행위로, 이전에 가졌던 자만심과 자기주장의 행위로 되돌아간다. 그리고 의심할 나위 없이 이런 것들은 그들로 하여금 그들의 기도 골방을 뒤흔들게 한다. 죄를 짓는 일과 기도하는 일은 양립할 수 없다. 만일 한 사람이 은밀한 기도의 의무를 계속 이행하고 있다면, 그 기도는 그로 하여금 의지적인 죄를 짓지 못하도록 한다. 다른 한편, 만일 그가 죄를 짓는 행위 가운데 있다면 그 일은 그로 말미암아 기도하지 못하게 한다. 그 일은 그의 마음에 다른 생각을 불어넣어 기도 의무를 이행할 의향을 갖지 못한다. 그 일은 그를 역행한다. 하나님을 거슬러 죄 가운데 살고 있는 사실을 아는 사람은 매일 하나님의 임재 앞에 나아갈 뜻을 품지 못하며 하나님의 임재 앞에서 도망치려 할 뿐이다. 아담이 금지된 실과를 먹었을 때, 그는 하나님 앞에서 도망하여 동산 나무 사이에 숨었다.

자신의 육욕에 통치권을 넘긴 이후에 기도의 의무를 견지하려는 것은 양심을 크게 동요시킨다. 그 일은 그를 대항하여 그의 양심에 자유를 부여할 것이다. 만일 그가 그의 연약함에서 하나님의 임재 앞으로 나아가 하나님께 즉시 아뢰려고 한다면, 그의 양심은, 말하자면 그의 얼굴에서 날아다닐 것이다. 그러므로 위선자들은 그들의 사악한 행위들을 어느 정도 인정하더라도 기도를 차단한다.

5. 위선자들은 하나님을 찾는 일에 있어서 인내의 대가와 인생의 종착역까지 하나님을 따르는 가치를 결코 계산하지 않는다. 인생의 종착역까지 인내를 갖고 기도를 계속하는 것은 많은 주의와 근신과 수고를 요구한다. 육과 세상과 마귀는 기도하는 일을 한없이 방해하며 크리스천들은 기도를 방해하는 수많은 유혹에 직면한다. 이 의무를 이행하는 데 인내하려는 그는 일반적으로 경건 생활에 많은 수고를 해야 한다. 그러나 위선자들은 결코 그와 같은 수고의 대가를 계산하지 않는다. 그들은 자신들의 삶을 하나님을 섬기는 일과 경건의 의무들에 바치고자 하는 생각을 갖지 못한다. 그러므로 만일 그들이 잠깐 기도하는 것 같다가 이내 지쳐 버리고, 감동은 온데간데없이 사라지고, 기도하는 일을 진저리나고 싫증나는 일로 아는 것은 그리 놀랄 일이 아니다.

6. 위선자들은 그들의 의무를 끝까지 감당하는 길에서 그들을 붙들어 주기 위해 필요한 영적 은사들(spiritual supplies)을 자기 백성들에게 주시기로 약속하신 하나님의 은혜로우신 약속에 관심이 없다. 하나님은 참된 성도들에게 그들을 버리시지 않을 것이라고 약속하셨다. 예레미야 32장 40절은 "그들을 떠나지 아니하리라 하는 영영한 언약을 그들에게 세우고"라고 말씀한다. 하나님은 의무를 이행하는 길에 있는 그들을 지키실 것을 약속하셨다. 데살로니가전서 5장 23-24절은 말씀한다. "평강의 하나님이 친히 너희로 온전히 거룩하게 하시고 또 너희 온 영과 혼과 몸이 우리 주 예수 그리스도 강림하실 때에 흠 없게 보전되기를 원하노라 너희를 부르시는 이는 미쁘시니 그가 또한 이루시리라." 그러나

위선자들은 이 말씀들에 대해 관심이 없고 마찬가지로 약속에도 관심이 없다. 그러므로 연약하여 언제든지 떨어져 나갈 수 있다. 만일 하나님께서 붙들어 주시지 않는다면, 그들은 하나님을 굳게 의존할 수 없다. 만일 하나님의 영이 떠나가시면, 그들은 이내 부주의하게 되고 세속화되며, 겉으로 보이는 헌신과 경건은 끝장나고 말 것이다.

적용

사용 1. 나는 참된 회심자가 되는 희망을 품었으나 자신들이 생각하는 회심이 은밀한 기도의 의무를 방치해 두었고, 일상 기도의 의무를 빠뜨리므로 말미암아 희망을 내던져 버린 자들을 권면하고자 한다. 만일 당신이 하나님을 불러 아뢰는 일에서 떠났다면, 지금은 당신이 하나님의 자녀라는 상상으로 당신 자신에게 아첨하던 일과 거짓 희망을 떠날 때이다. 아마도 당신이 그렇게 하기란 무척 힘들 것이다. 인간이 하늘의 희망을 흘려보내는 것, 한때 의지했고 상당한 기간 붙들었던 희망을 흘려보내는 일은 참으로 힘들다. 참된 회심은 드문 일이지만, 한때 거기에 정착하고 붙들었던 회심의 거짓 희망에서 떠나는 일은 더더욱 드문 일이다.

만일 다른 사람들에게 알려졌으면, 자신들이 위선자인 것을 다른 사람들이 확신하도록 만들기에 충분한 그런 것들은 정작 자신들을 확신시키지 못할 것이다. 다른 사람들과의 관계에서 다른 사람들을 확신시키기에 충분한 것들과 자신들이 지닌 자비로부터 다른 사람들을 추방시키도록 작용하는 그런 것들은 정작 자신과의 관계에서는 자신들을 확신시키지 못할 것이다. 그들은 다른 사람들을 위해 할 수 있는 것보다 자신들을 위해서는 더 큰 관용(allowances)을 베풀 수 있다. 그들은 같은 상황에서 그들의 이웃을 위해서는 아무것도 발견할 수 없을 때 그들 자신의 희망을 가로막는 장애물들을 해결할 길을 찾을 수 있다. 그러나 만일 당신의 경우가 교리에서 말하는 그런 경우라면, 당신은 당신이 지금까지 경험한 것보다 더 나은 희망과 하나님의 영이 하시는 다른 역사, 곧 더 완전하고 효과적인 것을 찾을 때이다. 당신의 마음속에 뿌려진 씨앗이(처음에는 싹이 나서 무성하게 자라는 것 같아 보일지 몰라도) 태양의 열기로 시들어 가거나 가시로 기운이 막히는 것을 경험적으로 보고 알 때, 그 씨앗이 어떤 종류의 땅에 뿌려졌는지를 보여 준다. 또한 돌짝밭인지 가시밭인지를 보여 준다. 그러므로 당신의 마음속에 인내로 열매를 생산할 좋은 땅이 될 수 있는 어떤 다른 변화를 겪어야 할 필요가 있다.

나는 당신이 다른 사람들의 비판을 받아서 그 비판을 바꾸는 일에 당신이 주체가 되는 것이 옳지 않기 때문에 당신이 가진 희망을 내던져 버려야 한다고 주장하지는 않는다. 당신이 인정을 받든 저주를 받든, 목회자에 의한 것이든 사람들에 의해 받는 것이든, 지혜로운 자들에 의한 것이든 지혜롭지 못한 자들에 의한 것이든, 사람에 의해 판단을 받는 것은 아주 작은 일이다. 고린도전서 4장 3절은 "너희에게나 다른 사람에게나 판단 받는 것이 내게는 매우 작은 일이라"고 말씀한다. 만일 당신의 선함이 아침 구름과 일찍 맺힌 이슬방울 같은 것으로 증명되었다면, 만일 당신이 하나님을 버리고 그분의 이름을 불러 아뢰는 일에서 멀리 떠났다면, 성경은 당신에 대한 하나님의 판단과 심판을 선고한다. 그리고 그것은 세상에서 당신에게 우호적인 모든 지혜롭고 경건한 사람들과 목회자들의 판단을 받는 것보다 수천 배가 된다.

당신이 사물을 평가하는 관점에서 보아, 다른 사람들이 당신에 관하여 자비를 베풀 의무가 있고, 당신이 실수를 저지르지 않고 일들을 잘못 제시하거나 그릇된 말로 잘못 표현하지 않았다면, 당신은 진실로 회심 했다고 생각할지 모른다. 그러나 당신이 들어갈 영원한 상태에 대한 희 망을 세울 터전은 얼마나 불행한 터전인가!

여기서 나는 당신의 희망과 관련하여 당신에게 꼭 당부해야 할 몇 가 지 특별한 것에 당신이 관심을 기울여 줄 것을 요구하는 바이다.

첫째, 왜 당신은 경험했음에도 불구하고 당신을 해롭게 하는 그 희망 을 붙들 것인가? 거룩한 희망, 하늘로부터 내려온 희망이 그와 같은 영 향을 줄 것으로 생각하는 것은 이치에 맞는 일인가? 아니다. 확실히 그 와 같은 해로운 영향은 순결과 영광의 세계에서 오지 않는다. 그 어떤 독도 하나님의 정원에서 자라나지 않는다. 이 세상에서 사람들을 죄로 이끄는 희망은 이후에 그들을 지옥으로 이끌 것이다. 그러므로 당신이 사악한 삶을 살도록 힘을 주며 당신 자신의 경험에 좋지 않은 영향을 주는 이 좋지 못한 그와 같은 희망을 왜 붙들 것인가? 확실히 그런 삶은 은밀한 기도와 같은 거룩한 의무를 태만히 하며, 그 의무를 즐길 수 있 는 하나님의 확고한 명령에 불순종하는 삶이다. 그리고 하나님의 명령 에 불순종하는 길은 지옥행의 길이 아닌가?

만일 당신이 지닌 희망의 성격과 경향에 대하여 당신이 경험하는 바 가 당신에게 그 경험의 오류를 확신시켜 주지 않을 것 같으면 무엇이 그 일을 감당하겠는가? 당신은 당신의 희망을 견지할 결정을 내리므로 그 희망이 불건전하고 해롭다는 것을 증명하려 하는가? 당신은 지옥에 갈 때까지 그 희망을 굳게 붙들 셈인가? 수많은 사람들이 거짓 희망에 매달리고 그 희망을 가슴에 품고 있어서 지옥의 불꽃이 그들의 팔을 풀 어헤쳐 그 팔이 붙들고 있는 것을 결코 놓치지 않으려 한다. 심판 날 그 희망에 안주하고 있었던 당신의 어리석음에 대해 하나님께서 책임을 물으실 때 과연 어떻게 대답할 것인지를 생각하라. 고작 다른 사람들에게 자비를 베풀어서 그들이 당신의 회심이 참된 것이라고 말할 수 있는 것이 충분한 답변이 될 것인가?

확실히 사람들이 하나님은 더 많은 지혜를 갖고 계시지 않는다고 상상하거나, 위로와 영생의 희망을 내려 주시는 그 어떤 방법도 고안할 수 없어서 사람들이 그분을 버릴 수밖에 없다고 상상하는 것은 치명적인 어리석음이다.

둘째, 당신은 무엇보다 어떻게 사랑의 하나님과 일치하도록 하겠는가? 만일 당신이 가장 절친한 세상 친구와 당신이 즐기는 세상의 즐거움보다 더 하나님을 사랑하는 영을 갖고 있지 않다면, 성경은 당신이 참된 크리스천이 아님을 분명히 말씀하는 것들로 가득하다. 그러나 만일 당신이 진정으로 그와 같은 영을 갖고 있다면, 하나님께 가까이 나아가는 기도의 실천에 성장이 뒤따르지 않겠으며, 하나님의 자녀의 생활인 그와 같은 분명한 의무를 습관적으로 싫어하겠는가? 우리가 사랑하는 사람들이 자리에 없는 것을 싫어하고 사랑하는 사람들에게 더 가까이 가려는 것이 사랑의 속성이다. 우리는 사랑하는 사람들을 자주 찾아가 그들과 대화하는 것을 즐거워한다. 그러나 어떤 사람이 사랑하는 사람들이 다른 사람들과 자유롭게 대화하고 그로부터는 점차 멀어지고 소원해져 대화가 거의 이루어지지 않으면, 그리고 처음의 친밀함을 계속하자고 졸라대더라도, 이는 분명히 그를 향한 그의 마음(사랑 받는 사람)이 냉담해진 것을 드러내는 것이다.

기도 의무를 대만히 하는 것은 다른 것 이상으로 하나님을 사랑하는 지고한 사랑과 불일치하는 것이며, 그것은 분명히 계시된 하나님의 뜻을 거스르는 것이다. 하나님에 대한 참된 사랑은 모든 일에 있어서 하나님을 즐겁게 해 드리려고 하며 그분의 뜻을 따라 이행하는 삶이다.

셋째, 그러므로 하나님 앞에서 기도를 억제하는 것은 하나님에 대한 사랑과 모순될 뿐만 아니라 또한 하나님에 대한 경외와도 모순된다. 그것은 욥기 15장 4절에서 선포된 바와 같이 당신이 하나님에 대한 경외를 저버리는 주장이다. "참으로 네가 하나님 경외하는 일을 폐하여 하나님 앞에 묵도하기를 그치게 하는구나." 그러므로 당신이 하나님의 분명한 명령을 거역하는 동안, 당신은 분명히 당신의 눈앞에 계신 하나님에 대한 두려움이 없음을 보이고 있다. 시편 36편 1절은 말씀한다. "악인의 죄얼이 내 마음에 이르기를 그 목전에는 하나님을 두려워함이 없다 하니."

넷째, 그와 같은 나태한 삶은 거룩한 삶과 얼마나 모순되는지를 생각해 보라. 우리는 성경에서 참된 크리스천은 거룩한 삶을 영위하며 거룩함이 없이는 그 누구도 하나님을 볼 수 없으며(히 12:14), 그분에 대한 소망을 가진 자마다 그리스도와 같이 자기를 깨끗이 한다는 가르침을 받는다(요일 3:3). 잠언 16장 17절에서 "정직한 자의 대로(大路)는 악을 떠나는 것"이라고 말씀한다. 바꾸어 말하면, 악을 떠나는 것은 모든 경건한 자들이 걷는 보편적인 탄탄대로이다. 같은 목적이 이사야 35장 8절에 나타나 있다. "거기 대로가 있어 그 길을 거룩한 길이라 일컫는바 되리니 깨끗지 못한 자는 지나지 못하겠고 오직 구속함을 입은 자들을 위하여 있게 된 것이라 우매한 행인은 그 길을 범치 못할 것이며." 로마서 8장 1절은 모든 신자의 특성을 말씀하는데, 그들은 육신을 따르지 않고 성령을 따라 행한다. 그러나 기도 없는 삶이 어떻게 거룩한 삶과 일치하겠는가? 거룩한 삶은 하나님께 헌신된 삶이며, 하나님을 예배하고 섬기는 삶이며, 하나님을 섬기는 데 구별된 삶이다. 그러나 기도 의무를 견지하지 않는 자가 어떻게 그와 같은 삶을 살겠는가? 어떻게 그와 같은 사람이 성령을 따라 행하며 지극히 높으신 하나님의 종이라 불릴 수 있는가?

거룩한 삶은 믿음의 삶이다. 세상 안에서 참된 크리스쳔이 사는 삶은 하나님의 아들을 믿는 믿음으로 사는 삶이다. 그러나 기도 없이 믿음으로 사노라 하면 누가 믿을 수 있겠으며 기도 없는 삶이 믿음의 표현이라고 누가 믿겠는가? 목숨을 위해 호흡이 필요하듯이 기도는 자연스런 믿음의 표현이다. 그리고 사람이 믿음의 삶을 산다고 말하는 것, 그러나 기도 없는 삶을 산다고 말하는 것은 사람이 숨을 쉬지 않고 산다고 말하는 것과 같은 것이며 도저히 믿을 수 없는 일이다. 기도 없는 삶은 거룩한 삶과 동떨어진 세속적인 삶이다. 그는 하나님의 이름을 부르지 않는 이교도와 같은 삶을 사는 사람이다. 기도 없는 삶을 사는 그는 세상에서 하나님 없이 사는 사람이다.

다섯째, 만일 당신이 은밀한 기도를 태만히 하는 삶을 살고 있다면, 당신은 하나님을 예배하는 일을 무시하려는 당신의 의도를 드러내고 있다. 다른 사람들과 기도할 때만 기도하는 그는 전혀 기도하는 자가 아니며 다른 사람들의 눈치만 살피는 자이다. 하나님만 보시는 곳에서 기도하지 않고 사람들이 보는 곳에서만 기도하는 자는 분명코 하나님을 경외하며 기도하는 것이 아니며, 하나님의 눈을 의식하지 않는 자이므로 그는 기도를 내팽개치는 것이다. 그리고 결국 기도를 내팽개치는 자는 하나님 예배를 내팽개치는 자이며 하나님 예배에 중요한 기도를 내팽개치는 자이다. 하나님을 예배하지 않는 불행한 성도여! 하나님 예배를 내팽개치는 자는 하나님을 내팽개치는 자이다. 그는 하나님을 고백하기를 거절하는 자이거나 그분을 그의 하나님으로 친교하기를 거부하는 자이다.

여섯째, 만일 당신이 여기서 하나님을 무시하고 영원히 저버린다면 어떻게 하나님과 함께 거하기를 기대할 수 있겠는가? 당신은 당신의 기쁨을 하나님께 두지 않으며, 하나님을 가까이 하지 않고 하나님과 친교를 나누지도 않는 것을 보여 준다. 친구 집을 찾아 방문하여 대화하기를 거부하며 풍성한 초대를 받을 때 초대한 그 친구를 버리는 그는 분명히 그의 행복을 그 친구의 동료애와 대화에 두지 않음을 보여 준다. 이제 만일 이와 같은 것이 하나님과 관련하여 당신이 드러내는 경우라면, 어떻게 당신은 당신의 행복을 하나님과 함께하는 영원에 두며 또 하나님과 거룩한 교제를 즐기는 것이라고 말할 수 있겠는가?

회심하기를 바라나 은밀한 기도의 의무에서 떠나 있으며 삶의 방식이 보편적으로 기도의 의무를 태만히 하는 사람들은 자신들을 위해 이런 일들을 신중히 생각하도록 하라. 살아 있는 동안 결국은 자신을 패배시키고 두렵고도 놀라운 실망에 몰아넣을 것들을 즐기는 것이 무슨 유익이 될 것인가?

당신 자신의 처지에 대해 좋은 견해를 가지며 자신을 회심자로 간주하나 은밀한 기도의 의무에서 떠난 당신들 가운데 일부 사람들은 추측컨대 이 설교에 감동받은 후 오늘 저녁의 은밀한 기도에 참여할 것이다. 그리고 그렇게 하는 당신의 목적은 당신이 가진 희망의 진실을 대적하는 어려움과 장애물들을 해결하는 것이 될 수도 있다. 그러나 그 희망은 오래 가지 않는다. 같은 성격을 가진 앞의 여러 경우들에서 드러난 바와 같이, 지금 당신이 듣고 있는 것은 잠시 동안만 당신에게 그와 같은 영향을 미칠 것이다. 세상일과 염려들은 당신 머리를 가득 채울 것이며, 그런 후 당신은 젊은 친구들을 찾아감으로써 이 의무를 다시 태만히 여길 것이다. 당신은 은밀한 기도의 의무뿐만 아니라 가족기도 또한 태만히 할 가능성이 크다. 그렇지 않으면 최소한 얼마 후 하나님 앞에서 두려움과 절제하는 기도(restraining prayer)를 이전처럼 내팽개칠 것이다. 당신의 마음에 더 나은 원리를 얻게 되기까지 이 의무를 지속적으로 보전할 것 같지 않다. 당신의 마음을 축이는 샘에서 흐르는 물은 이내 고갈되어 버린다. 가뭄과 뜨거운 열기는 눈이 녹아 흘러 내리는 물을 증발시켜 버린다. 봄에는 풍부하게 흘러내리지만, 뜨거운 열기를 내뿜는 태양이 치솟으면 그 물은 이내 사라져 버린다. 돌짝밭에 뿌려진 씨앗은 당분간은 무성하게 보일지라도 태양이 그 열기를 뿜으며 치솟아 오르면 이내 말라 시들어 버린다. 좋은 땅이 된 마음을 가진 자들 외에는 인내로 열매를 맺지 못한다.

자신들 안에 하늘의 씨앗을 갖지 못한 사람들은 경건한 사람들의 틈바구니에 끼어서, 마치 성도들처럼 말하는 삶을 살 수 있을지 모른다. 자신의 신용을 위해 그들은 경험한 것에 대해 말하겠지만 그들의 행위는 그것을 뒷받침하지 못한다. 그들은 내면의 경험에 대해 줄곧 말하겠지만 은밀한 기도의 의무와 다른 의무들을 태만히 하면서 살아간다.

사용 2. 나는 기도의 의무를 지속하고자 하는 사람들을 권고하기 위해 이 교리로부터 사례를 들고자 한다. 이 권고는 하나님 말씀에서, 특히 구약성경에서 강하게 주장하고 있다. 역대상 16장 11절은 말씀한다. "여호와와 그 능력을 구할지어다 그 얼굴을 항상 구할지어다." 이사야 62장 6절은 "에루살렘이여 내가 너의 성벽 위에 파숫군을 세우고 그들로 종일종야에 잠잠치 않게 하였느니라 너희 여호와로 기억하시게 하는 자들아 너희는 쉬지 말며"라고 말씀한다.

기도의 의무에서 인내는 신약성경에서도 한가지로 강조하고 있다. 누가복음 18장 1절은 "항상 기도하고 낙망치 말아야 될 것을 저희에게 비유로 하여"라고 말씀한다. 누가복음 21장 36절은 "이러므로 너희는 장차 올 이 모든 일을 능히 피하고 인자 앞에 서도록 항상 기도하며 깨어 있으라 하시니라"고 말씀한다. 우리는 누가복음 2장 36절에서 우리에게 모델이 되는 여선지자 안나를 만난다. 그녀는 100세 이상 살았지만 이 의무를 조금도 소홀히 하지 않았다. 그녀는 "성전을 떠나지 않고 주야에 금식하며 기도로 하나님을 섬겼다"고 말씀한다. 고넬료 역시 이 의무를 쉬지 않고 계속한 사람으로 천거되고 있다. 사도행전 10장 2절에 의하면 그는 항상 하나님께 기도했다. 사도 바울은 그의 서신에서 지속적인 기도를 힘써 강조한다. 로마서 12장 12절은 "기도를 꾸준히 하라"고 말씀하며, 에베소서 6장 18-19절은 "모든 기도와 간구로 하되 무시로 성령 안에서 기도하고 이를 위하여 깨어 구하기를 항상 힘쓰며"라고 말씀한다. 골로새서 4장 2절은 "기도를 항상 힘쓰고 감사함으로 깨어 있으라"고 말씀하며, 데살로니가전서 5장 17절은 "쉬지 말고 기도하라"고 말씀한다. 같은 목적을 갖고서 베드로는 베드로전서 4장 7절에서 "정신을 차리고 기도하라"고 권고한다. 그러므로 성경은 우리가 기도의 의무를 쉬지 않고 해야 할 것을 강조하는 말씀으로 가득하다. 이와 같은 사실은 우리가 해야 할 인내의 중요성을 말하는 것이다. 만일 위선자의 태도가 이와 정반대라면, 이미 교리에서 보아 온 바와 같이 우리는 확실히 이 누룩에 대해 조심해야 한다.

그러나 이 의무를 인내로 지속하기 위한 동기(動機)로 특히 고려해야 할 다음 사항들이 있다.

1. 이 의무를 감당하는 도중에 하는 인내는 구원에 필요하며, 이 사실은 성경에 풍성하게 선포되어 있다. 이사야 64장 5절은 말씀한다. "주께서 기쁘게 의를 행하는 자와 주의 길에서 주를 기억하는 자를 선대하시거늘 우리가 범죄하므로 주께서 진노하셨사오며 이 현상이 이미 오랫사오니 우리가 어찌 구원을 얻을 수 있으리이까." 히브리서 10장 38-39절은 말씀한다. "오직 나의 의인은 믿음으로 말미암아 살리라 또한 뒤로 물러가면 내 마음이 저를 기뻐하지 아니하리라 하셨느니라 우리는 뒤로 물러가 침륜에 빠질 자가 아니요 오직 영혼을 구원함에 이르는 믿음을 가진 자니라." 로마서 11장 22절은 말씀한다. "그러므로 하나님

의 인자와 엄위를 보라 넘어지는 자들에게는 엄위가 있으니 너희가 만일 하나님의 인자에 거하면 그 인자가 너희에게 있으리라 그렇지 않으면 너도 찍히는 바 되리라."

자신들이 회심했다고 생각할 때, 많은 사람들은 그들이 하는 사역이 완성되어 천국에 가기 위해 필요한 그 밖의 일이 없다고 생각하는 것 같다. 실상 거룩한 삶에서 인내는 의로 말미암아 구원에 이르는 특권을 얻는 것같이 구원에 필요치 않다. 우리가 의롭다 함을 받는 의에 우리가 관심을 갖기 위해 실제적인 인내가 필요하지도 않다. 왜냐하면 한 영혼이 그리스도를 믿자마자, 혹은 그리스도를 믿는 단 하나의 행위로 말미암아 그리스도의 의에 관심을 갖게 되며, 그로 말미암아 사들인 모든 약속에 관심을 갖게 된다.

그러나 의무의 길에서 갖는 인내는 구원받은 자의 칭호(title to salvation)에 수반되는 수반물이자 증거이다. 비록 인내가 구원 얻는 의는 아닐지라도 그것 없는 구원받은 자의 칭호는 존재하지 않는다. 인내가 참된 믿음에 필요한 결과인 것처럼 구원에 필요하다. 인내는 보편적으로 정직(uprightness)을 수반하는 증거이며, 인내가 부족한 것은 정직이 부족하다는 확실한 증거이다. 시편 125편 4-5절에서 마음이 선하고 정직한 것은 마음이 굽고 치우친 것과 구별된다고 말씀한다. "여호와여 선인에게와 마음이 정직한 자에게 선을 행하소서 자기의 굽은 길로 치우지는 자를 여호와께서 죄악을 짓는 자와 함께 다니게 하시리로다 이스라엘에게는 평강이 있을지어다." 이스라엘 자손이 거룩한 길로 행치 않는 것은 그들의 마음이 하나님에 대해 정직하지 않은 증거로 언급되고 있다. 시편 78편 8절은 말씀한다. "그 열조 곧 완고하고 패역하여 그 마음이 정직하지 못하며 그 심령은 하나님께 충성치 아니한 세대와 같지 않게 하려 하심이로다."

그리스도는 참으로 제자가 갖는 구별되는 특성과 참되고 구원받는 믿음의 특성을 제시하시는데, 그 특성은 그리스도의 말씀에 순종하는 삶 속에 수반되는 인내다. 요한복음 8장 31절은 "그러므로 예수께서 자기를 믿은 유대인들에게 이르시되 너희가 내 말에 거하면 참 내 제자가 되고"라고 말씀한다. 이는 히브리서 3장 14절에서 그리스도에 대한 관심의 필요한 증거로 언급되고 있다. "우리가 시작할 때에 확실한 것을 끝까지 견고히 잡으면 그리스도와 함께 참예한 자가 되리라."

인내는 구원받은 자의 칭호에 필요한 부수물과 증거일 뿐만 아니라 영원한 생명을 실제로 소유하는 데 필수적인 필요조건이다. 영생은 천국에 들어가는 유일한 길이자 생명으로 인도하는 좁은 길이다. 그러므로 그리스도는 빌라델비아 교회에 생명의 면류관을 얻기 위해 필요한 거룩한 삶의 인내를 권고하신다. 요한계시록 3장 11절은 말씀한다. "내가 속히 임하리니 네가 가진 것을 굳게 잡아 아무나 네 면류관을 빼앗지 못하게 하라." 사람이 의무의 길을 걸었을 뿐만 아니라 그리스도께서 오실 때에 그렇게 행하고 있는 것이 드러나는 일이 필요하다. 누가복음 12장 43절은 말씀한다. "주인이 이를 때에 그 종의 이렇게 하는 것을 보면 그 종이 복이 있으리로다." 마태복음 10장 22절은 "나중까지 견디는 자는 구원을 얻으리라"고 말씀한다. 요한계시록 2장 10절은 "네가 죽도록 충성하라 그리하면 내가 생명의 면류관을 네게 주리라"고 말씀한다.

2. 의무의 길에서 행하는 당신 자신의 인내를 위하여, 당신 자신의 주의와 근신이 필요하다. 왜냐하면 참된 성도들이 인내할 것이라는 약속이 있지만, 하나님의 명령을 준수하기 위한 그들의 주의가 약속된 것이기 때문에 주의와 인내가 필요치 않다는 주장은 존재하지 않는다. 만일 성도가 거룩한 삶의 인내에 주의하고 근신하며 부지런해야 하는 일에

실패한다면, 그 실패 자체는 거룩의 실패이다. 근신과 부지런함에 인내하지 못하는 자들은 거룩한 삶에 인내하지 못한다. 왜냐하면 삶의 거룩은 하나님의 명령을 준수하기 위한 근신과 부지런함에 있기 때문이다. 성도가 하나님의 명령을 준수하게 되는 것은 은혜의 계약 가운데 포함된 하나의 약속이다(겔 11:19-20). 그러나 그들이 이 명령을 지키는 데 주의할 필요가 없다거나 그들의 의무를 이행하는 데 주의가 필요치 않다는 주장은 존재하지 않는다. 그러므로 성도들이 거룩한 삶에 인내하게 될 것이라는 하나님의 약속이 있기 때문에 타락하지 않기 위해 주의해야 할 필요가 없다는 주장은 존재하지 않는다.

그러므로 성경은 떨어지지 않기 위해 부지런하고 주의하라는 권고의 말씀을 풍부하게 제공한다. 고린도전서 16장 13절은 "깨어 믿음에 굳게 서서 남자답게 강건하여라"고 말씀한다. 고린도전서 10장 12절은 "그런즉 선 줄로 생각하는 자는 넘어질까 조심하라"고 말씀한다. 히브리서 3장 12-14절은 "형제들아 너희가 삼가 혹 너희 중에 누가 믿지 아니하는 악심을 품고 살아 계신 하나님에게서 떨어질까 염려할 것이요 오직 오늘이라 일컫는 동안에 매일 피차 권면하여 너희 중에 누구든지 죄의 유혹으로 강퍅케 됨을 면하라 우리가 시작할 때에 확실한 것을 끝까지 견고히 잡으면 그리스도와 함께 참예한 자가 되리라"고 말씀한다. 히브리서 4장 1절은 "그러므로 우리는 두려워할지니 그의 안식에 들어갈 약속이 남아 있을지라도 너희 중에 혹 미치지 못할 자가 있을까 함이라"고 말씀하며, 베드로후서 3장 17절은 "그러므로 사랑하는 자들아 너희가 이것을 미리 알았은즉 무법한 자들의 미혹에 이끌려 너희 굳센 데서 떨어질까 삼가라"고 말씀한다. 요한2서 8절은 "너희는 너희를 삼가 우리의 일한 것을 잃지 말고 오직 온전한 상을 얻으라"고 권고한다.

그러므로 당신은 성경이 얼마나 열정적으로 성도들이 떨어지지 않도록 스스로 부지런히 깨어 있기 위해 근신할 것을 주장하는지 모른다. 그리스도께서 "깨어 근신하라"는 말씀을 하셨는데, 그 뜻은 사도 베드로가 베드로전서 4장 7절에서 말한 바와 같이 기도에 깨어 있어야 한다는 뜻이다. 그 말씀은 우리가 다른 죄에 대항하여 깨어 있어야 할 뿐 아니라 기도를 태만히 하는 데서도 깨어 있어야 한다는 뜻이다. 이미 언급된 곳에서 사도는 우리에게 모든 기도에 깨어 있어 기도하며, 모든 인내로 깨어 있고, 쉬지 말고 기도할 것을 당부한다. 모든 인내로 깨어 계속 기도하기 위한 근신을 사도들이 그렇게도 주장하는 것에 조금도 이상할 것이 없는 이유는, 이 의무를 태만하게 할 수많은 유혹이 존재하기 때문이다. 첫째, 기도를 계속하지 못하고 간혹 이 의무를 빠뜨리다가 결국은 그 의무를 대단히 게을리 한다. 사탄은 깨어 우리를 하나님께로부터 떼어 놓으려고 하며, 우리가 기도로 하나님께 나아가지 못하도록 방해한다. 우리는 유혹하는 수많은 방해물과 일, 그리고 오락들로 둘러싸여 있다. 특히 우리는 이 기도의 의무를 태만히 하게 하는 큰 유혹들을 직면한다.

 3. 이 기도의 의무를 보전하기 위해, 당신은 하나님의 도우심이 필요한 자리에 항상 서 있음을 생각하라. 만일 이 의무를 이전에 감당하던 자들이 그 의무를 내팽개친다면, 그 말은 이제 그들이 실로 더 이상 우리의 존재의 근거가 되시는 하나님께 구하거나 탄원할 일이 없어졌다는 뜻이다. 우리는 하나님의 도움 없이 한 호흡도 할 수 없는 존재다. 당신은 당신이 필요로 하는 외면적인 부족의 충족을 위해 그분의 도우심이 필요하며, 특히 당신의 영혼의 계속적인 필요를 위해서는 더더욱 그렇다. 하나님의 보호가 없으면 즉시 항상 우는 사자처럼 웅크리고 있는 마귀의 손아귀에 떨어질 것인데, 일단 떨어지기만 하면 영혼을 집어삼킬 것이다. 만일 하나님께서 당신의 생명을 보전하시지 않고 당신을 떠

나시면 당신의 불행은 최악이 될 것이다. 당신의 생명은 당신에게 저주가 될 것이다.

회심한 자들은(만일 하나님께서 그들을 버리셔야 한다면) 전적으로 은혜의 상태에서 떠나서 회심하기 이전보다 더욱 불행한 상태에 떨어지고 말 것이다. 그들은 그들을 둘러싸고 있는 강력한 원수들을 대적할 그들 자신의 힘이 없다. 만일 하나님께서 그들을 버리셔야 한다면 죄와 사탄은 즉시 대홍수와 같이 밀려와서 휩쓸어 갈 것이다. 당신은 하나님께로부터 매일 공급받아야 할 필요에 처해 있다. 하나님 없이 당신은 그 어떤 영적인 빛이나 위로를 얻을 수 없고, 그 어떤 은혜의 역사도 없고, 그 어떤 열매도 맺을 수 없다. 하나님 없이 당신의 영혼은 시들어 수척해지고 가장 비참한 상태로 전락할 것이다. 당신은 지속적으로 하나님의 교훈과 지시를 필요로 한다. 황량하고 광대무변한 광야에 있는 어린 아이가 올바른 길을 지도하고 인도할 사람이 없다면 과연 무엇을 어떻게 할 수 있겠는가? 하나님 없이 당신은 곧장 덫과 함정과 수많은 치명적인 불행에 빠질 것이다.

그러므로 그와 같은 하나님의 도움의 지속적인 필요에 처해 있는 당신을 바라본다면, 당신은 하나님께로부터 오는 그것을 지속적으로 구하고 간구함으로써 하나님께 대한 당신의 의존을 고백하고, 하나님 앞에 당신의 필요를 펼쳐 놓고 기도로 당신의 간구를 올리는 일이 얼마나 이치에 부합하는가? 만일 우리가 기도를 버리고 동시에 하나님께서 우리를 돌보시는 일을 중단하시거나 더 이상 그분의 은혜의 선물(supplies)을 허락하시지 않는다면 우리는 얼마나 불행하게 될지를 생각하라. 우리가 하는 계속적인 기도로 말미암아 우리가 하나님께 유익될 수는 없다. 그리고 만일 기도를 버리면 하나님은 그 어떤 손상도 유지하지 않으실 것이다. 하나님은 기도를 필요로 하시지 않는다. 그러나 만일 하나님께서 우리를 돌보시고 도우시는 일을 중단하신다면 우리는 즉시 몰락한다. 우리는 아무것도 할 수 없다. 하나님 없이 우리는 아무것도 받을 수 없다.

4. 지속적이고 부지런하게 유지하는 데서 얻는 막대한 유익을 생각하라. 기도는 새로운 본성을 육성하는 크고도 뛰어난 수단 가운데 하나며, 영혼이 풍성케 되고 번영토록 하는 수단이다. 기도는 하나님과 친밀을 유지하는 탁월한 수단이며, 하나님을 아는 지식에서 성장하는 길이다. 기도는 세상의 헛된 것들로부터 마음을 지키는 탁월한 수단이며, 마음을 천국에 고정시키는 탁월한 수단이다. 기도는 죄와 마귀가 쳐 놓은 그물로부터 지키는 탁월한 보호막이며, 사탄의 독에 대항하는 강력한 해독제다. 그러므로 기도는 마음의 육정과 타락, 그리고 세상의 덫에 대항하여 하나님께로부터 힘을 이끌어온다.

기도는 근신적인 틀(wakeful frame) 안에서 영혼을 지키는 위대한 성향을 갖고 있어서 우리로 하여금 하나님과 동행하게 하고, 그리스도의 교리에 영광을 돌리도록 하는 그와 같은 선한 일의 열매를 맺게 하고, 우리의 빛을 사람들 앞에 비추어 우리가 행하는 선한 일을 보는 자들이 하늘에 계신 우리 아버지께 영광을 돌리게 한다. 그리고 만일 기도의 의무가 지속적으로 그리고 부지런히 이루어진다면 그것은 매우 즐거운 의무가 될 것이다. 침체되고 나태한 기도의 의무 이행과 꾸준하지 못한 기도 의무 이행은 어떤 사람들에게 너무 무거운 짐이 된다. 그들의 나태는 자연히 그 의무를 싫어하고 언짢게 여기게 한다. 그러나 만일 지속적이고 부지런히 이행된다면, 기도는 크리스쳔을 호감을 주는 삶으로 인도할 뿐만 아니라 즐거운 삶으로, 그리스도와 교제하는 달콤한 삶, 그분의 얼굴에서 비춰는 풍성한 빛을 즐기는 가장 훌륭한 방법 가운데 하나다.

이 외에도 충분히 이행될 때, 하나님과 함께함으로써 기도가 갖는 엄청난 능력을 당신이 깨달아야 할 가치가 있다. 기도로 말미암아 사람들은 야곱과 같이 된다. 야곱은 왕자로서 하나님과 함께하는 능력을 갖고 복을 받기 위해 하나님과 씨름하여 하나님을 이겼다. 야고보서 5장 16-18절에 제시된 기도의 능력을 보라. 이런 것들에 의해 만일 하나님을 불러 아뢰는 이 기도의 의무를 태만히 한다면 당신이 얼마나 많은 것을 잃어버릴 것인가? 그리고 그와 같은 태만에 의해 당신 자신의 관심을 얼마나 형편없이 돌아볼 것인지에 대해 당신은 지각하게 될 것이다.

이 기도 의무의 지속성과 인내를 위해 나는 두 가지 지적으로 나의 강론을 끝맺고자 한다.

첫째, 이 의무에 대한 태만을 시초부터 경계하라. 이 의무를 당분간 이행하다가 나중에 게을리 하는 사람들은 보통 점진적으로 그것을 내팽개쳐 버린다. 확신과 종교적 감정을 지속적으로 갖는 동안, 그들은 기도 골방에 꾸준히 들어가고, 세속적인 일, 동료, 그리고 오락은 그들을 방해하지 못한다. 그러나 확신과 종교적 감정이 사라지기 시작할 때, 그들은 기도 의무를 태만히 할 구실들을 찾기 시작한다. 이제 그들은 매우 다급해진다. 이제는 돌아볼 일들이 산처럼 쌓였다. 그렇지 않으면 기도를 빼먹을 수밖에 없다고 자신들을 설득하는 길에 불편을 느끼지 못한다. 이후 이런 일들이 빈번히 되풀이되어, 이제는 감출 수 있는 어떤 것이 발생한다. 얼마 후, 매우 작은 일까지도 처음 것보다 더 충분한 변명거리가 된다. 그러므로 그 사람은 점차 기도를 태만히 하는 습관에 젖어 위축된 나머지 더더욱 기도의 의무를 싫어하게 된다. 그리고 기도할 때조차 그 기도는 빈약하고 우둔하며 마음이 없고 수단으로 하므로, 기도를 하지만 기도하지 않아도 된다고 그 스스로에게 말하는 불행한 방법으로 한다. 그러므로 그는 그 자신의 둔감함과 꺼림을 기도 의무를 태만히 하는 변명으로 삼거나 최소한 태만히 하는 삶의 구실로 삼는다. 이런 방식 배후에서 사탄과 그 사람 자신의 부패가 그들을 꾀어 결국은 파멸에 이르게 한다.

그러므로 태만의 시초를 경계하라. 기도를 방해하는 유혹에 대항하여 깨어 있으라. 어떻게 변명을 시작하는지에 주의를 기울여라. 기도 의무의 최고 수준을 지키기 위해 깨어 있으라. 기도의 의무가 침체되지 않도록 하라. 왜냐하면 당신이 매우 작은 것일지언정 조금씩 양보하면, 그것은 전장(戰場)에서 적군에게 길을 터 주는 것과 같다. 처음 시작하는 후퇴는 적에게 사기를 북돋아 주고 후퇴하는 병사들의 사기를 약화시킨다.

둘째, 당신 자신의 경험에 의해 은밀한 기도의 의무를 싫어하는 태도를 버리도록 하라. 당신 자신이 허용하는 것들을 점검하고 그것들이 미칠 영향이 어떤지에 대해 조사하라. 당신은 당신 자신의 과거의 행동을 조사할 수 있고, 의심할 바 없이 공정한 생각에 근거하여 당신이 자신을 허용한 행위와 과정들에 대해 판단할 수 있다.

특히 젊은이들은 친구를 사귀는 방식을 주의 깊게 살피고, 그들과 함께 갖는 오락의 범주를 잘 살피도록 하라. 나는 오로지 당신이 은밀한 기도의 의무를 실천하고 있는 일과 관련하여 이 일들이 미칠 영향이 무엇인지 당신 자신의 양심의 입으로 말하게 되기를 바란다. 오락과 같은 행위가 이 의무를 태만히 하게 한 사실을 당신은 알지 못하는가? 그와 같은 일을 한 연후에 기도의 의무를 더욱 싫어하게 되고 기도 의무에 대해 별 의식이 없고 주의하지 않게 된 것을 당신은 깨닫지 못했는가? 그렇다. 때때로 당신은 실제적으로 기도의 의무를 태만히 하는 당신 자신의 방식을 고수해 왔다.

만일 당신이 이것이 사실이라는 것을 부인할 수 없고, 만일 당신의 영혼의 선을 추구한다면, 이 모든 행위들을 과감하게 버리도록 하라. 그것들에 대해 무슨 변명을 하건—그런 행위들에는 해로운 것이 없다거나 만사에 때가 있다는 등—만일 당신이 그것들이 주는 결과에서 해를 발견한다면, 지금 당신은 그것들을 과감하게 버릴 때다. 그리고 만일 당신이 사소한 세속적인 오락보다 천국에 가치를 부여한다면, 만일 당신이 춤이나 노래보다 영원한 영광에 더 높은 가치를 둔다면 지금 버릴 때다.

만일 이것들이 당신 스스로 보기에 합법적이라면, 그래서 당신의 경험이 내가 지금까지 언급한 바와 같은 결과를 본다면 그로써 충분하다. 당신이 보기에 당신의 오른손과 오른쪽 눈을 즐기는 것은 그 자체가 합법적이다. 그러나 만일 경험상 그것들이 당신에게 해를 끼치게 된다는 사실을 당신이 발견하면, 당신이 그것들을 가지고 구더기도 타지 않고 불이 꺼지지 않는 고통의 장소에 들어가기보다는 그것들 없이 천국에 들어가기 위해 한쪽 눈을 빼 버리고 한쪽 손을 자를 때다.

설교 ❹

신앙의 스승이라는 자들에게 주는 경고
혹은 신성한 예배의 규례들을 준수하나 어떤 알려진 악을 스스로 허용하는 자들이 갖는 큰 죄책

"그들이 행음하였으며 피를 손에 묻혔으며 또 그 우상과 행음하며 내게 낳아 준 자식들을 우상을 위하여 화제로 살랐으며 이 외에도 그들이 내게 행한 것이 있나니 당일에 내 성소를 더럽히며 내 안식일을 범하였도다 그들이 자녀를 죽여 그 우상에게 드린 당일에 내 성소에 들어와서 더럽혔으되 그들이 내 성전 가운데서 그렇게 행하였으며" (겔 23:37-39).

사마리아와 예루살렘, 혹은 이스라엘과 유다는 여기서 두 여인 아홀라와 아홀리바로 묘사되고 있다. 그리고 그들의 계약의 하나님을 향하여 행한 간음과 반역은 이 두 여인이 행한 간음으로 묘사되고 있다. 그들은 그들의 남편이자 젊었을 때의 인도자이신 하나님을 버리고 스스로 팔려갔다. 그들의 남편인 하나님을 향한 아홀라와 아홀리바의 이 비열한 행위는 여기서 두 가지 일들, 곧 간음과 피 흘림으로 지적되고 있다. "그들이 행음하였으며 피를 손에 묻혔으며."

1. 그들은 다른 연인들, 곧 그들의 우상과 간음했다. "그들의 우상과 그들이 행음하였도다."

2. 그들은 행음하였을 뿐 아니라 하나님께 낳은 자식들을 그들의 연인들을 위해 죽였다. 그들의 마음은 그들의 남편인 하나님께로부터 아주 멀어졌고, 다른 연인들을 추구하는 육욕에 매혹된 나머지 그들의 자녀들을 연인들을 위한 제물로 잔인무도한 죽음에 내몰았다. 그것은 37절에 말씀하는 바와 같다. "내게 낳아 준 자식들을 우상을 위하여 화제로 살랐으며."

그들이 취한 행동에는 두 가지 사악함이 있다.

첫째, 그들 스스로 보기에 그들이 저지른 악이 있다. 왜냐하면 그들의 남편인 하나님을 대하는 가공할 비열함을 누가 표현할 수 있겠는가?

둘째, 은밀한 일을 행하는 이 행동들과 결합된 결과로 나타나는 추가적인 악함이다. 그들 안에 있는 이 행위들의 괴물 같은 사악함 외에도 동일한 날 하나님의 성전에 들어가거나 그와 같은 악한 삶을 살면서도 거룩한 규례들에 참여하면서 그렇게도 두려운 방식으로 하나님을 예배하고 경배하는 척하면서 놀랍게도 죄책을 계속 늘려 갔다. 그리고 38-39절에서 보는 것처럼, 하나님의 전에서 그들은 거룩한 것들을 더럽혔다. "이 외에도 그들이 내게 행한 것이 있나니 당일에 내 성소를 더럽히며 내 안식일을 범하였도다 그들이 자녀를 죽여 그 우상에게 드린 당일에 내 성소에 들어와서 더럽혔으되."

교리: 신성한 예배 규례를 이행할 때에도 스스로 알려진 악한 행동을 하며 그 규례들을 더럽히고 오염시키는 죄가 있다.

신성한 규례로 말미암아 신성한 제도나 명령은 의미를 갖는다. 그러므로 우리는 하나님께서 정하신 것이기 때문에 결혼을 신성한 규례(ordinance)라고 부른다. 그리고 세상의 권세는 로마서 13장 1-2절에서 하나님께서 세우신 제도라고 말씀한다. "각 사람은 위에 있는 권세들에게 굴복하라 권세는 하나님께로 나지 않음이 없나니 모든 권세는 다 하나님의 정하신 바라 그러므로 권세를 거스리는 자는 하나님의 명령을 거스림이니 거스리는 자들은 심판을 자취하리라."

그러나 말씀은 더욱 보편적으로 예배 제도나 지정된 방식 혹은 수단을 위해 사용되고 있다. 그러므로 성례(sacraments)는 규례이다. 공중 기도, 찬양, 말씀 선포, 그리고 말씀 청취는 신성한 규례들이다. 교회 안의 어떤 직임들은 영 분별, 지정된 방식에 의한 훈련, 스캔들에 대한 공중 앞에서의 고백, 권면, 그리고 파직들은 모두 다 규례이다. 이것들은 하나님의 전(殿)의 규례들, 혹은 공적인 예배로 불린다. 그리고 이것들은 교리에 포함된다. 분문에서 말하는 바는, 이 규례들이 하나님께 대한 모독의 도구로 사용되었다는 것이다. "그들이 내 성전 가운데서 그렇게 행하였으며"라고 하나님은 말씀하신다.

이 교리는 두 가지 전제를 포함하고 있다.
전제 1. 하나님의 규례는 거룩하다.
신성한 규례들은 다음과 같은 점에서 거룩하다.
● 그것들은 하나님과 거룩한 것들에 대해 전적으로 그리고 직접적으로 관계를 갖는다.

신성한 예배의 규례들에 참여할 때, 우리는 하나님의 특별한 임재 안에 있다. 하나님의 규례에 참여할 때, 그들은 하나님의 임재 앞에, 하나님의 임재 안에 들어간 것이다. 예레미야 7장 10절은 말씀한다. "내 이름으로 일컫음을 받는 이 집에 들어와서 내 앞에 서서 말하기를 우리가 구원을 얻었나이다 하느냐." 시편 100편 2절은 말씀한다. "기쁨으로 여호와를 섬기며 노래하면서 그 앞에 나아갈지어다."

신성한 규례 안에서 하나님께 호소하든(기도와 찬양으로), 하나님께 받든, 영적인 유익을 위하여 직접적으로 기다리든(말씀을 경청하는 것과 같이), 아니면 하나님께 구하고 하나님께로부터 받는 두 가지를 함께 병행하든(성례에서처럼), 사람들은 하나님과 직접적인 교제를 갖는다. 그들은 하나님과 대화하고 거룩한 교제를 하도록 지명되어 있다. 우리는 땅속에 기는 가난하고 무지하고 눈이 먼 지렁이와 같고, 하나님은 하나님과 교제하는 우리의 행하는 길이 우리 자신에게 남겨져야 하는 것으로 보지 않으셨다.

이 규례들 안에는 거룩하고 신성한 것들이 드러나 있다. 하나님을 전파하는 일에 거룩한 교리와 신성한 의지가 드러난다. 성례에서 우리의 믿음과 사랑과 순종이 드러난다.

● 하나님의 규례의 목적은 거룩하다. 직접적인 목적은 하나님께 영광을 돌리는 것이다. 그 규례들은 신앙과 사랑, 신성한 두려움과 경외, 굴복, 감사, 거룩한 기쁨과 슬픔, 거룩한 욕망, 결단, 그리고 희망에 대한 거룩한 경험 안으로 우리를 인도한다. 참된 예배는 이 거룩하고 영적인 행위에 놓여 있고, 이 신성한 규례들은 예배의 규례들인 것과 같이 우리를 도와서 참된 예배 안으로 우리를 이끌어 간다.

● 규례들은 신적 권위의 재가를 갖는다. 규례들은 신성하고 거룩한 목적에 관련되어 우리를 신성하고 거룩한 행위로 이끌기 위해 계획되었을 뿐만 아니라 신성하고 거룩한 저자를 갖고 있다. 무한히 위대하시고 영원하시고 거룩하신 성삼위 하나님께서 그것들을 명령하셨다. 삼위일체 하나님의 개별적인 인격은 세우신 제도에 관심을 가지신다. 아버지 하나님은 그분 자신의 아들로 말미암아 규례들을 명령하셨다. 규례들은 그리스도 자신이 명령하신 것이며, 그리스도는 아버지께로부터 받으신 것을 명령하셨다. 요한복음 12장 49절은 "내가 내 자의로 말한 것이 아니요 나를 보내신 아버지께서 나의 말할 것과 이를 것을 친히 명령하여 주셨으니"라고 말씀한다. 아버지와 아들은 성령을 통해 규례들을 보다 충분히 계시하시고 재가하셨고 성령의 영감에 의해 기록하게 하셨다.

규례들은 하나님께서 하락하셨고 거룩하게 하셨다는 점에서 거룩하다. 규례들은 거룩한 것들과 관련되어 있고 하나님께서 명령하셨기에 그 규례 안에서 우리는 거룩한 것들과 관련을 갖게 될 수 있다. 규례들은 거룩한 사용을 위한 것이며 하나님 자신의 직접적인 권위로 거룩한 사용을 위해 명령하셨으므로 그 무엇보다 더욱 신성한 것이다.

● 규례들은 하나님의 이름을 수반한다. 그러므로 우리는 그리스도의 이름으로(골 3:17) 말이나 행위를 하며, 그런 면에서 우리의 이름이 규례들에 수반된다.

규례들은 하나님의 이름으로 집행된다. 권위 있는 목회자들이 말씀을 선포할 때, 그들은 그리스도의 대사로서, 그리스도와 함께하는 동역자로서 하나님의 이름으로 말한다. 고린도후서 5장 20절은 "우리가 그리스도를 대신하여 사신이 되어"라고 말씀하며, 6장 1절은 "우리가 하나님과 함께 일하는 자"라고 말씀한다. 참된 목회자가 말씀을 전할 때, 그는 하나님의 신탁을 말하며(벧전 4:11), 그리스도를 대표하는 자로서 말한다.

그러므로 성례를 집전함에 있어서 목회자는 그리스도의 인격을 대표한다. 그는 그리스도의 이름으로 세례를 베풀며 주의 만찬에서 그분의 자리에 선다. 교회의 견책을 집행함에 있어서 그는 사도가 표현한 바와 같이 그리스도의 인격 안에서 행동한다(고후 2:10). 다른 한편, 회중은 기도와 찬양 같은 규례 안에서 하나님께 말씀을 아뢸 때 중재자이신 그리스도의 이름으로 하므로 그리스도를 대표자로 삼아 그리스도로 말미암아 하나님께 나아간다.

전제 2. 하나님의 규례들은 그 규례들에 주의를 기울이지만 자신들을 사악한 길에 방치하는 자들에 의해 치명적으로 더럽혀진다.

하나님의 전에 나아가 하나님의 거룩한 임재 안에 들어가서 신성한 제도에 따라 하나님을 섬기는 회중 예배의 의무와 규례를 따르며, 다른 사람들과 함께 하나님의 이름을 불러 아뢰며, 하나님을 찬양하며, 하나님의 말씀을 듣고 그리스도의 죽음을 기억하는 사람들이지만, 동시에 의식적으로나 누구나 인정할 만큼 악한 길로 행하거나 하나님의 말씀의 명백한 규칙과 상반되는 행위를 하는 자는 그로 말미암아 하나님께 드리는 거룩한 예배를 크게 더럽히며 그들이 섬겨야 할 신성한 규례들을 더럽힌다. 다음과 같이 숙고하면 이 전제가 지닌 진리가 드러난다.

● 교리를 따르지만 사악한 삶을 사는 자들은 거룩한 규례들에 대해 엄청난 경멸과 멸시를 드러낸다. 사람들이 알고 있는 악을 저질러 온 사람들이 성경이 말하는 대로 동일한 날 하나님께 드리는 성스럽고 엄숙한 예배와 규례에 참여하고 난 후 하나님의 전에서 나가 즉시 악한 길로 들어섬으로써 거룩한 것들과 관련하여 불경스런 영(靈)을 드러내며, 두려운 방식으로 하나님의 성스런 제도와 거룩한 것들에 대한 멸시를 드러낸다.

그들은 이 규례들을 거룩하게 하신 하나님에 대한 경외를 갖고 있지 않음을 드러낸다. 그들은 규례들을 제도화한 신성한 권위를 멸시한다. 그들은 그분의 임재로 나아가는 하나님을 향한 불경스런 영을 드러낸다. 그들은 규례가 표현되도록 제도화된 하나님께 드리는 경배를 멸시하며, 믿음과 사랑, 겸손과 복종, 그리고 찬양을 멸시한다. 불경스런 영이 드러내는 것은, 그들이 하나님 앞에 나아가는 방식이 너무 부주의하다는 것이다. 그들은 하나님 앞에 나아갈 수 있을 만큼 적합하도록 하기 위해 자신들을 정결케 하거나 정화하려고 하지 않는다. 그렇다. 그들은 자신들을 더더욱 부정하고 누추하게 하는 일들을 피하려고 하지 않는다!

그들은, 하나님은 악을 차마 볼 수 없는 정결한 눈을 갖고 계셔서 죄악을 결코 보실 수 없으며 죄를 얼마나 역겨워하시는지에 대한 가르침을 수없이 받아 왔다. 그러나 그들은 하나님의 임재에 나아가기에 얼마나 부정하고 혐오스러운지를 상관하지 않는다. 그 사실은 그들이 용감할 정도로 불경과 모독을 드러내며, 그와 같은 방식으로 하나님의 임재에 나아가는 것을 두려워하지 않으며, 짐짓 하나님의 임재와 거룩한 것들의 굴레에서 벗어나려고 하며, 다시금 죄악스런 그들의 옛 행위로 되돌아가려고 한다. 만일 그들이 하나님과 거룩한 것들에 대하여 경외심을 가졌다면 하나님의 임재에 이르고, 거룩한 것들과의 동행은 그들 마음에 경외심을 심어 주어 감히 사람들에게 알려진 사악한 길로 즉시 돌아가지 않을 것이다.

만일 어떻게 하나님의 임재로 나아가는지를 상관치 않거나, 더러운 습관과 고상하지 못한 태도를 갖는다면, 그것은 어떤 사람이 왕을 향해 큰 불경을 저지르는 것이다. 하나님께서 명백히 혐오하시는 불결로 자신을 기꺼이 더럽히고 빈번히 하나님의 임재 앞에 나아오는 사람들이 드러내는 불경은 얼마나 가공할 불경인가?

● 규례 안에 거하므로 하나님에 대한 존경을 드러내지만 삶에서 정반대의 길로 역행하는 그들은 하나님을 모독하는 것이다. 규례를 지키므로 그들은 하나님에 대한 존경심을 드러낸다. 기도, 회중 예배, 고백, 간구, 그리고 감사에 참여함으로써 그들은 하나님에 대한 높은 생각을 드러내며 그분 앞에서 자신들의 겸손을 드러낸다. 지은 죄에 대한 슬픔, 하나님의 자비에 대한 감사, 그리고 하나님께 순종하고 섬기기 위한 은혜와 도움에 대한 욕망으로 자신들의 겸손을 드러낸다. 하나님의 말씀을 듣고 순종함으로써 그들은 가르칠 수 있는 영(teachable spirit)을 드러내며, 주신 교훈에 따라 행동할 준비를 드러낸다. 성례에 참여함으로써 그들은 그리스도에 대한 믿음을 드러내며, 그리스도를 자기들의 기업(portion)으로 받아들인 것을 드러내고, 그리스도께서 영적으로 그들을 먹이심을 드러낸다. 그러나 그들의 행동은 그와 정반대이다. 그들은 그들의 죄에 계속 거하려고 한 죄를 회개하는 일에서 멀리 떨어진 것을 드러낸다. 그들은 기도한 것에 따라 거룩한 방식으로 살기 위

해 은혜와 도움을 구하는 욕망 없이 오히려 악하게 살겠다는 의지를 선포한다. 이것이야말로 그들이 선택한 바요 현재 모습이다. 그들은 선포된 하나님의 말씀에 경청해야 그 속에는 진리가 없음을, 그리고 하나님의 어떤 뜻이 그들의 의무를 인도하실 것인지를 알고 싶은 욕망을 가지고 있음을 그들의 행위로 선포한다. 왜냐하면 그들은 하나님의 뜻을 행할 욕망이 없으며, 그와 같은 어떤 일을 행할 의지도 없고, 그와는 반대로 하나님께 불순종하려 하며 하나님의 권위와 영광 앞에서 그들이 가진 육신의 욕망을 더 선호함을 그들의 행위로 선포하기 때문이다.

그들은 그들이 참여하는 성례에 진리가 없고, 영적 자양분을 공급받기를 원하며, 그리스도께 융해되어 닮기를 원하며, 그리스도와 교제를 갖기를 원하는 욕망을 그들의 행위로 선포한다. 그들은 그리스도를 중시하지 않으며, 그리스도께서 주시는 영적 양식을 양식으로 삼는 것을 원하기보다는 그들이 가진 정욕으로 배부르기를 그들의 행위에 의해 드러낸다. 그들은 그리스도께 융해되기를 원치 않고 그리스도와는 좀 달라지며 그리스도와 반대되는 인격을 갖고 싶은 욕망을 드러낸다. 그들은 그리스도와의 교제를 원하는 대신 그리스도의 대적이 되고, 기꺼이 그리스도의 원수가 되어 그리스도의 명예를 실추시키고, 그리스도를 대적하여 사탄의 이익을 증진시키려 함을 드러낸다.

이제 큰 존경, 경외, 사랑 그리고 순종을 보이나 동시에 고집스럽게 행동으로 상반된 것을 드러내는 것이 모욕 외에 다른 무엇이 될 수 있겠는가? 만일 큰 충성과 신실함을 보이면서 공개적으로 그리고 왕의 눈앞에서 왕을 거역하고 반역하며 왕위를 폐하려는 음모를 꾸미고 있다면, 그가 하는 고백은 모욕 아니고 달리 무엇이겠는가? 만일 사람이 자기 상사에게 절을 하고 무릎 꿇어야 하며 그에게 존경하는 언사를 많이 사용해야 하지만 동시에 그를 치고 그의 얼굴에 침을 뱉는다면, 그의 절과 존경하는 언사는 어떤 빛에서 본들 그에 대한 모욕이 아니겠는가? 유대인들이 그리스도 앞에 무릎 꿇고 "유대인의 왕이여 평안할지어다"라고 말했지만 동시에 그분의 얼굴에 침 뱉고 갈대로 머리를 쳤으니, 그들의 무릎 꿇음과 인사는 모욕 외에 달리 무엇으로 여겨지겠는가?

규례에 참여하나 고집스럽게 악한 행동의 삶을 사는 자들은 유대인들이 취했던 것과 같은 방식으로 그리스도를 대하는 것이다. 그들은 회중 예배에 참여하고, 그분에게 기도하는 척하며, 그분을 찬양하며, 회중석에 앉아 하나님의 말씀을 듣는다. 그들은 성례에 참여하여 그리스도의 죽음을 기념하는 척한다. 그러므로 그들은 그리스도 앞에 무릎 꿇고 "유대인의 왕이여 평안할지어다"라고 말한다. 그러나 동시에 그들은 사악한 삶을 살아가는데, 그런 삶은 그리스도께서 금하신 가장 혐오하시는 죄이며 그리스도를 불명예스럽게 하는 행위다. 그러므로 그들은 그리스도를 주먹으로 치고 그분의 얼굴에 침을 뱉는다. 그들은 그리스도께 나아와 "주여 평안하시나이까"라고 말하고 입 맞추면서 동시에 배신하여 그분의 목숨을 찾는 자들의 손에 팔아넘긴 가룟 유다처럼 행동한다.

회중 예배에 와서 규례에 참여하나 술주정꾼과 세속적인 욕설가로서 음탕하고 정의롭지 못하고 여러 가지 악함에 빠져 살아갈 때 그런 삶은 그 어떤 다른 빛 안에서 해석될 수 있는가? 만일 사람이 하나님께 술 취함에서 지켜 주시기를 기도하면서 동시에 술병을 입에 대고 들이켜 마신다면, 그가 취하는 행동의 어리석음과 가공할 사악함이 모든 사람들에게 알려지지 않겠는가? 그러나 우리 눈에 보이지 않을지언정 바로 같은 일이 하나님을 최대로 공경하고 죄에서 지켜 달라고 이따금 기도하나 동시에 죄를 버리지 않으려 하며 정반대의 행동을 하는 사람들에 의해 이루어지고 있다.

하나님은 우리가 우리 자신의 외면적인 행동을 보는 것보다 더 분명하게 우리 마음의 계획과 결단을 보고 계신다. 그러므로 죄에서 지켜 주시기를 하나님께 기도하며 동시에 죄를 지으려는 의도를 가진 사람은 하나님을 모욕하는 것이며, 특별한 어떤 죄에서 지켜 주시기를 기도하는 것처럼 보이지만 그는 동시에 고집스럽게 그리고 기꺼이 죄를 지으려고 하는 것이다.

이 사람들은 하나님께서 제정하신 규례를 모독하는 죄를 짓고 있다. 왜냐하면 그들은 하나님께서 제정하신 규례들을 하나님에 대한 큰 모욕거리로 삼으며 그들의 경솔함과 철면피함을 보여 주는 사례로 삼기 때문이다. 의지적인 악함 속에 살며 하나님의 규례를 즐거워하지 않는 사람은 이 규례를 따르는 것 같지만 자신을 사악함에 방치하는 자가 하듯 철면피함에 대한 죄책을 갖지 않는다. 이 사람은 하나님을 모독할 목적으로 하나님의 임재에 나아가는 것처럼 행동한다. 그는 이따금 하나님의 뜻을 듣기 위해 나아오지만 불순종의 계획이 내면에 깔려 있고 하나님의 뜻에 직접적으로 상반되게 행동한다.

종은 어떻게든 주인의 명령에 고집스럽게 불순종함으로써 그 주인을 모욕할 수 있다. 그러나 그는 모든 사안에 있어서 할 수만 있다면 주인을 더욱 모독할 수 있다. 마치 주인의 뜻을 이행할 만반의 준비가 된 것처럼 주인에게 나와 주인의 뜻을 묻지만, 그는 이내 되돌아서서 주인의 뜻과 상반되는 일을 스스럼없이 자행한다.

● 그들은 하나님의 규례를 불경스런 목적에 사용한다. 하나님의 규례는 하나님을 위해 구별되어 거룩한 목적을 위해 사용될 때 거룩하다. 규례는 하나님에 대한 예배이며, 하나님께 드리는 존귀와 영광의 목적을 위한 제도이며, 우리에게 주시는 은혜와 영적 유익의 수단이다. 그러나 이 규례에 참여하나 사악한 삶을 사는 자들은 이 목적들 가운데 어느

하나도 목적으로 삼지 않는다. 규례에 참여하는 그들은 하나님께 존귀를 드리는 목적과 사랑과 감사 그 어느 것 하나도 목적으로 삼지 않는다. 그들은 자신들의 영혼의 유익도 진지하게 구하지 않는다. 은혜를 얻으려고 하지도 않을 뿐더러 거룩하게 되려고도 하지 않는다. 그들이 취하는 행동은 이 모든 것이 그들의 목적이 아님을 드러낸다. 그들은 악해지기를 선택하고 그것을 목적으로 삼는다.

그러므로 그들이 추구하는 목적은 하나님의 거룩한 규례를 증진시키는 것이 아니라 그 규례를 다른 세속적인 목적에 활용하는 것이다. 그들은 규례에 대한 자발적이고 습관적인 불참이 함께 살아가는 다른 사람들에게 미칠 불명예를 회피하기 위해, 인간의 법의 심판을 회피하기 위해, 혹은 그들의 세속적인 유익을 위해, 다른 사악함을 보상하기 위해, 혹은 몇몇 다른 육욕적인 목적을 채우기 위해 규례에 참여한다. 그러므로 그들은 하나님의 규례의 목적을 세속적인 목적으로 전도시킴으로써 하나님의 규례를 세속화시킨다.

● 그러므로 사람이 하나님의 거룩한 규례를 취급할 때, 다른 사람들 앞에서 그 규례에 대한 멸시를 초래하는 경향이 있다. 다른 사람들은 거룩한 것들이 보편적으로 불경스럽게, 부주의하게 모욕당하며, 그리고 그 어떤 신성한 주의 없이 사용되는 것을 본다. 사람들이 규례를 함부로 대하고 영적 신성함 없이 다루는 것을 볼 때, 그래서 하나님의 거룩한 규례가 더럽혀지는 것을 볼 때, 그 규례의 신성함에 대한 감각을 떨어뜨리고 두려운 대상으로 보지 않게 된다. 요약하자면, 그들은 대담하게도 규례를 그와 같은 것으로 취급한다.

성전과 성막의 거룩한 그릇과 기구들은 일반적인 목적을 위해 결코 사용되어서는 안 되며, 세심한 주의와 경외심 없이 다루어져서도 안 된다. 왜냐하면 만일 그렇게 취급된다면 그것들에 대한 경외심이 유지될 수 없기 때문이다. 그렇게 된다면 더 이상 다른 어떤 것들보다 신성한 것으로 여겨지지 않을 것이다. 그리스도교 예배의 규례에 있어서도 마찬가지다.

자신에 대한 점검으로의 부르심

비록 자신을 잘 알고 있는 악에 방치하지 않은 사람들조차 이 교리로 자신을 점검하도록 하라. 당신은 그리스도교 예배 규례를 즐거워하는 그런 자이다. 당신은 하나님의 거룩한 임재에 들어가 하나님의 규례에 참여하는데, 그 규례는 신성한 권위에 의해 하나님께서 거룩하게 하시고 구별하셔서 우리로 하여금 그분 자신과 직접 교제하게 하시고, 그분을 예배하고 경배를 드리며, 겸손하고 거룩한 최상의 존경을 표해 드려서 그분으로부터 직접적인 의사소통을 얻게 하기 위한 것이다.

여기서 당신은 하나님께 나아가 하나님이 얼마나 영광스러운지를 말하고, 얼마나 두려워하고 사랑해야 할 가치 있는 분이신지, 그분 앞에 겸손해지며, 그분께 당신 자신을 드리며, 복종하고, 당신 자신의 그 어떤 순간적인 흥미, 편리함 혹은 쾌락보다 하나님의 명령과 영예에 더 큰 존경심을 갖는 당신의 느낌을 표현하라. 당신은 하나님 앞에서 과거에 지은 죄로 말미암아 얼마나 무가치한지를 느끼며, 앞으로는 그렇게 하지 않겠다는 욕망을 가지라. 당신은 당신의 죄를 고백하고, 그 죄 때문에 겸손하라. 여기서 당신은 하나님께서 성령을 보내 주셔서 당신이 죄에 대항할 수 있는 도움을 주시기를, 죄에서 지켜 주시기를, 유혹을 이길 수 있도록, 그리고 과거에 지은 죄와 같은 죄를 피하고자 하는 진실한 욕구를 가진 것처럼 당신이 하는 모든 대화에서 당신이 거룩한 길을 행할 수 있도록 기도하라. 그리고 말씀을 경청하고, 찬양을 드리는 것과 같은 다른 규례들에 참여함으로써 당신이 지금까지 만들어 온 핑계 같은 죄를 피하려고 기도하라.

그러나 당신이 회중 기도와 다른 규례들을 두려우리만치 더럽히고 세속화하지는 않았는지 숙고하라. 당신이 떠벌리는 모든 핑계에도 불구하고, 그리고 규례에 참여한다는 장광설을 늘어놓아도, 하나님을 대적하여 이미 익숙해져 있는 악 가운데 살지는 않는가? 당신이 만들어 낸 하나님을 공경한다는 구실들, 죄 때문에 겸손하다는 구실들, 그리고 죄를 피하고자 하는 욕망을 핑계 삼아 하나님의 규례에 대해 저지른 죄에 대해서 전혀 회개하지 않으면서 하나님 앞에 서는 순간 죄송함도 느끼지 못하며, 개심할 의지도 없이 이런저런 구실들만 늘어놓고, 하나님의 임재에서 떠난 후 또다시 전과 동일한 행실로 되돌아가고자 하는가? 나는 말한다. 여러 경우에 당신이 와서 신성한 예배의 규례에 참여하지 않았던가? 그렇게 했을 뿐만 아니라 바로 오늘 지금 이 규례에 참여하는 것이 당신이 여전히 취하는 방식이 아닌가? 하나님은 위대하신 하나님이라고, 그리고 당신은 가난하고, 죄 많고, 가치 없는 피조물이라서 당신이 짓는 죄 때문에 하나님의 진노를 받아야 할 존재라고 입으로 고백하는 순간 당신의 입으로 하나님께 짐짓 거짓말을 하고 있지는 않은가? 그리고 앞으로 닥칠 일에서 당신을 지켜 주시기를 어느 때 간절히 간구하는가? 그러면서도 당신은 동시에 하나님을 모독하는 정반대의 일을 하고 있지는 않은가?

당신은 같은 날 하나님의 전에 들어가서 하나님의 규례를 지킴과 동시에 당신 자신을 이미 익숙해진 죄에 방치하지 않는가? 당신은 죄를 짓고 싶은 생각에 동의하고, 지난날에 행해 왔던 행위를 다시 하도록 자신을 방임하고 있지는 않는가? 규례에 참여하는 바로 그날 사악한 상상을 허용하고 그에 대해 만족하고 있지는 않는가? 당신의 생각으로 악한 죄를 범하며, 더 악해지기 위해 죄 지을 생각을 짜내지 않는가? 그렇다! 당신은 규례에 참여하여 하나님의 임재 앞에 직접 이르면서도 간혹 이와 같은 일을 행하는 죄를 범하고 있다! 그리고 다른 사람들이 하나님과 직접 교제하는 동안 당신도 그렇게 하려는 시도를 하지는 않는가? 이런 환경 속에서 당신은 이미 알려진 사악한 죄를 자발적으로 탐닉하면서 악한 생각과 상상에 당신을 방치하고 있지는 않은가?

당신들 가운데 일부는 생각을 다스리기는커녕 냉담할 정도로 생각에 연이은 생각을 뒤좇으면서 하나님의 거룩한 안식일을 깨뜨리는 죄를 짐짓 짓지 않는가? 그리고 너무나도 보편적이며 세속적인 일들을 생각할 뿐만 아니라 그에 관한 대화를 나누지 않는가? 심지어 안식일이 아닌 평일에도 합당치 않은 방식으로 속된 이야기를 하거나 부정한 태도로 대화를 나누며, 하나님의 거룩한 날에 그와 같은 대화로 당신 자신을 즐겁게 하고 있지는 않은가? 그렇다. 만일 예배 규례에 참여하는 바로 그 시간에 이런 죄를 짓지 않는다면 그것은 천만다행한 일이다.

당신이 지금까지 어떻게 해왔는지 냉철하게 당신 자신을 점검하라. 당신은 많은 신성한 예배 규례에 참여해 왔다. 당신은 하나님의 전에 올라가 회중 기도에 참여하고, 찬양하며, 말씀을 듣는다. 그리고 당신들 가운데 많은 사람들이 거룩한 규례인, 하나님께서 행하신 신성하고 위대하며 훌륭한 행위를 특별히 기억하기 위해 제정하신 주의 만찬에 참여한다. 주의 만찬은 우리가 믿는 종교가 지닌 가장 영광스럽고 훌륭한 것들을 특별하고 가시적으로 표현(representation)하는 것이며, 하나님께 속한 당신의 귀속을 가장 거룩하게 고백하고 갱신하는 것이며, 또한 예수 그리스도와 특별한 교제를 나누기 위한 것이다. 당신 자신을 점검하여 이 규례에 참여하는 당신이 모든 사람들이 알고 있는 죄에 빠져 있지는 않은지, 그래서 하나님께서 제정하신 신성한 규례를 세속화시키고 더럽히고 있지는 않은지 점검하기를 바란다.

　당신 자신을 당신의 동료를 다루는 몇 가지 방식으로 다루고 있지는 않은지, 악을 알 수 있는 충분한 빛을 갖고 있는 당신 자신을 점검하라. 혹은 당신의 남편, 아내, 자녀 혹 종들까지도 이미 알려진 악한 행위를 저지르고 있지는 않은지 점검하라. 혹은 당신의 이웃들을 대하는 당신의 영과 행위 그리고 그들에 대해 말하는 당신의 말을 점검하라.

　말과 생각의 영역에 있어서 의지적으로 불결한 기호(嗜好)를 탐닉하고 있지는 않은지, 크고 작은 불결한 행동을 하고 있지 않은지를 점검하라. 혹은 독한 술을 추구하거나 고기나 술, 그 밖의 것들에 대한 육욕적인 기호를 과도하게 추구하고 있지는 않은지 점검하라. 당신은 의지적으로 헛된 것들을 추구하고 대화에서 방종으로 치닫고 있지는 않은지 점검하라.

　규례에 참여하는 당신은 은밀한 기도 혹은 개인 종교의 몇 가지 알려진 의무를 무시하고 당신의 고귀한 영혼을 계속 무시하고 있지는 않은가? 혹은 당신 자신을 안식일을 파괴하는 자로 방치하고 있지는 않은가? 이 모든 방식으로 하나님의 신성한 예배 규례가 더럽혀지고 세속화된다.

　사람들은 자기 점검을 하는 일에 매우 불충하며 왜곡되게 행동하기 쉽다. 자신을 점검할 때, 자주 한편으로 치우쳐 전혀 자신들을 신중히 점검하지 못한다. 그들은 자기 점검이란 방법을 사용하지만 그것을 다른 사람들에게 떠넘기고 결코 자기 자신에게는 신중히 적용하지 않는다. 만일 자신을 점검한다 해도 매우 편파적으로 적용한다. 그들은 자기 자신을 아낀다. 진리에 따라 조사하고, 관찰하고, 판단하는 것이 아니라, 자신을 호의적으로 대하고 사리에 합당하리만큼 올바르게 대하지 않는다. 만일 자신을 점검할 수 없다면, 자신을 악에 방치해 두지는 않고, 신성한 규례에 참여할지언정 자신을 편파적으로 대한다. 그들이 하는 노력은 그들 자신이 처해 있는 상황의 진실을 알리는 것이 아니며, 그들의 양심에 대한 진실한 답변도 아니며, 오로지 자신을 은폐하는 것이고, 사실 여부를 떠나서 사람들이 알고 있는 죄에 자신을 방치하지 않는다고 자신을 설득하고 아첨하는 것이다. 이 문제와 관련하여 사람들이 자주 왜곡되고 거짓되게 행동하는 두 가지 사실이 있다.

1. 사람들은 자주 알려진 죄에 자신이 머물고 있는 사실을 왜곡되게 취급한다. 악에 거하는 그들은 보편적으로 자신에게 아첨한다. 악이 어떻게 역사하든 무관하게 방치하면서 자신의 양심을 위로하기에 분주하며 마치 자신의 양심에 악이 없는 것처럼 자신을 안정시키기 위해 안간힘을 쓴다. 인간의 양심은 이 문제에 있어서 인간들이 습관적으로 얼마나 자신을 잘 변호하는지를 말해 준다. 양심을 변호하는 일만큼 악한 일은 존재하지 않는다. 그러므로 그들은 속임수와 불의에 대해, 이웃을 미워하는 일에 대해, 악한 말에 대해, 과도한 술 취함에 대해, 다른 사람에게 거짓말을 하는 일에 대해, 은밀한 기도를 하지 않는 일에 대해, 음탕함에 대해, 그리고 부정한 희롱에 대해 변명을 늘어놓는다. 그렇다. 그들은 간통, 간음과 같은 매우 무거운 부정한 행위에 대해서 변명을 잘 늘어놓는다. 그들은 저지르는 모든 악한 행동에 대해 우호적으로 허탄한 변명과 육욕적인 추론들을 늘어놓는다. 그들은 "그런 행동에 무슨 해악(害惡)이 있어?"라고 말할 것이다. 그에 대항하는 분명한 규칙이 있지만, 그들은 여전히 그들이 처한 환경이 특수하다고 변명하고, 받은 유혹이 엄청나게 커서 그 규칙에서 제외되어야 한다고 변명할 것이다. 어찌 되었건 그들은 변명거리를 찾을 것이다.

만일 가진 육욕이 너무나 커서 그에 대한 양심의 고통을 느낀다면, 그들은 어떤 이유, 변명거리를 찾아 양심을 어느 수준까지 안정되게 하기까지 온갖 기술을 동원하여 별의별 수단을 다 찾아낼 것이다. 그리고 양심을 잠재우건 못 재우건, 그들은 자기들의 주장이 마냥 옳고 무죄하다고 주장할 것이다. 만일 그것이 죄라면 그것은 무지의 죄다. 그러므로 사람들은 흑암에 처해 있는 사악함에 대한 변명만을 늘어놓을 것이다. 의심할 여지 없이, 일부 중대한 죄인들은 그들의 양심을 변호하며 마치 그들 자신의 마음을 들여다보지 못하는 것처럼 행동한다. 실로 그들이 하는 가장 강한 주장은 강한 육욕을 찾는 것, 육욕을 갖는 것과 같은 일에는 악이 없다는 것이다.

우리 모두는 합법적인 일로 망한다. 일반적으로 사람들은 악하게 살면서 그것은 무지의 죄라고 자신에게 아첨한다. 그리고 결국은 그들 자신이 하는 짓거리가 불법적임을 몰라서 지옥에 간다고 합리화하려 든다. 그러므로 어떤 사람들은 자기 점검을 하도록 설득을 받는다면 그렇게 할 수 있음을 나는 믿어 의심치 않는다. 내가 말하는 이 모든 것이 당신에게 사실이든 아니든 여부를 떠나서, 당신은 은밀한 기도를 게을리하고 있다고 당신 자신의 양심으로 하여금 말하도록 하라. 강한 술을 탐닉하고 있는 당신, 다른 사람들을 속이고 억압하고 있는 당신, 당신 자신의 이웃을 향해 복수하고 혐오하는 마음을 품고 있는 당신은 자기 점검이 필요하다. 여기서 나는 당신이 세 가지를 생각하기 바란다.

첫째, 사람들이 죄로 알지 못하는 죄라고 모두 무지의 죄라고 부를 수는 없다. 사람들은 자주 죄스러운 행위를 모험적으로 행하면서 그에 대해 자신을 변호하려 든다. 사람들은 그것이 죄인 줄 알지 못한다. 어떤 지식 혹은 절대적인 확증을 갖고서도―동시에 그들이 가진 빛을 거스르고 큰 빛을 거스르는 것일지언정―죄라는 사실을 알지 못하는 것만큼 우둔함은 없다. 그들은 죄가 하나님을 기쁘시게 하지 못하고 또 하나님께서 허락하지 않으신다는 것을 알 만큼 충분한 빛을 가지고 있다고 배워 왔다. 그들은(그들의 양심에) 그것이 죄라고 생각한다. 반대 행동을 취하고, 자신을 기만하려 하고, 자신을 설득하려 하면서도, 그들은 자기들이 취하는 행동에는 죄가 없다는 것을 내면적으로 은밀히 확신하고 있다.

충분한 정보와 가르침에 반(反)하는 그런 죄들, 그들 자신의 양심이 말하는 실질적인 소리에 반하거나 그들 자신의 마음을 심판하는 그런 죄들은 확실한 지식이 있고 없고를 떠나서 죄라고 나는 말하고자 한다. 이와 같은 빛은, 절대적이고 확실한 지식이 있고 없고를 떠나서 분명히 변명할 수 없는 죄 곧 하나님의 거룩한 규례를 세속화시키고 더럽힐 수 있는 죄를 해석하기에 충분하다.

둘째, 사람들이 자주 그리고 분명히 하나님의 말씀을 듣고 거스른 다음 무지의 죄라고 변명하는 것은 헛된 일이다. 결국은 죄임이 판명될 것이다. 복음의 빛 아래 살지만, 하나님의 말씀을 거스르는 삶의 장식을 가진 사람들이 비도덕적이며 사악한 행실 가운데 살면서도 그들이 짓는 죄는 무지의 죄라고 변명하는 일은 실로 헛된 일이다.

셋째, 만일 오늘 밤 당신의 영혼이 당신에게 요구하는 것이 무엇인지를 알면서도 실제로 행동에 돌입하지 않는 것을 무지의 표시로 삼으려 한다면 그런 당신의 노력은 무익하다. 사람들은 변명거리들을 많이 행하며 그 행동 안에는 악이 없다고 생각하려 하는데, 만일 24시간 내에 그리스도의 심판대 앞에 서게 됨을 안다면 동일한 행동을 저지르는 것은 불을 집어삼키는 것과 같게 될 것이다. 이 사실은 사람들이 오로지 자기들이 짓는 죄는 무지의 죄라고 얼버무려 넘기려 한다는 사실을 보여 준다.

2. 이 문제에 있어서 사람들이 거짓되고 왜곡되게 취급하는 다른 방식은, 죄를 지을 때 자신을 죄에 방치하지 않는다고 핑계를 대는 것이

다. 그들은 자기들이 짓는 죄가 죄인 줄 모른다고 변명하거나 자신을 죄에 방치해 두지 않는다고 변명하는 것이다. 그래서 그들은 하나님께서 그로 말미암아 노여워하시지 않기를 바란다. 그들은 죄를 잘 지으면서도 변명만을 늘어놓는다. 그들은 과거에 지은 죄를 진지하게 회개하거나 미래를 대비하여 죄의 문제를 해결하지도 않고서 한 가지 죄를 반복해서 짓는다. 그러나 이 문제에 있어서 당신 자신을 기만하지 않도록 주의하라. 왜냐하면 그와 같은 변명은 지금 당장은 당신의 양심을 조용히 잠재울지 몰라도 의로우시고 거룩하신 재판장 앞에 설 때는 아무런 역할도 할 수 없을 것이다.

규례에는 참여하지만 여전히 사람들이 알고 있는 죄에 자신을 방치하는 사람들에게 이제 말하려고 한다.

하나님의 규례가 얼마나 거룩하고 신성한지를 생각하라. 규례에는 참여하나 자발적으로 규례에 반하는 행위를 하는 모독이 얼마나 큰 죄인지! 하나님의 규례를 더럽히고 세속화시키는 자만큼 하나님이 노여워하시는 죄, 하나님 앞에 죄책을 짊어진 죄인이 없음을 생각하라. 하나님의 진노의 불은 다른 자들이 아니라 거룩한 것들을 더럽히는 자들에게 임한다. 그들은 하나님 앞에서 특별히 제3 계명을 범하는 죄인들을 대표한다. "나 여호와는 나의 이름을 망령되이 일컫는 자를 죄 없다 하지 아니하리라." 다른 계명과는 달리 제3 계명에만 이 부언(附言)의 말씀이 있는 까닭은, 이 계명을 파괴하는 것은 특별히 하나님 보시기에 한 사람을 죄인으로 선고하는 것인가?

하나님의 이름을 헛되이 사용하는 것은 규례와 거룩한 것들을 세속화하고 오염시키는 것이다. 하나님의 규례에는 참여하지만 사람들이 알고 있는 죄에 거하는 그들이 하나님의 이름을 헛되이 사용하는 것은 실로 두려운 일이다. 왜냐하면 지금까지 보아 온 바와 같이, 그들은 하나님에 대한 가장 큰 불경을 선포하며 거룩한 것들을 모독한다. 그들은 하나님의 권위에 대한 모독을 선포하며 하나님의 규례가 하는 사역과 의도를 멸시하며, 하나님과 직접 대화하는 일에 가장 부주의하고 불경스런 영을 갖는다. 이미 살펴 온 바와 같이 규례는 하나님의 이름으로 집행된다. 그러므로 규례에 대한 그와 같은 참여는 하나님의 이름을 크게 모독하는 것이다. 그와 같은 방식으로 하나님의 규례에 참여하는 당신은 하나님의 이름을 망령되이 사용하므로 하나님의 이름을 모독하고 멸시한다. 규례에 대한 그와 같은 참여는 신성한 모든 것을 발로 짓밟는 것이다.

우리는 성경에서 거룩한 것들을 세속화시키며 더럽히는 것과 같이 하나님의 직접적이며 기적적인 보복을 받는 그런 두려운 실례들을 좀처럼 발견하지 못한다. 하나님께서 명령하시지 않은 불을 드린 나답과 아비후를 하나님은 어떻게 저주하셨는가! 불경스럽게 하나님의 언약궤에 손을 댄 웃사를 하나님은 어떻게 추돌하셨는가!(삼하 6:6-7). 그리고 언약궤를 세속화한 벳세메스에 사는 이스라엘 자손들을 하나님은 어떻게 추돌하셨는가! "벳세메스 사람들이 여호와의 궤를 들여다본 고로……여호와께서 백성을 쳐서 크게 살육하셨으므로 백성이 애곡하였더라"(삼상 6:19).

그리고 신약성경에서 하나님은 만일 어느 누가가 "하나님의 성전을 더럽히면 하나님이 그 사람을 멸하시리라 하나님의 성전은 거룩하니 너희도 그러하니라"(고전 3:17)고 말씀하시면서 우리를 위협하셨다. 그 표현에는 강조점이 있다. 무슨 죄가 되든지 만일 그 죄를 계속 범하면 하나님은 모든 죄인들을 파멸하실 것이다. 그리고 "만일 하나님의 성전을 더럽히면 하나님이 그 사람을 멸하실 것이라"는 말씀은, 그 경우에는 특별한 무엇이 있다는 뜻이며, 하나님께서 특히 진노하셔서 진노의 불로 그들을 소멸하실 만큼의 죄가 된다는 것이다. 그리고 하나님은 특별한 무서운 파괴로 그들을 진멸하실 것이다.

그러므로 갈라디아서 6장 7절에서 하나님은 결코 모독을 받지 않으실 것이라고 말씀하셨다. 바꿔 말하면, 만일 누군가가 하나님을 모독하려 한다면 그들은 하나님이 결코 멸시를 받으실 만한 분이 아님을 경험으로 알게 될 것이다. 하나님은 감히 하나님을 모독하려는 사람들의 멸시로부터 자신의 거룩한 위엄을 효과적으로 변호하신다. 그들은 자기들이 세속화시키고 더럽히는 거룩한 이름을 가지신 분이 얼마나 두려운 분인지를 충분히 발견하게 될 것이다. 사람들이 알고 있는 사악함으로 말미암아 거룩한 규례를 더럽히고 세속화시키는 자들은 규례가 없는 이방인들보다 더 하나님을 진노하시게 한다. 그러므로 비록 소돔에 사는 거민 가운데 이방인들이 짓는 사악한 죄를 짓는 자들이 있긴 했지만, 유다와 예루살렘의 사악함은 소돔의 사악함보다 더했다(참조. 겔 16:46-47). 여기서 소돔의 죄는 유다의 죄와 비교하여 더 가벼운 것이다. 그리고 이유가 무엇이건 유다는 소돔이 기회를 가져 보지 못한 기회, 즉 더럽히고 세속화하기는 했지만 거룩한 것들을 즐기는 기회를 가져 본 것이 아닌가? 유다는 소돔이 가졌던 동일한 과정을 거쳤다고 생각하지 않을 수 없다.

그러므로 사람들이 아는 악에 자신을 방치하면서 시시각각 하나님의 전에 와서 거룩한 규례에 참여하며 죄를 떨쳐 버리려는 어떤 신중한 계획을 세우지 않는 당신은 생각하라. 그렇게 하기는커녕, 반대로 사악한 행동을 계속할 의도를 갖고 하나님의 전에서 당신의 사악한 행동으로 나아가려 하는도다! 당신은 하나님 보시기에 얼마나 죄가 많은지, 그리고 하나님께서 당신으로 인해 얼마나 노여워하시는지 생각하라. 하나님께서 당장 당신 위에 진노를 퍼부으시고 당신을 죽이시지 않는 것은 하나님께서 하시는 인내의 기적이다. 하나님께서 잘못을 행한 웃시야를 죽음으로 치셨을 때 웃시야가 행한 것보다 더 두려운 방식으로 당신은 거룩한 것들을 더럽히고 있다. 웃시야는 오직 한 가지 죄 때문에 죽은 반면, 당신은 매주, 매일 동일한 죄를 반복해서 짓고 있다.

하나님께서 당신을 땅 위에서 살게 하시는 것, 그리고 진노의 불덩이로 당신을 내려치셔서 끝도 없는 지옥 구덩이에 오래전에 던지시지 않은 것은 실로 기적이다. 자발적으로 죄 가운데 사는 당신, 이미 죄 가운데 행했고, 지금도 여전히 죄 가운데 살며, 죄에서 떠나려고 하지 않는 당신에게 전능자의 번갯불이 떨어지지 않고 당신이 여전히 땅 위에 발을 딛고 사는 것은 기적이다. 땅이 당신을 용납하고, 지옥이 당신을 집어삼키지 않는 것은 기적이다. 불이 하늘에서 떨어지거나 지옥에서 떨어져 당신을 집어삼키지 않고 있는 것은 기적이다. 지옥의 불꽃이 타올라 당신에게 미치지 않고 끝없는 지옥 구덩이가 당신을 집어삼키지 않는 것은 실로 기적이다.

그러나 하나님께서 지금까지 당신을 참아 오신 것은 당신에게 임할 저주가 잠을 잔다는 주장이 아니다. 하나님의 분노는 성급한 사람의 열정과는 다르다. 진노의 그릇을 붓도록 지정된 보수의 날이 준비되어 있다. 그리고 그날이 닥치고 불의가 창궐할 때, 구 누구도 하나님의 진노의 손에서 당신을 구원할 자가 없다. 그날 하나님은 당신에게 철저히 보수하실 터인데, 그 보수는 당신 가슴 깊숙한 데까지 이를 것이다.

설교 ❺

택하신 족속, 왕 같은 제사장, 거룩한 나라,
그의 소유 된 백성인 크리스천

"오직 너희는 택하신 족속이요 왕 같은 제사장들이요 거룩한 나라요 그의 소유된 백성이니 이는 너희를 어두운 데서 불러내어 그의 기이한 빛에 들어가게 하신 자의 아름다운 덕을 선전하게 하려 하심이라"(벧전 2:9).

앞의 구절에서 사도는 예수 그리스도와 맺는 다양하고 상반되는 관계 때문에 크리스천과 불신자들 사이에 있는 큰 차이에 대해 말한다. 전자는 그리스도를 그들의 근거로 삼는다. 그들은 하나님께서 선택하신 귀한 산 돌이신 예수 그리스도께 나아온다. 그리고 또한 산 돌들로 신령한 집으로 세워져 간다. 크리스천 교회는 하나님의 성전이며, 특별한 성도들은 성전으로 세워지는 돌이다. 광택이 나며 성전 건물의 적소(適所)에 쓰임 받은 솔로몬 성전의 돌은 신자의 모형이다. 그리고 그리스도는 이 건물의 기초 혹은 주요한 모퉁이 돌이다. 반대로, 후자인 불신자들에게 그리스도는 안식과 의지할 기초가 되는 대신 부딪히는 돌과 거치는 반석이시다. 그리스도는 후원자요 그들을 실패에서 지키시는 기초가 되는 대신, 그리스도는 넘어짐과 실패의 근거이시다.

재삼 말하지만, 신자들에게 그리스도는 귀한 돌이다. "그러므로 믿는 당신에게 그리스도는 귀하시다." 그러나 불신자들에게 그리스도는 부인당하고 배척받고 무시당하는 돌이다. 그들은 길거리 돌처럼 그리스도의 빛을 받아도 도로 반사해 버린다. 그들은 그리스도를 귀중히 여기지 않으며 부인한다. 그들은 건축하러 올 때, 이 돌을 필요 없는 존재로 치부하여 내던져 버려 기초뿐만 아니라 건물 그 어디에도 사용하지 않는다. 베드로전서 2장 8절에서 사도는 그리스도를 배척하는 불신자들,

그리스도께서 그들에게 부딪히는 돌과 거치는 반석이 되는 불신자들은 넘어지기 위해 지명된 것이라고 말씀한다. "부딪히는 돌과 거치는 반석이 되었다 하니라 저희가 말씀을 순종치 아니하므로 넘어지나니 이는 저희를 이렇게 정하신 것이라." 그들은 그리스도께서 그들의 구원의 근거가 되시는 것이 아니라 그들이 받아야 할 깊은 저주가 되셔야 한다는 말씀에서 걸려 넘어지도록 지명되었다. 그리고 우리가 정한 본문에서 사도는 하나님께서 책망하시는 자들보다 크리스천을 어떻게 대하시는지를 염두에 두고 있다. 크리스천은 택하신 족속이다. 하나님은 영원하신 계획에 따라 다른 사람들을 배척하셨으나 그들을 영원 전부터 선택하셨다. 그들은 택하신 족속이요, 왕 같은 제사장이요, 거룩한 나라요, 소유 된 백성이다.

하나님께서 옛 이스라엘을 열방으로부터 구별하셨던 것처럼 참된 크리스천을 구별하신다. 사도는 이스라엘 백성에 관하여 구약성경에서 사용한 어떤 표현을 마음에 간직하고 있는 것이 분명하다. 여기서 크리스천은 옛 이스라엘에 대해 말씀하신 바에 따라 택하신 족속으로 일컬어진다. 신명기 10장 15절은 말씀한다. "여호와께서 오직 네 열조를 기뻐하시고 그들을 사랑하사 그 후손 너희를 만민 중에서 택하셨음이 오늘날과 같으니라." 여기서 크리스천은 왕 같은 제사장, 거룩한 나라, 소유 된 백성으로 일컬어지며, 출애굽기 19장 5-6절에서 옛 이스라엘에 대해 말씀하신 것과 일치한다. "세계가 다 내게 속하였나니 너희가 내 말을 잘 듣고 내 언약을 지키면 너희는 열국 중에서 내 소유가 되겠고 너희가 내게 대하여 제사장 나라가 되며 거룩한 백성이 되리라 너는 이 말을 이스라엘 자손에게 고할지니라."

그러나 이스라엘에 대해 하신 말씀보다 크리스천에 대해 하신 말씀이 더 있다. 하나님께서 만일 이스라엘이 순종하면 제사장 나라가 될 약속을 주셨다. 그러나 여기서 크리스천은 왕들의 제사장 혹은 왕 같은 제사장으로 일컬어진다. 그들은 제사장이면서 동시에 왕이다.

나는 본문의 말씀에 포함된 몇 가지 전제를 주장하려고 한다.

참된 크리스천은 선택받은 족속(generation)이다

여기에는 두 가지 사실이 함축되어 있다. 첫째, 참된 크리스천은 세상에서 하나님의 소유로 선택되었다. 둘째, 하나님의 백성은 특별히 세상 모든 사람들과는 달리 고상하고 혈통이 분명한 자들이다.

1. 참된 크리스천은 세상에서 하나님의 선택을 받았다. 하나님은 세상 사람들을 전적으로 내버리시지 않는다. 비록 타락하고 부패했고 세상에는 저주가 내려졌지만, 하나님께서는 어떤 사람들을 자신의 소유로 삼으실 계획을 마련하셨다. 실상 모든 사람, 모든 피조물은 타락 이전처럼 다 하나님의 소유다. 선택을 받았든지 받지 않았든지 모두 다 하나님의 소유다. 하나님은 타락했다고 해서 피조물에 대한 권리를 상실하지 않으신다. 하나님은 피조물을 버릴 수 있는 능력도 상실하지 않으신다. 그들은 여전히 그분의 손안에 있다. 하나님은 피조물을 만드신 목적도 잊어버리지 않으신다. 하나님은 모든 만물을 그분 자신을 위해 만드셨는데, 심지어 악한 자들도 악한 날을 위해 지으셨다. 인간을 타락시키고 하나님께로부터 멀어지게 하고, 인간을 창조하신 하나님의 목적을 좌절시키려 한 것은 사탄의 계략이다. 그러나 사탄은 목적을 이루지 못했다.

그러나 어떤 의미에서 악한 자들은 하나님께 속하지 않았다고 말할 수 있다. 하나님은 그들을 소유하지 않으신다. 하나님은 그들을 배척하시고 버리셨다. 그들은 하나님의 분깃(portion)이 아니라 사탄의 분깃이다. 하나님은 그들을 떠나셨고, 그들은 버림을 받았다. 인간이 타락했을 때 하나님은 인간을 버리고 떠나셨다. 그러나 하나님은 우주적인 타락에도 불구하고 그 가운데 일부를 당신의 소유로 선택하시는 것을 기뻐하셨다. 세상은 타락한 세상이지만, 그 가운데서 일부를 선택하여 당신의 소유로 삼으시는 것이 하나님의 뜻이었다. 시편 4편 3절은 "여호와께서 자기를 위하여 경건한 자를 택하신 줄 너희가 알지어다 내가 부를 때에 여호와께서 들으시리로다"라고 말씀한다. 여호와의 분깃은 자기 백성이며, 야곱은 그 택하신 기업이다(신 32:9). 하나님의 원수인 사람들, 역으로 그들에게 하나님께서 원수가 되시는 자들은 여전히 하나님의 소유다. 그러나 하나님의 친구, 하나님의 자녀, 하나님의 보배인 자들은 매우 다른 방식으로 하나님의 소유다. 하나님은 세상에서 경건한 자들을 선택하셔서 당신과 관계를 맺게 하시고, 그분 앞에 자녀의 관계로 서게 하시고, 그분 안에서 소유로 삼으셔서 자신의 백성이 되게 하실 뿐만 아니라 그들의 하나님이 되어 주신다. 하나님은 자신을 위해 이들을 선택하셨다. 하나님은 많은 사람들 가운데서 은혜를 주시기 위해, 그분의 은혜를 주시기 위해 선택하셨다. 하나님은 그들로 하여금 하나님 자신을 즐거워하기 위해, 그분의 영광을 보게 하기 위해, 그리고 그분과 함께 영원히 살게 하기 위해 선택하셨다. 하나님은 마치 사람들이 다른 방식으로 돌 더미에서 보석을 골라내듯이 그들을 보배로 선택하셨다. 사람들은 매우 다른 방식으로 돌들에서 보석을 골라낸다. 그러나 하나님께서 선택하신 자들은 다른 사람들과는 매우 다른 방식으로 보배가 된다. 말라기 3장 17절은 "만군의 여호와가 이르노라 내가 나의 정한 날에 그들로 나의 특별한 소유를 삼을 것이요 또 사람이 자기를 섬기는 아들을 아낌같이 내가 그들을 아끼리니"라고 말씀한다. 시편 135편 4절은 "여호와께서 자기를 위하여 야곱 곧 이스라엘을 자기의 특별한 소유로 택하셨음이로다"라고 말씀한다. 하나님은 그들을 가장 고귀하고 특별히 사용하시기 위해 선택하셨으므로 그들은 영광스런 그릇과 선택된 그릇으로 일컬어진다. 하나님은 다른 사람들을 위해서 다른 목적을 갖고 계신다. 어떤 그릇들은 천하게 사용하셔서 불명예를 안기신다. 다른 그릇들은 가장 고귀하게 사용하시기 위해 선택하신다. 그들로 하여금 하나님을 섬기고 하나님께 영광을 돌리게 해서서 그들 위에 신성한 은혜의 영광을 보여 주시고자 하신다.

진실로 경건한 자를 선택하시는 하나님의 선택과 관련하여 여기서 몇 가지 사실을 관찰할 수 있다.

(1) 이 선택은, 선택받은 자들은 다른 사람들 가운데서 선택받은 자로 생각하게 한다. '선택'이란 말은 '구별하여 내다' (a choosing out)는 뜻을 지닌다. 선택받은 자들은 많은 사람들 가운데서 선택의 은혜를 입은 자들인데, 그들은 독(毒)보리와 가라지와 함께 섞여 있는 상태에서 발견되었다. 그들은 동일한 죄 가운데서, 동일한 불행 가운데서, 그리고 여느 사람들과 함께 근원적인 부패에 참여한 가운데 발견되었다. 그들은 선의 부재 상태, 하나님과 원수 된 상태, 사탄에게 결박된 상태, 영원한 파멸에 이르는 저주를 받은 상태, 그리고 의가 전혀 없는 상태에 있었다. 그러므로 선택이 있기 이전에는 그들 사이에 아무런 구별이 없었다. 보편적인 사람들 가운데 선택받은 자들은 존경받을 만한 것이 전혀 없었다. 고린도전서 4장 7절은 "누가 너를 구별하였느뇨 네게 있는 것 중에 받지 아니한 것이 무엇이뇨 네가 받았은즉 어찌하여 받지 아니한 것같이 자랑하느뇨"라고 말씀한다. 고린도전서 6장 11절은 말씀한다. "너희 중에 이와 같은 자들이 있더니 주 예수 그리스도의 이름과 우리 하나님의 성령 안에서 씻음과 거룩함과 의롭다 하심을 얻었느니라."

(2) 그러므로 선택받은 자들 안에 들어 있는 그 어떤 눈에 띄는 특별한 것이 하나님께서 그들을 선택하시는 일에 영향을 끼친 것은 아니다.

하나님의 선택은 애초에 구별하심으로써 이루어지는 것이므로 하나님께서 그들을 선택하시는 데 영향을 끼친 것이 아니다. 그들 안에 은혜받을 만한 어떤 것이 있어서 하나님께서 다른 사람들보다 그들을 선택하시는 데 영향을 끼친 것이 아니다. 하나님은 사람들이 특별하기 **때문에**(because) 선택하시는 것이 아니라 그들을 선택하신 다음 특별하게 **만드신다**(makes). 그들이 거룩하기 때문에 선택하신 것이 아니라 그들을 거룩하게 만드시기 위해 선택하셨다. 에베소서 1장 4-5절은 "곧 창세전에 그리스도 안에서 우리를 택하사 우리로 사랑 안에서 그 앞에 거룩하고 흠이 없게 하시려고 그 기쁘신 뜻대로 우리를 예정하사 예수 그리스도로 말미암아 자기의 아들들이 되게 하셨으니"라고 말씀한다. 하나님은 그들이 다른 사람들보다 하나님을 향한 존경심을 갖고 있어서 선택하지 않으셨다. 그들이 하나님을 사랑하기 때문에 당신의 소유로 선택하지 않으셨다. 왜냐하면 그분이 먼저 우리를 사랑하셨기 때문이다. 요한일서 4장 10절은 말씀한다. "사랑은 여기 있으니 우리가 하나님을 사랑한 것이 아니요 오직 하나님이 우리를 사랑하사 우리 죄를 위하여 화목제로 그 아들을 보내셨음이니라." 요한1서 4장 19절은 "우리가 사랑함은 그가 먼저 우리를 사랑하셨음이라"고 말씀한다.

회심 전이나 이후에 행하는 그 어떤 선한 행실이 있어서 선택하신 것이 아니다. 반대로, 사람들이 선을 행하는 것은 하나님께서 그들을 선택하셨기 때문이다. 요한복음 15장 16절은 말씀한다. "너희가 나를 택한 것이 아니요 내가 너희를 택하여 세웠나니 이는 너희로 가서 과실을 맺게 하고 또 너희 과실이 항상 있게 하여 내 이름으로 아버지께 무엇을 구하든지 다 받게 하려 함이니라." 하나님께서는 그들이 그리스도께 나아와서 믿을 것을 먼저 보시고 선택하신 것도 아니다. 믿음은 선택의 결과이지 선택의 원인이 아니다. 사도행전 13장 48절은 말씀한다. "이방인들이 듣고 기뻐하여 하나님의 말씀을 찬송하며 영생을 주시기로 작정된 자는 다 믿더라."

그들을 부르셔서 그리스도께로 나아오게 하신 것은 하나님께서 사람들을 먼저 선택하셨기 때문이다. 믿음이 있는 것을 먼저 보시고 선택하신 것으로 생각하는 것은 부르심을 선택 앞에 두는 것인데, 이는 성경이 말씀하는 순서와 정반대다. 로마서 8장 30절은 말씀한다. "또 미리 정하신 그들을 또한 부르시고 부르신 그들을 또한 의롭다 하시고 의롭다 하신 그들을 또한 영화롭게 하셨느니라." 하나님께서 그들을 선택하신 것은 어떤 도덕적이거나 자연적인 특질이 있어서가 아니며 좀 더 은혜롭게 대할 그 무엇이 있거나 더 나은 자연적인 기질이나 소질이 있어서가 아니다. 더 나은 능력을 가져서도 아니며 다른 사람들보다 더 나은 지혜를 가져서도 아니다. 하나님을 섬길 더 위대하고 부요한 것을 갖고 있거나 어떤 유리한 점을 가지고 있어서도 아니다. "그러나 하나님께서 세상의 미련한 것들을 택하사 지혜 있는 자들을 부끄럽게 하려 하시고 세상의 약한 것들을 택하사 강한 것들을 부끄럽게 하려 하시며 하나님께서 세상의 천한 것들과 없는 것들을 택하사 있는 것들을 폐하려 하시나니"(고전 1:27-28). 회개하려고 노력하는 것을 미리 보시기 때문에 선택하신 것도 아니며 선택하신 자들이 천국을 얻기 위해 다른 사람들보다 일을 더 많이 할 것이기 때문도 아니다. 그러나 하나님은 그들을 선택하시고, 그들을 깨우치시고, 지체하지 않고 회개하게 하셨다. 로마서 9장 16절은 말씀한다. "그런즉 원하는 자로 말미암음도 아니요 달음박질하는 자로 말미암음도 아니요 오직 긍휼히 여기시는 하나님으로 말미암음이니라."

성경 전체에서 선택을 하나님 자신의 선하신 기쁨으로 묘사한다. 마태복음 11장 26절은 "옳소이다 이렇게 된 것이 아버지의 뜻이니이다"

(아버지 보시기에 선합니다)라고 말씀한다. 디모데후서 1장 9절은 말씀한다. "하나님이 우리를 구원하사 거룩하신 부르심으로 부르심은 우리 행위대로 하심이 아니요 오직 자기 뜻과 영원한 때 전부터 그리스도 예수 안에서 우리에게 주신 은혜대로 하심이라."

(3) 참된 크리스천은 영원 전부터 하나님의 선택을 받은 자들인데, 출생하기 이전부터뿐 아니라 세상이 창조되기 이전에 선택을 받았다. 그들은 하나님의 아신 바 되었고 세상에서 하나님의 선택을 받았다. 에베소서 1장 4절은 "곧 창세전에 그리스도 안에서 우리를 택하사 우리로 사랑 안에서 그 앞에 거룩하고 흠이 없게 하시려고"라고 말씀한다. 디모데후서 1장 9절은 "오직 자기 뜻과 영원한 때 전부터 그리스도 예수 안에서 우리에게 주신 은혜대로 하심이라"고 말씀한다.

(4) 선택하시는 일에서 하나님께서는 선택하신 자들 위에 그분의 사랑을 부으셨다. 로마서 9장 13절은 "내가 야곱은 사랑하고 에서는 미워하였다"고 말씀하며, 예레미야 31장 3절은 "나 여호와가 옛적에 이스라엘에게 나타나 이르기를 내가 무궁한 사랑으로 너를 사랑하는 고로 인자함으로 너를 인도하였다 하였노라"고 말씀한다. 요한일서 4장 19절은 "우리가 사랑함은 그가 먼저 우리를 사랑하셨음이라"고 말씀한다. 무한하신 선과 은혜의 하나님은 그 사랑을 받을 만한 특별한 자격이 없는 자들을 사랑하신다. 인간의 사랑은 사랑하는 대상이 주는 어떤 사랑의 결과이지만, 하나님의 사랑은 그것에 앞서며 사랑의 원인이다. 신자들은 영원 전부터 아버지와 아들의 사랑을 받았다. 아버지의 영원한 사랑은 영원 전부터 믿는 자들을 구원하실 길을 예비하시고 그의 아들 예수 그리스도를 그들을 구원하실 구속주로 선택하신 데서 나타난다. 하나님께서 아들을 세상에 보내어 죽게 하신 것은 하나님의 선택적인 사랑의 열매다. 요한일서 4장 10절은 말씀한다. "사랑은 여기 있으니 우리

가 하나님을 사랑한 것이 아니요 오직 하나님이 우리를 사랑하사 우리 죄를 위하여 화목 제물로 그 아들을 보내셨음이니라." 세상에 오셔서 죄인들을 위해 기꺼이 죽으신 것은 예수 그리스도의 영원하며 선택적인 사랑의 열매다. 갈라디아서 2장 20절은 말씀한다. "내가 그리스도와 함께 십자가에 못 박혔나니 그런즉 이제 내가 산 것이 아니요 오직 내 안에 그리스도께서 사신 것이라 이제 내가 육체 가운데 사는 것은 나를 사랑하사 나를 위하여 자기 몸을 버리신 하나님의 아들을 믿는 믿음 안에서 사는 것이라." 그러므로 처음부터 끝까지 믿는 자를 위해 이루어진 회심과 영화(靈化)는 선택적인 사랑의 열매이다.

(5) 하나님의 이 선택적인 사랑은 모든 특별한 사람들 한 사람 한 사람을 위한 사랑이다. 어떤 이들은 특별한 선택을 부인하며, 믿고 순종하는 자들은 구원을 받기 위한 일반적인 결정을 하는 일 외에 그 어떤 다른 선택이 없다고 말한다. 어떤 이들은 민족에 대한 절대적인 선택 이상의 선택을 소유하고 있지 않다고 말한다. 그러나 하나님은 영원 전부터 개별적으로 그리고 독특하게 선택하셔서 "나를 사랑하사 나를 위하여 자기 몸을 버리신" 분이라고 갈라디아서 2장 20절 말씀이 분명히 말하듯이 믿는 모든 특별한 사람들에게 그분의 사랑을 부으셨다. 하나님은 마치 선택할 다른 사람이 없는 것처럼 특별하게 한 사람 한 사람을 영원 전부터 선택하셨다. 그러므로 그들의 이름이 생명책에 기록되어 있기 때문에 그들의 이름이 그들을 대표한다. 누가복음 10장 20절은 "그러나 귀신들이 너희에게 항복하는 것으로 기뻐하지 말고 너희 이름이 하늘에 기록된 것으로 기뻐하라 하시니라"고 말씀한다. 요한계시록 13장 8절은 "죽임을 당한 어린양의 생명책에 창세 이후로 녹명되지 못하고 이 땅에 사는 자들은 다 짐승에게 경배하리라"고 말씀한다.

(6) 선택 안에서 신자들은 영원 전부터 예수 그리스도께 드려졌다. 신

자들이 영원 전부터 선택받은 것처럼, 그리스도 또한 영원 전부터 그들의 구세주로 선택과 지명을 받아서 그들을 구원하시는 사역을 감당하셨다. 아버지와 아들 사이에 그에 관한 계약이 체결되었다. 이미 살펴본 바와 같이, 그리스도는 세상이 창조되기 전에 그들을 사랑하셨다. 그런 다음 그분은 그들의 이름을 생명책에 기록하셨는데, 그 책의 이름은 어린양의 책이다. 요한계시록 21장 27절은 말씀한다. "무엇이든지 속된 것이나 가증한 일 또는 거짓말하는 자는 결코 그리로 들어오지 못하되 오직 어린양의 생명책에 기록된 자들뿐이라." 구약의 대제사장이 이스라엘 백성의 이름을 흉패에 써 붙인 것처럼, 그리스도는 그들의 이름을 그분의 마음에 품고 계신다. 그리스도는 종종 선택받은 자들을 "하나님께서 자기에게 주신 자"라로 부르신다. 요한복음 17장 2절은 "아버지께서 아들에게 주신 모든 자에게 영생을 주게 하시려고 만민을 다스리는 권세를 아들에게 주셨음이로소이다"라고 말씀한다. 9절은 "내가 저희를 위하여 비옵나니 내가 비옵는 것은 세상을 위함이 아니요 내게 주신 자들을 위함이니이다"라고 말씀한다. 11절은 "나는 세상에 더 있지 아니하오나 저희는 세상에 있사옵고 나는 아버지께로 가옵나니 거룩하신 아버지여 내게 주신 아버지의 이름으로 저희를 보전하사 우리와 같이 저희도 하나가 되게 하옵소서"라고 말씀한다.

주제 가운데 이 부분은 우리에게 다음과 같은 반응을 제시한다.

● 영원 전부터 타락한 사람들 가운데 어떤 명확한 수를 선택하신 하나님의 선택은 하나님의 영광을 드러낸다. 선택은 신성한 주권의 영광을 드러낸다. 그러므로 하나님은 선택에 의해 자신을 모든 피조물의 절대적 감독자(the absolute Disposer)로 선포하신다. 하나님은 당신의 주권과 통치를 널리 펼치셔서 어떤 사람들은 영원히 선택하시고, 다른 이들은 스쳐 지나가시며 그들을 멸망에 내버려 두심을 보여 주신다. 여기

서 하나님은 절대적인 위엄 가운데 나타나신다. 하나님의 통치의 영광을 볼 수 없는 자들은 하나님을 이해하는 특권을 얻지 못하므로 하나님의 영광스런 위대함을 인식하지 못한다. 그리고 선택에서 특히 신성한 은혜의 영광이 드러난다. 하나님은 그들이 태어나기 오래 전에 자기 백성을 축복과 영광에 이르도록 선택하셨는데, 구별되지 않았던 억조 만민 가운데서 그들을 선택하셨고, 그들이 가지고 있거나 행하는 모든 것에 앞서 그들을 사랑하셨고, 그들이 가진 어떤 특별한 것에 의해서나 그들이 하는 수고와 노력의 빛에 의해서나 하나님을 향한 그들의 어떤 존경심의 빛에 의해 영향을 받지 않고 그들을 선택하셨다.

　선택의 교리는, 만일 회심한 자들이 성실하게 은혜와 거룩을 찾아 얻으려고 했고 은혜와 거룩을 얻은 것이 그들 자신의 노력 때문이 아니라 그들로 하여금 그것을 얻으려고 성실하게 회심을 추구하게 하신 하나님의 은혜와 긍휼 때문임을 보여 준다. 또한 선택의 교리는 믿음 자체는 하나님의 선물이며 성도를 거룩한 길에서 보호하여 영광에 이르게 하시는 것 또한 하나님의 선택적인 사랑의 열매임을 보여 준다. 하나님을 향한 신자의 사랑은 그들을 향한 하나님의 사랑의 열매이며, 그리스도를 주신 것, 복음의 전파, 규례를 정해 주신 것 모두가 은혜의 열매들이다. 이 세상이나 장차 올 세상에서 인간에게 보여 주시는 모든 은혜는 하나님의 선택적인 사랑 안에 들어 있다.

　● 만일 신자가 하나님의 선택을 받은 자들이라면, 하나님을 향해 드려야 할 그들의 사랑과 감사에 대하여 할 큰 논의가 여기에 있다. 하나님께서 당신을 발견하시고 다른 사람들은 불행한 처지에 버려두신 것에 대한 생각은 당신의 마음에 감동을 주어야 한다. 하나님께서 영원 전부터 불쌍한 벌레를 그와 같이 생각해 주신 것은 얼마나 놀라운 일인가! 하나님은 당신을 다른 사람들과 마찬가지로 내버려 두셔야 했지만,

설교 ❺ 택하신 족속, 왕 같은 제사장, 거룩한 나라, 그의 소유 된 백성인 크리스천

당신에게 사랑을 베푸시는 은혜는 주 하나님을 기쁘시게 했다. 하나님께서 억조 만민과는 달리 당신을 선택하셔서 하나님 자신을 위해 구별하신 데 대해 그 무엇으로 사랑과 감사를 드려야 할 것인가!

하나님은 당신을 단순히 그분의 하수인과 종을 삼기 위해 선택하신 것이 아니라 그분의 자녀로 삼기 위해, 그분의 특별한 보물로 삼으시려고 선택하셨다. 하나님은 당신이 그분을 영원히 즐거워하는 복을 주시기 위해 선택하셨다. 하나님은 영원 전부터 당신을 그분의 아들로, 하나님 자신과 연합을 이루기 위해, 그리스도의 신부가 되도록 하기 위해 선택하셨다. 하나님은 당신을 거룩하고 흠이 없게 하시려고 선택하셨는데, 당신이 더러움을 버리고 하나님의 형상을 닮도록, 당신의 영혼이 깨끗이 치장되어 그분의 영광스럽고 사랑하시는 아들의 신부가 되도록 선택하셨다. 사랑을 주신 까닭이 여기에 있다.

● 만일 신자가 선택된 족속이라면, 모든 수고는 성실하게 선택을 확실하게 하는 데 두자. 만일 참된 크리스천이 하나님의 선택된 자들이라면, 그들은 과연 자신이 참된 크리스천인지를 성실하게 물어보아야 한다. 베드로후서 1장 5-7절은 말씀한다. "이러므로 너희가 더욱 힘써 너희 믿음에 덕을, 덕에 지식을, 지식에 절제를, 절제에 인내를, 인내에 경건을, 경건에 형제우애를, 형제우애에 사랑을 공급하라."

참된 크리스천은 여느 사람들로부터 구별된다. 그들은 세상의 다른 사람들로부터 구별되는 특별히 고상한 자들 혹은 고상한 가문에 속한 자들이다. 이 사실은 '족속'(generations)이라 일컫는 말에 암시되어 있다. 성경에서 '족속'이라는 말에는 세 가지 의미가 있다.

간혹 그것은(보편적인 의미로) 함께 출생하거나 혹은 거의 함께 출생한 사람들 가운데 있다는 뜻이며, 혹은 세상에서의 계층을 의미하며, 다른 연령의 무대에서 존재한 시간이 같은 것을 의미한다. 그들은 젊은이

일 수도, 중년일 수도, 그리고 노년일 수도 있다. 혹은 그들은 행동의 무대 위에 함께 있을 수도 있다. 땅의 표면이나 행동의 무대 위에 함께 있는 모든 사람들은 자주 한 세대(a generation)로 간주된다. 그러므로 하나님께서 그 세대의 이스라엘 가운데 한 사람도 약속의 땅을 보지 못하리라고 위협하셨을 때, 그 기간은 20년 전후를 의미한다.

두 번째 의미는 공통의 조상을 갖고 출생한 자들이다.

성경에 사용된 그 말의 세 번째 의미는 어떤 종족(race)을 의미하는 바, 출생이 시간적으로 일치하는 것이 아니라 근본적으로 혈통이 같은 후손들이라는 뜻이다. 그와 같은 의미는 마태복음 1장 1절에서 이해되고 있다. "아브라함과 다윗의 자손 예수 그리스도의 세계(the generation of Jesus Christ)라." 즉 마태복음은 예수 그리스도의 혈통을 설명하는 책이다. 성경에서 의인들은 종종 특별한 세대로 일컬어진다. 시편 14편 5절은 "저희가 거기서 두려워하고 두려워하였으니 하나님이 의인의 세대에 계심이로다"라고 말씀하며, 시편 24편 6절은 "이는 여호와를 찾는 족속이요 야곱의 하나님의 얼굴을 구하는 자로다"라고 말씀한다. 시편 73편 15절은 "내가 만일 스스로 이르기를 내가 이렇게 말하리라 하였더면 주의 아들들의 시대를 대하여 궤휼을 행하였으리이다"라고 말씀한다.

경건한 자들은 특별한 족속으로 분명히 드러난다. 그 까닭은 그들이 하나님의 후예이기 때문이다. 그들은 하늘의 족속이며 위에서부터 온 자들이다. 이방인들은 그들이 따르는 영웅들과 위대한 자들을 신들로부터 온 것처럼 가장(假裝)하지만, 하나님의 백성은 진실로 참되시고 살아 계신 하나님의 후손들이다. 시편 22편 30절은 "후손이 그를 봉사할 것이요 대대에 주를 전할 것이며"라고 말씀한다. 즉, 씨와 후손이 하나님의 후예 혹은 후손으로 주 여호와를 섬길 것이다.

이제 하나님의 백성은 하나님께로부터 온 자들로 간주되며, 멀든지 가깝든지 하나님의 후손이다.

하나님의 백성은 하나님의 후손이다. 교회는 근본적으로 하나님께로부터 온 특별한 족속이다. 다른 사람들은 땅에 속한 자들이지만—그들은 땅에서 난 사람의 후예들이다—교회는 하나님의 후손이다. 그러므로 창세기 6장 2절에서 "하나님의 아들들이 사람의 딸들의 아름다움을 보고 자기들의 좋아하는 모든 자로 아내를 삼는지라"고 말씀한다. 하나님의 아들들은 교회의 자녀들, 셋의 후예들이다. 사람의 딸들은 교회 밖에서 출생한 자들, 가인의 후예이며 가인에게 붙은 자들이다.

세상에 교회를 세우신 분은 하나님이셨고, 교회의 첫 설립자들은 하나님께 속한 자들이었으며, 그들은 특히 하나님의 아들들로 불리었다. 셋은 하나님께서 지명하신 씨였다. 창세기 4장 25절은 "아담이 다시 하와와 동침하매 그가 아들을 낳아 그 이름을 셋이라 하였으니 이는 하나님이 내게 가인의 죽인 아벨 대신에 다른 씨를 주셨다 함이며"라고 말씀한다. 누가가 쓴 예수 그리스도의 족보(눅 3:38, "그 이상은 에노스요 그 이상은 셋이요 그 이상은 아담이요 그 이상은 하나님이시라")에서 아담은 하나님의 아들로 일컬어지는데, 아마도 하나님께로부터 왔고 하나님에 의해 출생하였기 때문이다. 그는 선한 사람이었고 하나님의 아들 그리스도께서 세우신 교회의 계통에서 첫 사람이었으며, 그런 자로서 그는 하나님께로부터 왔다. 교회가 거의 꺼져 갈 무렵, 하나님은 갈대아 우르에서, 그리고 이후에 하란에서 아브라함을 불러내셨다.

아브라함은 직접 하나님께로부터 온 자였고, 모든 후세대의 하나님의 백성은 아브라함의 자녀로 일컬어진다. 하나님은 아브라함에게 그의 씨가 하늘의 별과 해변의 모래 같을 것이라는 약속을 주셨다(그 의미는 육신을 따른 후손을 의미하는 것이 아니었다). 세례 요한은 하나님께서는 돌들로도 아브라함의 자손을 만드실 수 있다고 말했다. 신약성경은 아브라함의 믿음을 계승한 자들이 아브라함의 씨라고 가르친다. 유대인뿐만 아니라 크리스천도 아브라함의 씨이다. 갈라디아서 3장 29절은 "너희가 그리스도께 속한 자면 곧 아브라함의 자손이요 약속대로 유업을 이을 자니라"라고 말씀한다. 그러므로 교회는 하나님의 아들이라 일컬음을 받은 야곱의 씨이다. 호세아 11장 1절은 "이스라엘의 어렸을 때에 내가 사랑하여 내 아들을 애굽에서 불러내었거늘"이라고 말씀한다. 모든 하나님의 백성은 이스라엘로 불리며, 육신을 따라서만 그의 후손이 아니라 옛 개종자와 복음 아래 있는 이방인 크리스천도 하나님의 백성인 이스라엘로 불린다. 진실로 경건한 자들만이 참된 이스라엘이다.

그러므로 하나님의 백성은 근본적으로 하나님 아버지의 후손이며 하나님의 아들 그리스도의 후손이다. 크리스천은 그리스도의 씨로 일컬어진다. 갈라디아서 3장 29절에서 "너희가 그리스도께 속한 자면 곧 아브라함의 자손이요 약속대로 유업을 이을 자니라"고 말씀한 것처럼 실상 그들은 그리스도의 후예이다. 그리스도는 그들을 그의 자녀라 부르신다. 히브리서 2장 13절은 "볼지어다 나와 및 하나님께서 내게 주신 자녀라"라고 말씀한다.

그러므로 만일 우리가 하나님의 백성의 혈통을 따라 그들이 속한 기원으로 거슬러 올라가면, 그들은 하나님의 후손들로 발견된다. 그들은 하늘에 속한 사람들이며 이 세상에 속한 자들이 아니다. 다른 사람들은 땅에 속한 자들이며 세속적이다. 그러나 하나님의 백성은 하늘에 속한 자들이다. 악한 자들은 이 세상 사람이라고 일컬어진다. 시편 17편 14절은 말씀한다. "여호와여 금생에서 저희 분깃을 받은 세상 사람에게서 나를 주의 손으로 구하소서 그는 주의 재물로 배를 채우심을 입고 자녀로 만족하고 그 남은 산업을 그 어린아이들에게 유전하는 자니이다."
교회는 위대한 설립자이신 하나님께로부터 시작되었다. 예수 그리스도는 하나님의 아들이시며 그분 아래 있는 자들은 설립자인 하나님과 그리스도께 속하였다. 하나님은 그들을 선택하여 부르시고 그들을 교회를 설립하는 목적을 위해 창조하셨다. 교회는 세대(generation)에 걸쳐 계속되고 전파된다. 만일 교회를 계속하고 전파하는 보편적인 수단이 없다면 교회는 존속되지 못할 것이다. 그러나 하나님의 백성은 다른 한 영혼을 낳음으로써 다른 회심자를 위한 도구가 된다. 교회는 모든 세대에 걸쳐 도구로서 존속된다. 하나님의 백성은 교육, 교훈, 그리고 이전에 하나님의 백성들이었던 사람들의 노력을 통하여 출생한다. 그러므로 성경에서 교회는 교회 구성원들의 어머니로 묘사된다. 갈라디아서 4장 26절은 "오직 위에 있는 예루살렘은 자유자니 곧 우리 어머니라"라고 말씀한다. 신자들은 교회의 자녀로 불린다. 이사야 49장 20절은 "고난 중에 낳은 자녀가 후일에 네 귀에 말하기를 이곳이 우리에게 좁으니 넓혀서 우리로 거처하게 하라 하리니"라고 말씀한다. 이사야 54장 1절은 "잉태치 못하며 생산치 못한 너는 노래할지어다 구로치 못한 너는 외쳐 노래할지어다 홀로 된 여인의 자식이 남편 있는 자의 자식보다 많음이니라"라고 말씀한다.

하나님의 백성은 교육과 가르침을 통하여 사람들에게 영적인 부모의 역할을 한다. 말씀을 전하고 규례를 집행하는 사역자들은 영적인 아버지이다. 사도들은 고린도 교회 크리스천들에게 복음으로써 그들을 낳았다고 말한다.

하나님의 백성은 하나님께서 직접 낳은 자들이다. 성도가 되었을 때, 그들은 다시 출생하였고 새로운 본성을 갖게 되었다. 그들은 새로 시작된 삶을 살며, 새로운 중생과 하나님께로부터 나는 신생에 의해 전혀 새로운 사람이 되었다. 요한복음 1장 12-13절은 말씀한다. "영접하는 자 곧 그 이름을 믿는 자들에게는 하나님의 자녀가 되는 권세를 주셨으니 이는 혈통으로나 육정으로나 사람의 뜻으로 나지 아니하고 오직 하나님께로서 난 자들이니라." 그들은 하나님의 영으로 출생한다. 요한복음 3장 8절은 말씀한다. "바람이 임의로 불매 네가 그 소리를 들어도 어디서 오며 어디로 가는지 알지 못하나니 성령으로 난 사람은 다 이러하니라." 하나님은 자궁에서 교회를 만드셨다고 말한다. 이사야 44장 2절은 말씀한다. "너를 지으며 너를 모태에서 조성하고 너를 도와줄 여호와가 말하노라 나의 종 야곱, 나의 택한 여수룬아 두려워 말라."

이 진리는 또한 우리에게 몇 가지 유익한 반응을 제시한다.

첫째, 크리스천은 서로를 낳아야 한다. 그들 모두는 한 족속이며, 다른 크리스천과 관계를 가지며, 세상과는 구별되는 서로에게 속한 동일한 족속이다. 그들은 한 조상의 후손들이다. 그들 모두는 아브라함의 자손들이다. 그들은 예수 그리스도의 씨이다. 그들은 하나님의 자녀이다. 그들은 직접적으로 동일한 아버지의 자녀들이다. 하나님은 동일한 말씀과 성령으로 그들을 낳으셨다. 그들 모두는 한 가족이며, 그러므로 형제자매로서 서로 사랑한다. 베드로전서 3장 8절은 말씀한다. "마지막으로 말하노니 너희가 다 마음을 같이하여 체휼하며 형제를 사랑하며 불쌍히 여기며 겸손하며."

하나님의 자녀가 서로를 향해 미워하는 영과 나쁜 의지를 갖는 것은 매우 이상한 일이다. 서로를 도와주거나 밀어 주지 않으며, 필요한 것을 공급해 주지 않으며, 상처를 주며, 서로 앙갚음하며, 뒤로 물러나는 것은 전혀 이상한 일이다.

둘째, 크리스천은 그들의 가문에 불명예를 안겨 주지 않도록 조심해야 한다. 당신은 매우 영광스런 족속이며, 왕의 후손과 귀족 피를 가진 것보다 훨씬 더 존귀하다. 당신은 하늘의 자녀, 예수 그리스도의 씨, 하나님의 자녀이다. 고귀한 족속에 속한 자들은 그들이 속한 가문의 영광을 배경삼아 자신들에게 높은 가치를 부여하며, 그들의 칭호, 입는 옷, 영예의 기장(旗章)을 곰곰이 생각하며, 그들의 빛나는 조상들이 남긴 공적에 대해 세밀하게 이야기한다. 위대하신 하나님, 영원하시고 전지전능하신 하늘과 땅의 왕이 하나님의 자녀인 당신이 훌륭한 가문에 속하지 않는 자처럼 그렇게 조심 없고 가치 없이 생각하고 행동해서야 되겠는가!

당신 같은 사람을 위한 매우 천하고 비열한 것들이 즐비하다. 그런 것들은 세속적인 마음에 길을 터 주며, 땅속의 두더지같이 천한 것을 추구하게 하며, 하늘의 후예들이 무시하고 멸시하는 세속적인 것들에 달라붙게 함으로써 당신의 영혼을 괴롭히고, 육신의 정욕을 탐닉하게 하고, 더러움에 빠뜨려 영혼을 괴롭히고, 짐승들에게 공통적인 비열하고 무가치한 기쁨에 매달리게 하고, 무엇이든 어떤 육신적인 기호(嗜好)에 무절제하게 탐닉하게 하고, 혹은 세속적인 명예에 치심하게 한다. 하나님께 속한 세대가 이 똥 더미를 위대하게 생각하는 것은 불명예이다. 그러므로 당신이 당신의 정열에 지배당하는 것은 고귀한 신분을 가진 자로서 무가치한 일이다. 당신은 이성과 미덕의 높은 원리의 인도를 받아야 하며 하나님의 영광과 존귀에 대하여 우주적으로 존경하는 마음의 인도를 받아야 한다.

크리스천은 그들의 출생의 영예가 될 수 있는 것들을 추구해야 하며, 영적인 지혜, 가장 가치 있고 고상한 진리에 대한 지식을 추구해야 한다. 그들은 하나님과의 친밀을 더더욱 추구해야 하며, 그들의 위대한 믿음의 선조와 연합되어 하나님 아버지의 위대하고 신성한 완전의 형상을 입어야 한다. 그들은 하나님을 닮으려고 노력해야 한다. 그들은 천상의 마음(heavenly-mindedness)을 추구해야 하며, 하늘의 것과 영적인 즐거움을 좇는 고귀한 기호를 가져야 하고, 하늘 영광을 추구하는 고상한 열망을 가져야 하며, 금생의 사소한 것들과 비열한 것들을 멸시해야 한다. 그들은 그 어떤 것에 의해서도 아닌 천상의 마음에 의해서만 즐길 수 있는 기쁨과 만족을 추구해야 한다. 그들은 진리의 영, 우주적이며 이익을 추구하지 않는 사랑과 확신, 그리고 크리스천의 순결을 실천해야 한다. 그들은 헌신과 신성한 묵상(默想, contemplation) 안에서 살아야 한다.

셋째, 우리는 왜 크리스천이 세상 다른 사람들과 다른 본성과 기질을 가져야 하는지 그 이유를 여기서 본다. 진실로 경건한 자들은 기질에 있어서 다른 사람들과 판이하다. 그들은 세상 사람들이 사랑하는 것들을 미워하며, 세상 사람들이 즐기지 않는 것을 사랑하므로, 종교의 자기 부인의 의무를 엄격하게 관찰하는 데 어떤 행복을 두는 것을 세상 사람들은 이상하게 생각한다. 그들은 묵상과 기도에 그렇게 많은 시간을 소비할 수 있는 것을 기뻐하는 일을 이상스럽게 생각하며, 크리스천이 하는 그와 같은 일을 행복하게 여기지 않는다. 베드로전서 4장 4절은 "이러므로 너희가 저희와 함께 그런 극한 방탕에 달음질하지 아니하는 것을 저희가 이상히 여겨 비방하나"라고 말씀한다. 그러나 그 이유는 그들이 다른 족속에 속하여 크리스천과는 다른 기질과 성향을 가지기 때문이다.

다른 가문에 속한 사람들이 다른 기질을 드러내는 것을 보는 것은 흔한 일이다. 부모가 가진 자연적인 기질은 보편적으로 어느 정도 그들의 후손에게 전달된다. 실상 많은 일에 있어서 모든 것이 일치하는 이유는 근본적으로 같은 피를 갖고 있기 때문이다. 모든 사람들이 같은 아담, 같은 노아의 후손이다. 그러나 크리스천은 다른 혈통에 속하여 세상 모든 사람들과는 달리 다시 출생했다. 그러므로 그들은 한 기질을 가지므로 세상 그 누구도 그들과 일치될 수 없다. 요한계시록 1장 6절은 "그 아버지 하나님을 위하여 우리를 나라와 제사장으로 삼으신 그에게 영광과 능력이 세세토록 있기를 원하노라"고 말씀한다.

2. 참된 크리스천은 왕 같은 제사장이다. 왕과 제사장 두 직분은 유대인들에게나 이방인 모두에게 매우 영광스럽게 여겨졌다. 그러나 모세의 율법 아래서 같은 인물이 이 두 직분을 동시에 감당하는 것으로 알려지지 않았다. 모세 자신이 여수룬에서 왕이 되었다고 말하고 있지만, 그의 형 아론은 대제사장이었다. 이스라엘에서 신의 임명에 의해 왕이 된 사람들은 유다 지파에 속한 자들이었다. 우리는 율법이 주어지기 전, 동시에 왕이자 제사장인 멜기세덱의 실례를 가지고 있다. 창세기 14장 18절은 "살렘 왕 멜기세덱이 떡과 포도주를 가지고 나왔으니 그는 지극히 높으신 하나님의 제사장이었더라"고 말씀한다.

그러므로 그리스도에 관한 예언에서 그리스도는 멜기세덱의 반차를 좇는 제사장이 될 것이라고 말씀한다. 시편 110편 4절은 "여호와는 맹세하고 변치 아니하시리라 이르시기를 너는 멜기세덱의 반차를 좇아 영원한 제사장이라 하셨도다"라고 말씀한다. 마찬가지로 스가랴는 그리스도께서 보좌에 앉는 제사장이 되시는 놀라운 일에 대해 예언한다. 스가랴 6장 13절은 "그가 여호와의 전을 건축하고 영광도 얻고 그 위에 앉아서 다스릴 것이요 또 제사장이 자기 위에 있으리니 이 두 사이에 평화의 의논이 있으리라 하셨다 하고"라고 말씀한다. 이런 면에서 복음의 시대적 섭리(the gospel dispensation)는 두 직분의 양립성을 계시하는 점에서 율법 시대와는 다르다. 한 분 예수 그리스도는 율법 아래서 왕과 제사장 두 직분의 원형이다. 모든 면에서 우리와 같이 되신 예수 그리스도의 뜻은 여러 면에서 제자들이 그분처럼 되는 것인 것처럼, 다른 사람들 가운데서도 역시 그렇다. 그리스도께서 하나님의 아들이신 것처럼, 그리스도의 것이 된 사람들은 하나님의 자녀다. 그리스도께서 하나님의 후사인 것처럼, 그리스도께서 살아 계시므로 그의 소유 된 자들이 사는 것 또한 그리스도의 뜻이다. 그리스도께서 죽은 자 가운데서 부활하셨으므로, 그의 성도들이 부활하는 것 또한 그리스도의 뜻이다. 그리스도께서 영광중에 하늘에 계신 것처럼, 성도들이 그분이 계신 곳에 함께 있는 것이 그리스도의 뜻이다. 그리스도께서 왕과 제사장이신 것처럼 신자들은 왕과 제사장이 될 것이다.

본문에서 말씀하는 바는, 신자들이 지금 무엇이냐 하는 것 아니면 이후로 무엇이 될 것이냐 둘 중의 하나이다. 사도는 말한다. "너희는 왕 같은 제사장이다." 즉 당신은 하나님께 돌아서는 것을 조건으로 하여 그 영예를 가진다. 크리스천은 여기서 왕권을 갖지 못한 왕으로서의 왕, 왕관이 그의 오른편에 있지만 아직 실제적으로 통치하지 못하는 왕이다. 그들은 실로 지상에 있는 동안 높은 지위에 올라 있지만 이후로는 그렇게 될 수 없는 지위이다. 크리스천은 여기 이 세상에서 왕과 제사장으로 일컬어진다. 요한계시록 1장 6절은 "그 아버지 하나님을 위하여 우리를 나라와 제사장으로 삼으"셨다고 말씀한다. 그러나 요한계시록 5장 9-10절에서 하늘에 있는 성도는 이것을 그들의 영광과 높아짐의 결과로 말한다. "새 노래를 노래하여 가로되 책을 가지시고 그 인봉을 떼기에 합당하시도다 일찍 죽임을 당하사 각 족속과 방언과 백성과 나라 가운데서 사람들을 피로 사서 하나님께 드리시고 저희로 우리 하나님 앞에서 나라와 제사장을 삼으셨으니 저희가 땅에서 왕 노릇 하리로다."

첫째, 크리스천은 왕이다. 크리스천이 왕으로 불릴 때, 성경은 그들이 이 세상에서 실제로 가진 것과 미래 상태에서 가진 것 양자를 포함한다. 예수께서 제자들에게 약속하신 보상은 왕국(kingdom)이다. 누가복음 22장 29절은 "내 아버지께서 나라를 내게 맡기신 것같이 나도 너희에게 맡겨"라고 말씀한다. 그러므로 이 약속을 가진 크리스천은 여기서 이후에 받게 될 천국의 상속자이다. 야고보서 2장 5절은 말씀한다. "내 사랑하는 형제들아 들을지어다 하나님이 세상에 대하여는 가난한 자를 택하사 믿음에 부요하게 하시고 또 자기를 사랑하는 자들에게 약속하신 나라를 유업으로 받게 아니하셨느냐."

성도들이 받을 보상이 왕국으로 제시되는 까닭은 왕국을 소유하는 것이 이 세상에서 가장 높은 인간의 성취이기 때문이며, 왕국을 소유한 자들이 가장 위대한 행복을 가진 것이라는 보편적인 견해 때문이다. 수많은 사람들이 격찬하는 왕국의 행복이나 왕 같은 상태는 이런 것들에 놓여 있다.

 왕국의 영예
 왕권의 소유
 왕이 가진 통치나 권위

이제 이 각각의 것들과 관련하여, 성도들의 행복은 이 세상의 왕들과 위대한 권력가들이 가진 행복보다 훨씬 더 크다.

참된 크리스천은 지상의 왕들이 가진 존귀보다 훨씬 더 큰 존귀를 갖게 될 것이다. 그들은 그 어떤 왕자들보다 더 높은 위엄을 갖게 될 것이다. 지상의 왕과 왕자들이 제 아무리 높은 존귀를 가진들, 하나님의 자녀가 갖는 존귀에는 미치지 못한다. 만일 그들이 높은 수준의 교육을 받고, 통치를 위한 지혜의 마음을 갖고, 그 지위에 걸맞은 자격을 갖추더라도, 그 모든 것들은 하나님께서 성도들에게 부여하시는 존귀만 못한 까닭은, 하나님께서 성도들의 마음을 신성한 지식으로 채우시고 그들에게 참되고 완전한 성결을 부여하셨기 때문이다. 왕자들은 존귀와 위엄에 찬 외관, 궁중 의복을 차려입고 그들이 머무는 궁중과 눈부신 마차에서 모습을 드러낸다. 그러나 이것들은 성도들이 천국에서 "그들의 아버지의 왕국에서 해처럼 빛나는" 흰 예복과 찬란한 장식을 한 가운데 나타나게 될 존귀에는 족히 견줄 바가 못 된다. 그리스도께서 성도들을 위해 하늘에 예비하신 궁정은 어떤 모습일까? 피조물의 영광은 하늘에 계신 창조주와 닮는 것과 가까이 함에 있다. 성도들은 그분과 같게 될 것이다. 그 이유는 성도들이 그분의 있는 모습 그대로를 볼 것이기 때문이다. 성도들은 그리스도께 가장 가까이 가서 친밀한 교제를 누리는 특권을 받게 될 것이다.

성도들은 지상의 그 어떤 군주들보다 더 크고 광범위한 소유를 갖게 될 것이다. 왕의 지위가 격찬 받는 한 가지 이유는 그들의 가진 부(富) 때문이다. 그들은 보물 창고에 가장 진귀한 것들을 쌓아 둔다. 우리는 왕들이 가진 특별한 보물에 대한 기사를 전도서 2장 8절에서 읽는다. "은금과 왕들의 보배와 여러 도의 보배를 쌓고 또 노래하는 남녀와 인생들의 기뻐하는 처와 첩들을 많이 두었노라." 다윗은 여러 왕들을 정복하여 그들이 가진 진귀한 보물들을 많이 탈취하여 그의 아들 솔로몬에게 남겨 주었다.

그러나 왕들이 가진 귀한 보물들은 다음 세상에서 그리스도께서 성도들에게 주실 진귀한 보물들, 그 자신의 피로 사신 불 가운데 연단된 금, 진귀한 보석들, 그분의 성령께서 주시는 은혜와 기쁨, 그리스도께서 성도들에게 부여하실 아름다운 마음 등에 족히 비교될 수 없다. 왕의 소유는 매우 광범위한데, 특히 왕이 일반적으로 절대 권력을 쥐고 전 국토를 다스리고 종들과 재산이 그들의 소유로 간주되던 때는 특히 그러했다. 그러나 이 모든 것들은 성도들이 소유한 무한정한 소유에 미달한다. 성도들은 하나님의 상속자이며, 하나님이 소유하신 모든 것은 그들의 행복에 기여하는 한 그들의 것이다. 요한계시록 21장 7절은 "이기는 자는 이것들을 유업으로 얻으리라 나는 저의 하나님이 되고 그는 내 아들이 되리라"고 말씀하며, 고린도전서 3장 21-22절은 "그런즉 누구든지 사람을 자랑하지 말라 만물이 다 너희 것임이라 바울이나 아볼로나 게바나 세계나 생명이나 사망이나 지금 것이나 장래 것이나 다 너희의 것이요"라고 말씀한다.

성도는 또한 왕이 가진 권위를 갖게 될 것이다. 그리스도는 성도들을 왕국으로 지명하셨고, 그 나라 안에서 그들을 통치하실 것이다. 성도들에 관한 한, 그들도 통치할 것이라는 약속의 말씀이 있다. 요한계시록 5장 10절은 "저희로 우리 하나님 앞에서 나라와 제사장을 삼으셨으니 저희가 땅에서 왕 노릇 하리로다"라고 말씀한다. 요한계시록 22장 5절은 "다시 밤이 없겠고 등불과 햇빛이 쓸데없으니 이는 주 하나님이 저희에게 비취심이라"고 말씀한다.

요한계시록 2장 26-27절에 나타난 것처럼, 통치와 다스림과 관련하여 성도들이 왕국을 갖게 될 것이 분명하다. "이기는 자와 끝까지 내 일을 지키는 그에게 왕국을 다스리는 권세를 주리니 그가 철장을 가지고 저희를 다스려 질그릇 깨뜨리는 것과 같이 하리라 나도 내 아버지께 받은 것이 그러하니라." 그러나 우리는 이것을 올바로 이해한다는 사실을 알아야 한다. 그들은 감독할 윗사람이 없는 세상의 주권자로 임명될 것이 아니다. 아그립바 왕과 일부 다른 왕들이 로마 황제의 대리자였던 것처럼 대리자나 총독이 될 것도 아니다. 그러나 그들은 유업을 함께 이을 자로서 그리스도와의 친교 안에서 다스릴 것이다. 그들은 그리스도와 함께 같은 왕국 안에서 통치하게 될 것이며, 그들 자신의 의지가 최고권(paramount)이 있는 것처럼 그들의 의지에 따라 행복이 완전히 이뤄지게 할 것이다. 그리스도는 그들의 의지를 주관하신다. 모든 일들은 그들을 위해 최선의 방법으로 실현될 것이며, 그들의 행복을 증진시킬 것이다. "이기는 그에게는 내가 내 보좌에 함께 앉게 하여 주기를 내가 이기고 아버지 보좌에 함께 앉은 것과 같이 하리라"(계 3:21).

성도들의 통치는 부분적으로 심판하는 일에 있을 것이다. 왜냐하면 성도들은 세상과 천사와 그리스도와 함께한 자들을 심판할 것이기 때문이다. 마태복음 19장 28절은 "예수께서 가라사대 내가 진실로 너희에게 이르노니 세상이 새롭게 되어 인자가 자기 영광의 보좌에 앉을 때에 나를 좇는 너희도 열두 보좌에 앉아 이스라엘 열두 지파를 심판하리라" 하고 말씀한다. 고린도전서 6장 2-3절은 말씀한다. "성도가 세상을 판단할 것을 너희가 알지 못하느냐 세상도 너희에게 판단을 받겠거든 지극히 작은 일 판단하기를 감당치 못하겠느냐 우리가 천사를 판단할 것을 너희가 알지 못하느냐 그러하거든 하물며 세상일이랴." 얼마나 성실하게 하나님 나라를 구하고 있는가! 어떤 노고, 어떤 위험, 어떤 피 흘리는 일을 성도들은 직면하지 않으랴! 회심을 추구하는 당신은 천국을 추구한다. 불쌍한 당신, 어린아이인 당신은 천국을 얻을 기회를 갖고 있고, 더 높은 지위에 오를 수 있고, 더 근본적인 존귀를 얻을 수 있고, 더 많은 것을 소유할 수 있고, 더욱 진귀한 보물들을 가질 수 있고, 더욱 찬란한 옷을 입을 수 있고, 위대한 세상 군왕들이 즐기는 그런 것들보다 더 높은 보좌에 앉을 수 있다. 당신이 얻기 위해 경주하는 면류관은 하늘에 계신 위대하신 왕이 주시는 썩지 않는 면류관이며, 그분의 보좌가 영속하는 한 당신이 계속 쓸 면류관이다. 여기서 고통과 책망 아래 있는 성도들에게 제공되는 격려여! 하늘 왕국에 들어갈 가치와 존귀를 가진 자들이여! 당신이 영광의 면류관을 머리에 쓸 때, 그리스도의 보좌에 앉아 빛을 비추며 왕궁 연회석에 앉아 더 이상 고통 받지 않을 것이다. 모든 고통, 모든 책망이 사라지고, 사람들과 마귀들의 적의가 미치지 않을 만큼 높은 곳에 이르러 모든 슬픔을 잊게 될 것이다.

참된 크리스천은 하나님의 제사장이다

율법 아래서 제사장직은 매우 존경스럽고 신성한 직분이었다. 히브리서 5장 4절은 "이 존귀는 아무나 스스로 취하지 못하고 오직 아론과 같이 하나님의 부르심을 입은 자라야 할 것이니라"라고 말씀한다. 고라와 그의 동료들이 아론을 시기한 것은 바로 이 영광 때문이었다. 그리고 하나님은 아론의 지팡이에 싹이 나게 하심으로써 아론의 영광을 주장하시고 변호하셨다.

율법이 주어지기 이전, 모든 특별한 가족이 자신들을 위하여 제물을 관습적으로 드렸을 때 초태생이 주장했던 것은 영광이었다. 그러므로 장자 생득권은 매우 존중되고 가치 있게 여겨졌다. 그래서 야곱은 그의 형 에서가 가진 장자권을 그렇게도 갖고 싶어했다. 그리고 장자권을 가볍게 여긴 에서는 신성을 모독한 하나의 큰 사례로 일컬어지고 있다. 제사장은 그의 백성들 가운데 핵심적인 인물 일컬어진다. 레위기 21장 4절은 "제사장은 백성의 어른인즉 스스로 더럽혀 욕되게 하지 말지니라"라고 말씀한다. 제사장 직분이 그렇게도 영광스러웠기 때문에 몇몇 악한 왕이 제사장들을 백성의 조롱거리로 만든 것은 제사장들에 대한 악한 멸시로 간주되었다. 제사장의 직분이 그다지도 영광스러워서 웃시야 왕은 그 직분의 영광을 탐내었다. 그리고 그가 그렇게 한 것은 그의 교만의 실례로 언급되고 있다. 역대하 26장 16절은 "저가 강성하여지매 그 마음이 교만하여 악을 행하여 그 하나님 여호와께 범죄하되 곧 여호와의 전에 들어가서 향단에 분향하려 한지라"라고 말씀한다. 제사장 직분은 매우 신성한 직분이어서 모든 다른 직분보다 높은 것이었다. 그러므로 죽은 자를 만지는 일이나 남편으로부터 버려진 여자를 아내로 취하여 자신을 더럽히는 일과 같은 다른 사람들에게는 합법적인 그런 일들이 제사장들에게는 금지되었다. 그 이유는 레위기 21장 6-8절에 제시되어 있다. "그 하나님께 대하여 거룩하고 그 하나님의 이름을 욕되게 하지 말 것이며 그들은 여호와의 화제 곧 그 하나님의 식물을 드리는 자인즉 거룩할 것이라 그들은 기생이나 부정한 여인을 취하지 말 것이며 이혼당한 여인을 취하지 말지니 이는 그가 여호와께 거룩함이니라 너는 그를 거룩하게 하라 그는 네 하나님의 식물을 드림이니라 너는 그를 거룩히 여기라 나 여호와 너희를 거룩하게 하는 자는 거룩함이니라."

예수 그리스도는 신약성경 아래서 죄를 위해 희생 제물을 드리고 구속하시는 유일하시고 합당한 제사장이시다. 그분은 구약의 모든 제사장들에 대하여 전형적인 제사장이셨다. 모든 신자는 그분을 닮아야 하며 그분에게 융해되어야 한다. 제사장 직분은 더 이상 한 가족, 아론과 그의 아들들에게 한정되지 않는다. 모든 참된 이스라엘은 제사장이다. 모든 참된 크리스천은 율법 아래서 제사장들이 행했던 것과 같은 신성한 사역과 직분을 갖는다. 그리고 모든 사람들은 실상 위대한 영광의 자리로 나아간다. 그러나 어떻게 모든 참된 크리스천이 하나님의 제사장이냐 하는 문제는 다음 사실들에서 나타난다.

1. 모든 참된 크리스천은 옛 제사장들이 그랬던 것처럼 하나님께 가까이 나아가도록 허용되며 신성한 것들을 만질 수 있었다. 율법 아래서 하나님은 성막과 성전에 거하셨는데, 그것은 하나님의 임재의 상징이었다. 하나님께서 임재하시는 곳은 거룩했다. 아론의 씨는 여호와 앞에서 섬기기 위해 거룩한 곳에 나아갈 수 있었지만, 만일 다른 사람들이 가까이 하면 죽임을 당했다. 민수기 3장 10절은 "너는 아론과 그 아들들을 세워 제사장 직분을 행하게 하라 외인이 가까이 하면 죽임을 당할 것이니라"라고 말씀한다.

그러나 지금은 모두 하나님께 가까이 나아갈 수 있다. 우리는 모두 자유로이 담대함과 확신을 갖고 하나님께 나아갈 수 있다. 하나님의 백성들은 율법 아래 있던 자들처럼 그러한 거리를 유지하지 않아도 된다. 그래서 교회는 적은 수이지만 종과는 다른 상속자요 자녀다. 종은 아들처럼 자유롭게 나아갈 수 없다. 종은 두려움을 갖고 거리를 지켜야 한다. 율법의 성격에 따르면 그 당시에는 지금처럼 접근을 금지하기보다는 오히려 초대하시는 하나님의 특별한 은혜와 사랑이 없었다.

하나님께서 줄곧 이스라엘 자손들에게 나타나셨을 때는, 두려운 위엄이 현시(顯示)되었고 지금과 같은 은혜가 계시되지 않았다. 하나님께서 시내 산에 불꽃 가운데 나타나셨을 때, 천둥과 번개와 지진이 있었다. 그러나 그리스도의 인격 안에서 나타나셨을 때는 온유함과 부드러움과 사랑으로 나타나셨다! (하나님께 가까이 나아가는 자유와 관련하여) 시내 산에서 이스라엘 자손이 접근하는 자유와 그리스도께서 지상에 계실 때 제자들이 그분께 나아가는 자유 사이에는 차이가 있다. 시내 산에서는 오로지 모세와 아론과 나답과 아비후만이 시내 산에 오르도록 허락되었고, 모세 이외에 그 누구도 하나님께 가까이 갈 수 없었다. 출애굽기 24장 1절은 "또 모세에게 이르시되 너는 아론과 나답과 아비후와 이스라엘 장로 칠십 인과 함께 여호와에게로 올라와 멀리서 경배하고"라고 말씀한다. 그러나 만일 다른 사람들이 산에 오르려고 하면, 하나님께서 그들을 격돌하려 하셨다.

그러나 그리스도의 제자들은 절친한 친구로서 매일 그리스도와 내화를 나누었다. 히브리서 12장 18절은 "너희의 이른 곳은 만질 만한 불붙는 산과 흑운과 흑암과 폭풍과"라고 말씀한다. 그렇다! 크리스천은 모세가 다른 제사장들보다 하나님께 더 가까이 나아가도록 허락된 것처럼 이제 하나님께 가까이 나아가도록 허락되었다. 하나님은 성전에 거하셨지만, 더욱 특별히 지성소 안 스랍 사이에 있는 속죄소에 계셨다. 아무도 지성소와 성전을 분리하는 휘장을 걷고 지성소 안에 들어갈 수 없었고, 대제사장만이 그것도 1년에 한 번 들어갈 수 있었다. 한 번 이외에 들어가는 것은 죽음의 고통을 의미했다. 레위기 16장 2절은 말씀한다. "여호와께서 모세에게 이르시되 네 형 아론에게 이르라 성소의 장 안 법궤 위 속죄소 앞에 무시로 들어오지 말아서 사망을 면하라 내가 구름 가운데서 속죄소 위에 나타남이니라." 지성소에 들어가는 길은 개방되지 않았지만 지금은 개방되어 있다. 히브리서 9장 7-8절은 말씀한다. "오직 둘째 장막은 대제사장이 홀로 일 년 일차씩 들어가되 피 없이는 아니하나니 이 피는 자기와 백성의 허물을 위하여 드리는 것이라 성령이 이로써 보이신 것은 첫 장막이 서 있을 동안에 성소에 들어가는 길이 아직 나타나지 아니한 것이라."

그러나 지금 우리는 율법 아래 있었던 대제사장처럼 더 큰 자유를 가지고 하나님께 가까이 나아가도록 허용되었다. 더 큰 자유라고 말하는 것은 대제사장은 1년에 한 번 들어갔기 때문이다. 그러나 크리스천은 죽음의 위험 없이 그리스도의 보혈을 통하여 언제든지 담대히 나아갈 수 있다. 히브리서 4장 16절은 "그러므로 우리가 긍휼하심을 받고 때를 따라 돕는 은혜를 얻기 위하여 은혜의 보좌 앞에 담대히 나아갈 것이니라"라고 말씀한다. 은혜의 보좌와 속죄소(시은소)는 같은 것이다. "그러므로 형제들아 우리가 예수의 피를 힘입어 성소에 들어갈 담력을 얻었나니 그 길은 우리를 위하여 휘장 가운데로 열어 놓으신 새롭고 산 길이요 휘장은 곧 저의 육체니라 또 하나님의 집 다스리는 큰 제사장이 계시매 우리가 마음에 뿌림을 받아 양심의 악을 깨닫고 몸을 맑은 물로 씻었으니 참마음과 온전한 믿음으로 하나님께 나아가자"(히 10:19-22). 복음 아래서는 모든 크리스천이 언제든지 지성소에 나아가도록 허용되었다. 그 은혜는 그리스도의 죽음의 근거로 성소 휘장이 찢어짐으로 나타났는데, 우리는 그때 흘리신 보혈로 말미암아 하나님께 나아간다. 마태복음 27장 50-51절은 "예수께서 다시 크게 소리 지르시고 영혼이 떠나시다 이에 성소 휘장이 위로부터 아래까지 찢어져 둘이 되고 땅이 진동하고 바위가 터지고"라고 말씀한다.

그러나 특히 다음 세상에서 성도의 접근은 대제사장의 접근보다 더욱 더 가깝고 친밀한 것이 될 것이다. 그들은 지성소에 들어갈 뿐만 아니라 지성소에서 하나님과 함께 거하게 된다. 왜냐하면 천국은 모든 것의 지성소이기 때문이다. 그때 성도들은 하나님의 임재 안에 머물게 될 것이다. 그들은 살아 있는 그 누구도 볼 수 없는 하나님의 얼굴을 보게 될 것이다.

지금은 과거보다 더 큰 접근의 자유가 있지만, 천국에서 가질 접근과 비교하면 여전히 하나님과 거리가 있다. 천국에서는 성도들이 시내 산에서 모세가 하나님의 영광 보기를 원했을 때보다 더 높은 특권을 얻게 될 것이다. 그때 성도들은 얼굴과 얼굴을 맞대어 볼 것이다.

2. 크리스천은 하나님께 드릴 제물과 관련하여 제사장이다. 구약 시대에 제사장이 하는 사역 가운데 주요한 부분은 제물과 향을 태워 드리는 것이었다. 제사장들이 제물을 드렸던 것처럼 크리스천의 사역은 하나님께 영적 제사를 드리는 것이다. 베드로전서 2장 5절은 "너희도 산 돌같이 신령한 집으로 세워지고 예수 그리스도로 말미암아 하나님이 기쁘게 받으실 신령한 제사를 드릴 거룩한 제사장이 될지니라"라고 말씀한다. 이 말씀을 주목하라.

(1) 크리스천은 자신의 마음을 제물 삼아 하나님께 드린다. 그들은 그들 자신을 하나님께 드린다. 로마서 6장 13절은 "또한 너희 지체를 불의의 병기로 죄에게 드리지 말고 오직 너희 자신을 죽은 자 가운데서 다시

산 자같이 하나님께 드리며 너희 지체를 의의 병기로 하나님께 드리라" 하고 말씀한다. 크리스천은 자유로운 선택으로 자유롭게 자신을 하나님께 드린다. 그는 마음으로 자신을 드린다. 그는 하나님의 소유가 되기를 바라며 그 누구에게도 속하기를 원치 않는다. 그는 영혼의 온 힘을 하나님께 드린다. 그는 하나님께 마음을 드리며, 그것은 두 가지 방법으로 하나님께 드리는 제물이 된다.

이 두 가지 중에서 첫 번 것은 마음이 죄로 인해 깨어질 때이다. 제물은 드리기 전에 상처를 입고 죽어야 한다. 진실한 크리스천의 마음은 먼저 큰 악과 악의 위험을 안고 있는 죄를 깨달음으로 상처를 입고 경건한 슬픔과 진실된 회개로 죽임을 당한다. 참된 마음으로 회개할 때 마음은 죄에 대해 죽는다. 회개는 하나님의 말씀에서 죽음에 비유된다. 로마서 6장 6-8절은 "우리가 알거니와 우리 옛사람이 예수와 함께 십자가에 못 박힌 것은 죄의 몸이 멸하여 다시는 우리가 죄에게 종 노릇 하지 아니하려 함이니 이는 죽은 자가 죄에서 벗어나 의롭다 하심을 얻었음이니라 만일 우리가 그리스도와 함께 죽었으면 또한 그와 함께 살 줄을 믿노니"라고 말씀한다. 갈라디아서 2장 20절은 "내가 그리스도와 함께 십자가에 못 박혔나니 그런즉 이제는 내가 산 것이 아니요 오직 내 안에 그리스도께서 사신 것이라 이제 내가 육체 가운데 사는 것은 나를 사랑하사 나를 위하여 자기 몸을 버리신 하나님의 아들을 믿는 믿음 안에서 사는 것이라"라고 말씀한다. 그리스도께서 제물로 드려졌을 때 십자가 위에서 깨뜨려지셨다. 그러므로 그것은 영혼이 회개할 때와 흡사한 것이다. 마음은 깨어져 죽음으로써 하나님께 제물로 드려진다. 시편 51편 17절은 "하나님의 구하시는 제사는 상한 심령이라 하나님이여 상하고 통회하는 마음을 주께서 멸시치 아니하시리이다"라고 말씀한다.

두 번째 길은 크리스천이 그의 마음을 불타는 마음으로 하나님께 드릴 때이다. 구약의 제사는 죽임을 당할 뿐 아니라 제단 위에서 불태워져야 했다. 제물은 불과 연기가 되어 위로 올라 하나님께 향기로운 향이 되었다.

제단 위의 불은 두 가지 형태였다. 그것은 하나님의 진노의 불의 형태였고 또한 하나님의 성령의 불 혹은 신성한 사랑의 불의 형태였다. 성령은 간혹 불에 비유된다. 전자와 관련하여, 그리스도는 홀로 하나님의 진노의 불에 바쳐진 제물이다. 그러나 후자와 관련하여, 하나님의 자녀들의 마음은 신성한 사랑의 불에 바쳐져 그 불 속에서 하나님께 올라간다. 이 신성한 사랑은 구약 제단에 내린 불처럼 하늘로서 내려오는 불이다. 참된 회개로 영혼이 하나님께 이끌릴 때, 하늘에 계신 하나님께로부터 불이 내려와 그 불 속에서 마음은 제물로 바쳐지고 영혼은 성령과 불로 세례를 받는다.

바쳐진 많은 제물 가운데 오로지 내부에 있는 기름은 제단 위에서 불살라졌는데, 그것은 영혼의 제물을 상징했다. 불태워지는 기름을 하나님은 보신다. 그것은 하나님께 제물로 드려져야 하는 것이다. 특히 지금으로부터 더 영광스러운 방식으로 성도들이 제사장이 될 때 그들의 마음은 불타는 사랑으로 하나님께 전적으로 드려져야 한다. 말하자면, 불타는 기름이 불꽃으로 변한 것처럼, 그들은 사랑으로 변형되어야 한다. 그리고 그 불꽃 안에서 그들은 하나님께 올라가야 한다. 그들의 영혼은 하나님을 섬기는 활동에서만 아니라 하나님을 사랑하는 일에 있어서 불꽃인 천사처럼 될 것이다. 그들은 영속적으로 타는 불꽃이 될 깃인 즉, 이스라엘의 제단 위의 불꽃보다 훨씬 더 오래갈 것이며, 바벨론으로 옮겨지기까지 광야에서 하늘로부터 내린 불보다 훨씬 오래 지속될 것이다.

(2) 이 신령한 제사장은 하나님께 찬양의 제사를 드린다. 율법 아래서

그들이 드리는 제물 가운데 많이 드리는 것은 화목 제물이었는데, 그것은 주로 감사와 찬양을 위한 것이었다. 그러나 성도들이 드리는 마음의 영적 제사와 신실한 찬양은 구약 시대에 드린 소나 양이나 염소보다도 하나님이 더 받으실 만한 제물이다. 진실된 크리스천이 드리는 마음에서 우러나는 찬양은 성전 봉헌식 때 솔로몬이 화목제로 드린 수천 마리 황소와 양보다도 하나님을 더 기쁘시게 하는 제물이다.

찬양은 제사로 불린다. 히브리서 13장 15절은 "이러므로 우리가 예수로 말미암아 항상 찬미의 제사를 하나님께 드리자 이는 그 이름을 증거하는 입술의 열매니라"라고 말씀하며, 시편 50편 13-14절은 "내가 수소의 고기를 먹으며 염소의 피를 마시겠느냐 감사로 하나님께 제사를 드리며 지극히 높으신 자에게 네 서원을 갚으며"라고 말씀한다. 23절은 "감사로 제사를 드리는 자가 나를 영화롭게 하나니 그 행위를 옳게 하는 자에게 내가 하나님의 구원을 보이리라"라고 말씀한다. 시편 69편 30-31절은 말씀한다. "내가 노래로 하나님의 이름을 찬송하며 감사함으로 하나님을 광대하시다 하리니 이것이 소 곧 뿔과 굽이 있는 황소를 드림보다 여호와를 더욱 기쁘시게 함이 될 것이라." 그러므로 찬양이 호세아서에서 "입술의 수송아지"라고 불리는 까닭은 제물로 드려지는 수송아지와 같기 때문이다. 호세아 14장 2절은 "너는 말씀을 가지고 여호와께로 돌아와서 아뢰기를 모든 불의를 제하시고 선한 바를 받으소서 우리가 입술로 수송아지를 대신하여 주께 드리리이다"라고 말씀한다. 오직 참된 크리스천만이 그 제물을 드릴 수 있다. 그러나 위선자들은 하나님을 찬양하고 하나님께 감사를 드리는 것 같지만, 그들은 여전히 신실하지 못하고 하나님께서 기뻐하시는 제사를 드리지 못한다. 그들은 영적 제사를 드리지 않는다. 그러므로 그들은 신령한 제사장이 아니다. 천국에서 성도들은 특히 거룩한 제사장이며, 그들이 하는 일은 이 제사를 영원히 하나님께 드릴 것이다. 그들은 밤낮 쉬지 않고 하나님을 찬양하며 열렬히 기쁨에 찬 할렐루야를 부른다. 그들은 새 노래, 결코 끝이 없고 시들지 않는 새 노래를 부른다.

(3) 신령한 제사장이 드리는 다음 제사는 신실한 순종이다. 율법 아래서 제사는 받으신 고난으로 죄에 대해 만족을 이루신 그리스도의 사역을 나타낼 뿐만 아니라 고난에 대한 그리스도의 순종을 나타내었다. 왜냐하면 율법 아래서 제사는 구속(救贖)을 위할 뿐만 아니라 유익(benefits)을 구매하는 것이어서 만족뿐만 아니라 순종에 의한 공로를 상징했다. 시편 40편 6-8절은 말씀한다. "주께서 나의 귀를 통하여 들리시기를 제사와 예물을 기뻐 아니하시며 번제와 속죄제를 요구치 아니하신다 하신지라 그때에 내가 말하기를 내가 왔나이다 나를 가리켜 기록한 것이 두루마리 책에 있나이다 나의 하나님이여 내가 주의 뜻 행하기를 즐기오니 주의 법이 내 심중에 있나이다 하였나이다." 성도가 드리는 순종이 공로는 아니지만, 순종은 하나님을 기쁘시게 하며 하나님께서 받으실 만한 제사다. 순종은 향기로운 향과 같고 제사에 비유되며 제사 드리기 전에 드려지는 것이다. 사무엘상 15장 22절은 "사무엘이 가로되 여호와께서 번제와 다른 제사를 그 목소리 순종하는 것을 좋아하심같이 좋아하시겠나이까 순종이 제사보다 낫고 듣는 것이 수양의 기름보다 나으니"라고 말씀한다. 크리스천은 그들의 삶과 대화에 있어서 하나님께 순종의 제사를 드림으로써 사도가 말한 것처럼 그들의 몸을 살아있는 제물로, 거룩하고 하나님께서 받으실 만한 제물로, 그들이 드리는 합당한 봉사로 드린다(롬 12:1). 성도들은 그들의 몸을 드린다. 즉 그들은 그들의 몸을 거룩한 사용과 목적에 바친다. 그들은 그들의 지체를 거룩에 이르는 의의 도구로 삼는다. 영혼은 외형적으로 육체에 의해 활동한다. 그리고 몸으로 크리스천은 하나님을 섬긴다. 그들은 그들의 눈,

귀, 혀, 손과 발을 하나님께 종으로 드리며, 하나님의 말씀과 하나님의 성령의 명령을 받아 순종하는 도구로 삼는다.

(4) 신령한 제사장으로서 우리가 드릴 다른 제사는 자비, 혹은 다른 이에게 크리스천의 사랑을 선물로 표현하는 것이다. 만일 크리스천의 사랑의 정신이 흘러넘친다면, 비록 찬 냉수 한 그릇이라도 그것은 하나님이 받으실 만한 제사다. 그리고 실상, 경건한 목적을 위해 사용된다면, 그것은 경건을 함양하고 하나님께 드리는 회중 예배를 지지하며, 혹은 선한 영으로부터 오는 것이라면 특별한 사람에게는 큰 유익이 되는 크리스천 제사(Christian sacrifice)다. 히브리서 13장 16절은 "오직 선을 행함과 서로 나눠 주기를 잊지 말라 이 같은 제사는 하나님이 기뻐하시느니라"라고 말씀한다.

그러나 이런 종류의 제사는 원론적으로 두 가지 주제를 포함한다.

첫 번 것은 복음의 사역자들에 대한 관대함이다. 구약 시대 제사장들은 하나님께 바쳐진 제물을 응식으로 삼았다. 그리고 지금 복음 사역자들에 대한 따뜻하고 존경스런 후원은 그리스도께서 자신에게 드리는 제물로 간주하신다. "너희를 영접하는 자는 나를 영접하는 것이요"(마 10:40). 그러므로 바울은 자기에게 보내진 것들에 대해 마음에서 우러나는 말로 그것은 하나님께서 기쁘게 받으실 만한 제물이라고 말한다. 빌립보서 4장 14-18절은 말씀한다. "그러나 너희가 내 괴로움에 함께 참예하였으니 잘하였도다 빌립보 사람들아 너희도 알거니와 복음의 시초에 내가 마게도냐를 떠날 때에 주고받는 내 일에 참예한 교회가 너희 외에 아무도 없었느니라 데살로니가에 있을 때에도 너희가 한두 번 나의 쓸 것을 보내었도다 내가 선물을 구함이 아니요 오직 너희에게 유익하도록 과실이 번성하기를 구함이라 내게 모든 것이 있고 또 풍부한지라 에바브로디도 편에 너희가 준 것을 받으므로 내가 풍족하니 이는 받으실 만한 향기로운 제물이요 하나님을 기쁘시게 한 것이라."

두 번째 제사는 가난한 자들에게 베푸는 것이다. 그리스도는 가난한 자에게 한 것을 자신에게 한 것으로 받으신다. 마태복음 25장 40절은 "임금이 대답하여 가라사대 내가 진실로 너희에게 이르노니 너희가 여기 내 형제 중에 지극히 작은 자 하나에게 한 것이 곧 내게 한 것이니라"라고 말씀한다. 하나님은 가난한 자에게 베푸는 제사를 형식적인 제사 이전에 원하신다. 호세아 6장 6절은 "나는 인애를 원하고 제사를 원치 아니하며 번제보다 하나님을 아는 것을 원하노라"라고 말씀한다.

(5) 신령한 제사장이 하나님께 드릴 다른 제사는 믿음의 기도이다. 성경에서 믿음의 기도는 제사보다도 향에 비유되고 있지만, 그것은 그들이 가지고 있는 제사장직의 증거와 동일한 것이다. 우리는 출애굽기 30장 34절에서 향은 달콤한 과자(confection)였던 것으로 읽는다. "여호와께서 모세에게 이르시되 너는 소합향과 나감향과 풍자향의 향품을 취하고 그 향품을 유향에 섞되 각기 동일한 중수로 하고"라고 말씀한다. 그들이 제사를 드릴 때 향로에서 태운 이것들은 가장 향기로운 냄새를 풍겼다. 그 향은 그리스도께서 이루신 공로의 모형이며 하나님의 백성들이 드리는 기도의 모형이기도 하다. 성전에서 제사장이 향을 태워 드릴 때 백성은 밖에서 기도하는 것이 관습이었다. 누가복음 1장 10절은 "모든 백성은 그 분향하는 시간에 밖에서 기도하더니"라고 말씀한다. 그리고 은혜로운 기도는 시편 141편 2절에서 향에 비유된다. "나의 기도가 주의 앞에 분향함과 같이 되며 나의 손 드는 것이 저녁 제사같이 되게 하소서." 믿음의 기도는 하나님께 향기로운 향과 같은데, 역사하는 믿음을 가진 자들이 그리스도의 공로를 통하여 하나님께 드리는 제사다.

묵 상

  1. 참된 크리스천이 되고자 열렬히 갈망하는 모든 자들을 위한 위대한 동기가 여기에 있다. 하나님의 제사장이 되는 것은 큰 영광이다. 구약 시대에 율법 아래서 제사장이 되는 것은 큰 영광이었다. 어떤 의미에서 왕이 되는 것보다 더 큰 영광이었던 까닭은, 그들은 하나님께 가까이 나아갈 수 있었고 그들이 하는 사역이 하나님과 직접적으로 관계된 것이었기 때문이다. 제사장의 직분은 더욱 거룩하고 신성한 직분이었다. 그러나 신령한 제사장의 직분은 더욱 영광스럽다. 하나님께 더 가까이 나아갈 수 있고 무한한 특권을 가진다. 특히 다음 세상에서 하나님께 더 가까이 나아가 하나님의 얼굴을 볼 것이며 예수 그리스도의 친구로서 그리스도와 대화를 나눌 것이다. 만일 왕이 법적인 제사장직이 지닌 영광을 부러워하였다면, 확실히 당신은 영원한 직분인 신령한 제사장직을 사모할 것이다.

  당신은 이 제사장 직분을 받을 수 있음을 생각하라. 구약 시대에 아론의 후손이 아닌 자들은 이 직분을 얻을 수 없었다. 그들이 아무리 그 직분을 사모하여도 헛된 일이었다. 그러나 당신이 이 신령한 제사장 직분을 사모하는 것은 헛된 일이 아니다. 또한 당신은 그에 대한 부르심을 입고 있음을 생각하라. 당신은 충분한 보증을 갖고 있다. 만일 당신이 그에 대한 부르심을 입고 있지 않다면 이 영광을 추구하는 일은 두려울 정도의 주제넘은 짓이다. 히브리서 5장 4절은 "이 존귀는 아무나 스스로 취하지 못하고 오직 아론과 같이 하나님의 부르심을 입은 자라야 할 것이니라"라고 말씀한다. 그러나 당신은 부르심을 받았기에 만일 그것을 거절하면 그것은 당신에게 그와 같은 영광을 주시는 하나님의 은혜를 모독하고 더럽히는 것이 될 것이다. 그러므로 팥죽 한 그릇에 장자권과 그에 따른 제사장 직분을 팔아치운 에서와 같이 세속적인 사람이 되지 않기 위해 조심하라. 한 근 고기나 이 세상의 썩어질 사소한 것들 때문에 이 신령한 제사장직을 팔아치우지 않도록 조심하고, 썩어 없어질 세속적인 영광보다 더 영광스러운 것을 얻도록 하라.

이 신령한 제사장 가운데 한 사람이 되기 위해, 하나님의 거룩한 기름 부으심, 즉 하나님의 성령께서 당신 위에 그분의 거룩케 하시는 영향력을 부어 주시기를 구하라. 구약 시대의 제사장들은 거룩한 기름 부으심으로 성별되었다. 출애굽기 29장 7절은 "관유를 가져다가 그 머리에 부어 바르고"라고 말씀한다. 출애굽기 30장 30절은 "너는 아론과 그 아들들에게 기름을 발라 그들을 거룩하게 하고 그들로 내게 제사장 직분을 행하게 하고"라고 말씀한다. 만일 당신이 여기서 이 거룩한 지위와 봉사를 위해 구별된다면, 당신은 아론의 머리 위에 기름이 부어짐으로써 상징되었던 하나님의 영의 거룩한 기름 부으심을 받아야 한다.

2. 자신을 크리스천으로 고백하는 모든 자들은 자신들을 더럽히지 않고 이 신성한 직분을 세속화시키지 않기 위해 조심하라. 구약 시대 제사장들은 자신과 이 거룩한 직분을 더럽히거나 세속화하지 않기 위해 매우 엄격한 규례가 있었다. 마찬가지로 거룩하신 하나님은 신약성경에서 "누구든지 하나님의 성전을 더럽히면 하나님이 그 사람을 멸하시리라"라고 위협하신다(고전 3:17). 여기서 크리스천은 하나님의 성전으로 일컬어지며, 베드로전서 2장 5절도 역시 그렇게 말씀한다. "너희도 산 돌같이 신령한 집으로 세워지고 예수 그리스도로 말미암아 하나님이 기쁘시게 받으실 신령한 제사를 드릴 거룩한 제사장이 될지니라." 모든 부도덕한 일들, 혹은 더러운 세속적인 일들, 당신을 부르시고 신성한 지위를 주신 그분의 거룩한 이름을 더럽히는 모든 일들을 피하라.

특히 호색적인 불결을 조심하라. 그러한 일들은 구약 시대 제사장의 거룩한 직분을 더럽히는 것으로 간주되었던바, 만일 제사장의 딸이 매춘행위를 했다면 그 딸을 불태워 죽여야 했다. 선한 엘리가 제재할 수 없을 정도로 홉니와 비느하스가 행한 불결로 말미암아 하나님께서 어떻게 그들을 엄격하게 다루셨는지를 기억하라. 하나님은 그들의 전체 가족에게 재앙을 내리셨다. 하나님은 그들에게서 제사장직을 거두어 가실 뿐만 아니라 언약궤를 이스라엘로부터 취하여 포로로 넘기셨고, 그의 집에 늙어서 죽는 사람이 영원히 없게 하셨다.

모든 죄를 주의하라. 당신의 거룩한 성품을 더럽히는 모든 죄 짓는 두려운 일을 뻔뻔스럽게 하지 말라.

3. 당신의 직분을 잘 감당할 수 있음을 알라. 당신의 마음을 제물 삼아 올려 드리라. 하나님을 늘 가까이 하라. 담대함으로 나아가라. 죄로 인한 깨어진 마음을 올려 드리라. 하나님께 대한 사랑으로 불타오르는 불로 올려 드리라. 하나님께 찬양의 제물을 드리라. 하나님의 탁월하신 영광으로 인해 찬양하며 그분의 사랑과 자비로 인해 찬양하라. 어떤 위대한 일로 하나님을 찬양할지를 생각하라. 예수 그리스도의 구속, 그분이 받으신 수난, 그분의 순종, 그리고 당신으로 하여금 하나님을 닮도록 하는 거룩한 은사를 찬양하라.

전할 채비를 하고, 기꺼이 대화하려고 하며, 선을 행하도록 하라. 당신이 부르심을 받고, 지명된 것, 그리고 하나님이 받으실 만한 기쁜 제사가 된 것은 당신이 행할 직분임을 생각하라. 고통 중에 있는 자들을 불쌍히 여기고, 서로 도울 준비를 하라. 하나님께서 원하시는 것은 자비이지 제사가 아니다.

무엇보다 하나님께 기도의 제사를 많이 드리고 하나님 제단 우편에서 당신이 드리는 제물이 열납되는 것을 보라. 그렇지 않으면 그것들은 하나님께 가중한 것이다. 예수 그리스도를 통하여 당신의 마음을 하나님께 드리라. 그분의 이름으로 찬양과 순종과 자선과 기도의 제사를 그리스도의 공로의 금 향단에서 드리라. 당신이 받을 상은 하늘에서 받을 영광이다. 그러면 당신은 영원 무궁히 하나님께 대해 존귀한 제사장으로 높여질 것이다.

참된 크리스천은 거룩한 나라이다.
여기서 나는 다음 것들을 보여 주려고 한다.
1. 어떻게 그들이 구별된 나라인지.
2. 어떻게 그들이 거룩한지.
3. 크리스천은 구별된 나라이다.

1. 성도는 모두 동일한 나라에서 출생한 자들이다. 천국은 교회의 본국이다. 그들은 위에서 출생했다. 그들을 낳으신 아버지는 천국에 계신다. 그들의 마음을 다스리는 원리를 천국에서 이끌어 오는 까닭은 이 원리의 열매를 직접 맺게 하시는 성령께서 하늘로부터 오시기 때문이다. 열매를 맺게 하시는 씨인 하나님의 말씀은 하늘로부터 온다. 말하자면 성경은 하늘로부터 온 말씀이다. 이 세상에 있는 성도들은 그들의 본국에 있는 것이 아니라 땅 위의 순례자요 객이다. 그들은 하늘나라 거민들에게 속한 자들이며, 그 사회에 속한 자들이다. 히브리서 12장 22-23절은 "그러나 너희가 이른 곳은 시온 산과 살아 계신 하나님의 도성인 하늘의 예루살렘과 천만 천사와 하늘에 기록한 장자들의 총회와 교회와 만민의 심판자이신 하나님과 및 온전케 된 의인들의 영들과"라고 말씀한다.

하늘이 이 세상보다 그들의 본성과 더 어울리는 나라인 까닭은 하늘이 그들의 본토 기후이기 때문이다. 그들이 하늘에 있었을 때 그들은 본토 공기를 들이마셨다. 하늘은 교회의 본국이라서 성도들이 거할 곳이며 정착할 곳이다. 하늘로부터 현재 지상에 있는 것들은 끌어온 것이며, 그것들은 다시 그곳으로 되돌아갈 것이다. 그것들이 본국에서 떨어져 잠시 이 땅에 머물겠지만, 성도들은 그것들과 함께 그곳으로 다시 되돌아갈 것이다.

2. 모든 크리스천은 같은 말을 한다. 그들 모두는 동일한 근본적인 교리를 고백한다. 그들은 한때 성도들에게 전달된 건전한 교리 형태에 고착한다. 디모데후서 1장 13절은 "너는 그리스도 예수 안에 있는 믿음과 사랑으로써 내게 들은 바 바른 말을 본받아 지키고"라고 말씀한다. 그들 모두는 기도와 찬양으로써 하나님께 같은 언어를 사용한다. 그들은 죄를 고백함에 있어서 동일한 겸손과 회개를 표현하며 하나님의 영광과 위대하심에 대해 동일한 경배와 찬양을 드리며, 동일한 겸손한 복종과 인종(忍從)을 드리며, 동일한 감사를 드린다. 같은 방식으로 그들은 하나님을 찬양하며, 동일한 믿음과 하나님의 자비에 대하여 겸손한 의존을 표현하며, 하나님을 향한 동일한 사랑과 갈망을 표현한다. 모든 시대의 성도들은 다윗과 구약 시대의 모든 성도들과 같이 동일한 언어를 말한다. 하나님의 영은 성도들에게 기도에 있어서 동일한 언어를 가르치신다. 그들이 드리는 기도는 동일한 성령의 호흡이다.

실상, 이 세상에 있는 동안 성도는 하늘의 언어를 배우지만 불완전하게 말하며, 옛 성도들처럼 많은 일에 있어서 더듬거리며 말한다. 성도들의 혀는 회심할 때 새로워진다. 그러므로 이방인의 회심은 새 언어를 갖는 것으로 상징화된다. 스바냐 3장 9절은 "그때에 내가 열방의 입술을 깨끗하게 하여 그들로 다 나 여호와의 이름을 부르며 일심으로 섬기게 하리니"라고 말씀한다. 그리고 이런 의미로 이사야 19장 18절을 이해할 수 있다. "그날에 애굽 땅에 가나안 방언을 말하며 만군의 여호와를 가리켜 맹세하는 다섯 성읍이 있을 것이며 그 중 하나를 장망성(the city of destruction)이라 칭하리라." 성도들이 부를 새 노래에 대해서는, 그 어느 누구도 배울 수 없고 이 땅 위에서 구속받은 자들만이 부를 것이며, 이 거룩한 나라 백성 외에는 그 누구도 그 언어를 배울 수 없다.

3. 그들은 동일한 정부 아래 있다. 크리스천은 한 사회, 한 몸의 정치 공동체(one body politic)이다. 그러므로 교회가 여기서 한 국가로 제시되듯이 간혹 도시로도 일컬어진다. 그들은 동일하신 왕 예수 그리스도께 복종한다. 그리스도는 교회의 머리시다. 그분은 이 몸 정치 공동체의 머리시다. 실상 모든 사람들은 이 왕의 권능과 섭리에 복속되어 있다. 그러나 그분의 은혜의 왕국에 있는 자들, 그들 위에 있는 그분의 의의 주권 아래 있는 자들은 기꺼이 복종하며, 그분의 뜻에 굴복하며, 그분의 명령에 순종한다. 시편 110편 3절은 "주의 권능의 날에 주의 백성이 거룩한 옷을 입고 즐거이 헌신하니 새벽이슬 같은 주의 청년들이 주께 나아오는도다"라고 말씀한다.

그들은 모두가 동일한 법 아래서 다스림을 받으며 동일한 법칙을 따른다. 성도들이 준수하는 하나님의 계명은 모든 세상 위에 동일하다. 통치도 동일한 방식이다. 외부로 보이는 동일한 수단들, 동일한 직분들, 동일한 복음과 복음 사역자들, 같은 방식으로 교회의 머리 되신 그리스도에 의해 지명 받고 보냄 받으며, 모든 성도들을 위해 지명하신 동일한 질서와 훈련이 있다.

그리고 내면적이며 특별한 동일한 통치의 수단이 있다. 그리스도는 자기 백성을 특별한 방식으로 다스리신다. 그분은 직접적으로 성도들의 의지와 성향에 영향을 미치시며, 능력 있게 그들을 하나님의 계명과 법도에 순응하게 하신다. 그들은 동일한 공적 이익과 관심으로 연합된 사회이다. 그 사회는 그들이 계승한 동일한 계약과 약속에 의해 된 것이며, 동일한 법도에 의한 잠정적인 권리를 가진 동일한 나라 사람으로서 그들의 칭호를 즐기며 동일한 국내법에 의한 권리를 가진 시민이다. 이 사회의 번영은 특별한 부분의 이익의 우선권을 지향한다. 크리스천은 특별한 민족이나 왕국의 번영에 대해 갖는 것과 같은 교회의 번영과 경건의 진보에 관심을 가져야 할 동일한 이유를 가진다. 교회가 번영하는 환경에 있을 때, 특별한 성도들의 영혼은 번영되는 것 같다. 그리고 교회가 낮고 쇠약한 상태에 있을 때 일반적으로 특별한 영혼들도 낮아지고 쇠약해진다. 불법이 창궐할 때 수많은 사람들의 사랑은 차갑게 식어진다. 민족이 번성하는 것이 사람들의 관심인 것처럼, 모든 크리스천의 관심 역시 교회가 번성하는 것이다.

크리스천은 또한 그들에게 상처를 입히고 전복시키려는 공통의 적을 가진다. 한 성도에게 원수인 그는 모든 성도에게 원수다. 성도들은 동일한 어둠의 권세를 대적하도록 함께 부르심을 입었다. 지금 지상에 있는 교회는 구원의 우두머리로서 공통의 적을 쳐부수는 예수 그리스도의 지휘 아래 진군하는 군대와 같다.

이쯤에서 내가 지금까지 한 말을 근거하여 몇 가지 더 진보된 묵상을 하도록 하겠다.

이 나라에 가담하도록 당신 자신을 권고하라. 이전에 다른 나라에 속한 자들은—이스라엘의 하나님을 고백하도록 인도되었고 참된 경건을 갖고 할례를 받았다면—이스라엘 나라 사람으로 수용되었고 아브라함과 야곱의 후예로 여김 받았다. 그러므로 지금은 누구든지 이 나라에 가담할 수 있는 자유가 있고, 동일한 권리와 특권을 받아 가질 수 있고, 모든 면에서 동일한 백성으로 취급받을 수 있다. 그리고 특히 복음을 받은 자들은 오라는 초청을 받는다. 그 누구든 와서 이 백성에 가담할 수 있고 환영받는다. 이 백성을 다른 백성과 분리하는 장벽은 없다. 새 예루살렘의 문은 오고자 하는 마음을 가진 자 모두를 받아들이도록 활짝 열려 있다. 그리고 여기서 생각할 점이 있다.

첫째, 이 백성처럼 행복한 통치 아래 있는 백성은 없다. 주 예수 그리스도는 그들의 왕이시며, 그분은 매우 영광스런 왕이시다. 그분은 영원하시며 무한하신 하나님의 아들이시다. 그분은 가장 현명한 왕이시다. 그분은 어떻게 다스릴지를 아신다. 그분은 자기 백성의 이익을 어떻게 증진시킬지를 완전하게 아신다. 그분은 가장 자비로우시고 은혜로우신 왕이시며, 자기 백성을 사랑하시는 분이시며, 그들의 이익을 가장 열렬히 그리고 성실하게 추구하신다. 그분의 백성은 그분 자신의 보혈로 구속되며, 그분은 그들의 번영을 확실히 추구하신다. 그리고 그분은 자기 백성을 그들의 원수들로부터 보호하실 수 있는 가장 권능 있는 왕이시다.

이 나라는 가장 현명하고 의로운 법의 다스림을 받는다. 신명기 4장 8절에서 옛 이스라엘에 대해 말씀한다. "오늘 내가 너희에게 선포하는 이 율법과 같이 그 규례와 법도가 공의로운 큰 나라가 어디 있느냐." 하나님의 법은 복음의 법도와 개념에 의해 훨씬 더 분명하고 사랑스런 빛으로 우리에게 다가온다. 그분의 은혜의 왕국에서 다스리시는 그리스도의 통치 방법은 가장 탁월하며, 다른 모든 왕들과는 다르다. 왜냐하면 그분은 성령의 권능 있는 영향력으로 다스리시기 때문이며, 그럼으로써 그분은 사랑스럽고 부드럽게 그분의 백성들이 의시적으로 그리고 선택적으로 그분에게 굴복하게 하신다.

이 나라의 백성은 자유로운 백성이다. 그들을 다스리시는 행복한 통치는 자유와 가장 일치한다. 그 통치는 통치 아래 있는 자들의 자유를 조금도 침해하지 않는다. 그 까닭은 하나님의 왕국에는 노예 같은 것이

전혀 없기 때문이다. 이 나라의 법은 자유의 법이다. 죄인은 노예다. 그들은 자신들의 육욕의 종이며, 사탄의 종이며, 주인의 잔인성의 노예다. 그러나 하나님의 아들이 자유케 한 자들은 참으로 자유하다. 하늘 왕에게 복종하는 자들 모두는 그분의 통치 아래 자유하며, 그들은 아버지 집 안에서 한 사람의 자녀다. 하나님의 통치는 부성적(父性的) 통치다. 하늘의 왕은 모든 복종하는 자들을 자녀로 대하신다.

　이 나라는 아주 행복한 통치 아래 있다. 그러므로 당신 자신을 권고하여 이 나라에 가담하라. 시편 144편 15절은 "이러한 백성은 복이 있나니 여호와를 자기 하나님으로 삼는 백성은 복이 있도다"라고 말씀하며, 시편 33편 12절은 "여호와로 자기 하나님을 삼은 나라 곧 하나님의 기업으로 빼신 바 된 백성은 복이 있도다"라고 말씀한다.

　둘째, 이 거룩한 백성이 즐기는 것과 같은 사랑과 평화 안에 거하는 백성은 없다. 백성의 행복은 평화에 크게 달려 있다. 시민전쟁이 발발하거나 내부의 싸움에 의한 혼란만큼 한 국민이 처한 불행은 없다. 모든 백성이 하나로 연합되어 한 마음으로 서로간의 선과 공동체의 선을 추구할 때처럼 국민의 행복은 어디에도 있지 않다.

　그러나 그 어느 국민도 이 거룩한 나라처럼 많은 행복을 즐기지 못한다. 이 백성의 왕이신 주 예수 그리스도는 평화의 왕이시다. 그분의 왕국은 평화의 왕국이다. 이 사회에 속한 모든 사람 각자는 그의 마음에 평화와 사랑의 원리를 갖고 있다. 사랑은 이 사회에 속한 사람들을 서로 결속시키는 완전한 접착제다. 그들 모두는 다른 이의 선을 추구하고 증진한다.

　셋째, 이 나라는 거기에 정착할 거민을 위한 영광스러운 땅을 갖고 있다. 하늘의 가나안이 그들의 땅이다. 그 땅은 하나님께서 구하신 땅이자 모든 땅보다 축복하신 땅이다. 거기만큼 더 비옥하고 놀라운 열매,

기쁨으로 가득 찬 열매를 생산하는 땅은 없다. 거기는 생명나무가 무성히 자란다. 거기에는 생수의 강이 흐른다. 거기는 저주가 없고, 서로 해하는 일이 없다. 이는 기쁨이 충만한 정원이며 하나님의 낙원이다. 그러므로 이 백성이 누릴 축복에 대해 듣고 생각하라. 그들 가운데 한 사람이 되는 것이 낫지 않은가? 나는 모세가 그의 장인에게 그 백성과 동행하기를 권했듯이 그리스도의 이름으로 당신을 초대하고 싶다. 민수기 10장 29절은 "모세가 그 장인 미디안 사람 르우엘의 아들 호밥에게 이르되 여호와께서 주마 하신 땅으로 우리가 진행하나니 우리와 동행하자 그리하면 선대하리라 여호와께서 이스라엘에게 복을 내리리라 하셨느니라"라고 말씀한다.

크리스천은 한 나라로서 거룩하다. 그들의 거룩은 상대적이었고, 또한 고유한 거룩이었다.

첫째, 크리스천은 신성하고 거룩한 사용을 위해 하나님께서 구별하실 때, 상대적인 거룩으로 말미암은 거룩한 나라다. 그러므로 성경에서 물건들은 "거룩하다"고 일컬어진다. 성막과 성전 안에 있는 기구들은 이런 의미에서 거룩했다. 제사장들의 옷이 거룩하다고 일컬어졌고 구약에서 하나님께서 정해 주신 예배 장소도 거룩하게 일컬어졌다. 그 까닭은 거룩한 사용과 봉사를 위해 하나님께서 구별하셨기 때문이다.

그러므로 구별된 물건들은 성결케 된 것으로 일컬어졌다. 그러므로 예레미야는 어머니의 자궁 안에서 조성되기 이전에 성화되었다고 말한다. 예레미야 1장 5절은 "내가 너를 복중에 짓기 전에 너를 알았고 네가 태에서 나오기 전에 너를 구별하였고 너를 열방의 선지자로 세웠노라"라고 말씀한다. 하나님께서는 거룩한 사용과 봉사를 위해 예레미야를 성별하셨고(즉 하나님께서 그를 구별하셨다) 열방의 선지자로 세우셨다. 바울은 그 자신에 대해 갈라디아서 1장 15절에서 "그러나 내 어머니의 태로부터 나를 택정하시고 은혜로 나를 부르신 이"라고 말한다. 그래서 구약의 이스라엘 백성은 거룩한 나라로 불린 것 같다. 신명기 7장 6절은 "너는 여호와 네 하나님의 성민이라 네 하나님 여호와께서 지상 만민 중에서 너를 자기 기업의 백성으로 택하셨나니"라고 말씀한다. 그들은 본래 거룩에 의해 거룩한 백성이었던 것이 아니라—왜냐하면 하나님께서 간혹 그들을 목이 곧은 백성이라고 말씀하신다—하나님께서 그들을 다른 백성들로부터 불러내시고 거룩한 신탁을 지키는 자로, 그리고 거룩한 목적을 위해 구별하셨기 때문이다.

그래서 성도는 신성한 사용을 위해 구별하신 나라다. 하나님은 그들로 하여금 하나님 자신을 섬기고 영광을 돌리게 하기 위해, 그분의 찬송이 되게 하기 위해, 하나님의 영광의 나타남을 보게 하기 위해, 주인의 사용에 합당한 그릇으로 삼기 위해, 그리고 세세토록 하나님의 이름에 영광을 돌리게 하기 위해 구별하셨다.

둘째, 그들은 본래적인 거룩으로 거룩하다. 마음의 성결과 생활의 성결에 의해서다.

4. 참된 크리스천은 하나님의 특별한 백성이다.

(1) 참된 크리스천은 하나님께서 그들 위에 두신 가치와 관련하여 하나님의 특별한 백성이다. 하나님은 한 크리스천을 이 세상에서 모든 사악한 자들보다 더 가치 있게 여기신다. 하나님은 그의 성도들에게 높은 가치를 부여하신다. 그들은 하나님의 보물이다. 그들에게 부여하시는 하나님의 높은 가치는 소유하고 있는 어떤 것에 그들이 보이는 큰 관심과 관련하여 여러 방면에서 나타난다. 하나님은 그들을 자신의 눈의 눈동자처럼 간수하신다. 하나님은 성도들 가운데 결코 한 사람도 잃지 않으실 것이다. 모든 성도 가운데 한 사람도 실패하지 않을 것이다. 하나님은 그 누구에게도 해를 입히시지 않을 것이다. 그의 전능하심은 그들

을 보호하시는 데 철저하게 사용될 것이다.

생명, 행복 그리고 성도들의 번영은 하나님 보시기에 귀하다. 하나님은 경건한 자들로 하여금 자신을 복종하며 섬기게 하시고, 경건한 자들로 자신에게 복종하게 만드시고, 사악한 자들이 경건한 자들의 번영의 길에 서 있을 때 그들을 파괴하심으로써 사악한 자들보다 경건한 자들 위에 부여하시는 더 높은 가치를 보여 주신다. 잠언 21장 18절은 "악인은 의인의 대속이 되고 궤사한 자는 정직한 자의 대신이 되리라"라고 말씀한다.

사악한 자들의 생명과 번영이 의인들의 번영의 길에 방해될 때가 언제든, 비록 수많은 사람들의 생명과 번영을 희생하고서라도 하나님은 자기 백성의 번영을 지속적으로 확보해 주신다. 잠언 11장 8절은 "의인은 환난에서 구원을 얻고 악인은 와서 그를 대신하느니라"라고 말씀한다. 그러므로 하나님은 족장들을 얼마나 귀중하게 여기셨는지를 선언하셨다. 비록 적은 수였지만 왕들은 족장들을 위하여 책망을 받았다. 시편 105편 12-15절은 말씀한다. "때에 저희 인수가 적어 영성하며 그 땅에 객이 되어 이 족속에게서 저 족속에게로, 이 나라에서 다른 민족에게로 유리하였도다 사람이 그들을 해하기를 용납지 아니하시고 그들의 연고로 열왕을 꾸짖어 이르시기를 나의 기름 부은 자를 만지지 말며 나의 선지자를 상하지 말라 하셨도다." 그러므로 하나님은 그들을 위해 열방을 주셨다는 점에서 이스라엘 자손을 얼마나 가치 있게 여기셨는지를 보여 주셨다. 이사야 43장 3-4절은 "대저 나는 여호와 네 하나님이요 이스라엘의 거룩한 자요 네 구원자임이라 내가 애굽을 너의 속량물로, 구스와 스바를 너의 대신으로 주었노라 내가 너를 보배롭고 존귀하게 여기고 나를 사랑하였은즉 내가 사람들을 주어 너를 바꾸며 백성들로 네 생명을 대신하리니"라고 말씀한다.

애굽인들이 교회의 번영의 길을 방해할 때, 하나님은 그들 위에 차례로 재앙을 보내어 그들을 고통스럽게 하셨다. 그들의 생명이 위협받고 있을 때, 하나님은 애굽의 모든 초태생을 파멸하셨다. 바로와 그의 신하들이 교회를 파괴하고자 했을 때, 하나님은 그들을 홍해 바다에 몰아넣으셨다. 그리고 가나안 백성이 교회의 길에 서 있을 때, 하나님은 하늘로부터 우박을 그들 위에 퍼부으셔서 그들을 기적적으로 파멸하셨다. 하나님은 그의 성도 가운데 한 사람을 잃는 것보다 땅 위의 모든 사악한 자들을 단숨에 파멸하실 것이다. 이 세상에는 수많은 위대한 사람들이 있다. 왕과 왕자들, 권력과 정책을 가진 자들, 고귀한 혈통과 영예로운 후손을 가진 자들, 엄청난 부를 가진 자들, 광범위한 배움과 학식을 가진 자들, 입신양명한 사악한 자들과 무뢰한들이 있다. 그리고 그 모든 사람들은 하나님 보시기에 비록 출생과 신분이 낮고 가난하고 학식이 없고 무명한 자일지라도 한 사람 참된 크리스천을 보시는 것과 같이 그렇게 가치 있는 자들이 아니다.

하나님은 몇 가지 뚜렷한 섭리에 의해 성도들을 지극히 높은 가치 있는 자로 평가하심을 보여 주셨다. 하나님은 성도들을 위해 간혹 자연의 과정을 바꾸며 개입하기도 하셨다. 하나님 자신을 제외한 그 무엇도, 자연의 과정이나 법칙조차도 영속적이거나 불가변적이지는 않았다. 그러나 하나님은 그의 성도들을 지극히 귀하게 여기셔서 그들의 번영을 돌보시지 않기보다는 태양이 그 궤도에서 멈추는 것이 더 쉬웠다.

그러나 무엇보다도 하나님은 그들을 위해 지불하신 큰 대가, 곧 그 자신의 아들의 피를 성도들에게 부어 주심으로써 성도들을 얼마나 귀하게 여기시는지를 보여 주셨다. 하나님은 모든 성도들에게 아주 높은 가치를 부여하셔서 자신의 사랑하시는 아들의 피와 함께 자신을 내어 주셨다. 그 어떤 금과 은의 값어치라도 그리스도의 보혈의 값어치와 비교할 수 없다.

(2) 성도들은 하나님께서 그들 위에 부어 주시는 자비와 관련하여 그분의 특별한 백성이다. 하나님은 경건한 자들 위에 많은 자비를 부어 주신다. 하나님은 악인과 선인에게, 의로운 자와 불의한 자들에게도 친절하시다. 하나님은 악인들의 생명을 보전해 주심에 있어서, 그들이 살아가는 데 필요한 것들을 공급해 주심에 있어서, 그리고 그들에게 많은 위안을 베푸심에 있어서 선하시다. 악인들은 하나님께로부터 엄청난 분량의 선을 받기에 매일 찬양하고 감사해야 할 이유를 갖지만, 고통과 위험에서 건져내시는 하나님의 선하심의 특별한 영향에 종속되지 않은 자들은 그에 대해 거의 생각지 않는다. 하나님은 일시적인 것들을 그들 위에 쌓아 두신다. 하나님은 그들에게 부, 편리, 영예, 그리고 엄청난 번영을 주신다. 하나님은 그들에게 세상을 나누어 주시지만, 그들은 하나님께서 부어 주시는 풍성한 은혜에도 불구하고 감사치도 않고 의를 배우려고도 하지 않는다. 이사야 26장 10절은 "악인은 은총을 입을지라도 의를 배우지 아니하며 정직한 땅에서 불의를 행하고 여호와의 위엄을 돌아보지 아니하는도다"라고 말씀한다. 그러므로 사무엘은 하나님께서 베푸신 위대한 호의를 깨닫지 못하고 감사치도 않는 사울을 책망했다. 사울은 사무엘상 15장 17절은 "사무엘이 가로되 왕이 스스로 작게 여길 그때에 이스라엘 지파의 머리가 되지 아니하셨나이까 여호와께서 왕에게 기름을 부어 이스라엘 왕을 삼으시고"라고 말씀한다. 그러므로 왕좌와 높은 지위에 오른 수많은 악인들이 있다.

그러나 하나님은 이 세상에서 불경건한 자들보다 경건한 자들 위에 더 큰 선을 부어 주신다. 하나님의 섭리로 악인들 위에 쌓인 보전, 구원, 부, 모든 위로, 그리고 그러한 것들은 하나님께서 경건한 자들 위에 부어 주시는 것들과 비교하면 지극히 사소한 것밖에 되지 않는다. 그러나 그것들은 하나님께서 의인에게 부여하시는 특별한 축복이다. 그것들은 먼지와 찌끼 같은 이 세상 모든 보화와 비교할 때 하나님께서 그의 사랑하시는 자들을 위해 예비하신 특별한 것들이다. 성도들에 관한 한, 그리스도는 그들을 위해 죽으셨다. 그들의 모든 죄는 사함 받았다. 그들은 영원한 불행인 지옥불에서 건짐 받았다. 그들은 그들 위에 부여된 영생 얻는 자라는 칭호를 얻었다. 그들은 자신들 위에 부여된 하나님 자신의 형상을 갖고 있다. 은총을 얻은 그들은 하나님의 영원하신 사랑을 즐거워하게 될 것이다.

(3) 성도들에 대해 가지신 관심과 관련하여 그들은 하나님의 특별한 백성이다. 하나님은 경건한 자들에게 특별한 관심을 가지신다. 그들은 하나님의 특별한 소유다. 그들은 하나님에 의해 구속을 받아 자신을 하나님께 드렸기 때문에 하나님의 소유다. 하나님은 경건한 자들의 마음에 관심을 가지신다. 그들은 하나님에 대한 참된 사랑과 존경심을 갖고 있다. 그들은 하나님께 참된 영광을 돌린다. 하나님은 그 무엇보다 경건한 자들의 마음에 관심을 가지시는데, 그들은 지상의 가장 절친한 친구보다 하나님을 더 절친한 친구로 삼으며, 세상에서 즐거움을 주는 그 어떤 것보다 하나님을 더 즐거워하는 자들이다. 성도들은 세상 모든 것 이전에 하나님을 선택한다. 그들은 그들의 마음의 왕좌에 하나님을 모신다. 그들은 하나님만을 그들의 위대하고 높으신 분으로 칭송하고 높여 드리는 영을 갖고서 하나님을 가장 위대하신 분으로 사랑하며, 가장 은혜로우시고 자비로우신 하나님을 찬양한다.

하나님은 자연인들의 마음에는 관심을 갖지 않으신다. 그들 가운데 많은 사람들이 외면적으로 하나님에 대한 존경심을 보여 주는 것 같다. 바리새인들은 하나님께 특별히 헌신하고 하나님을 사랑하는 것 같았다. 그리고 그 당시 수많은 위선자들이 하나님의 백성인 양 하나님 앞에 나아왔다. 그들은 마치 하나님께 가까이 나아오는 것을 즐거워하는 것처럼 보였고, 높은 차원의 경건을 소유한 자들처럼 보였다. 그러나 실로 하나님은 그들의 마음에 관심을 갖지 않으셨다. 그들은 그들의 입술의 말을 하나님께 드렸지만, 그들의 마음은 하나님께로부터 멀리 떨어져 있었다. 다른 것들에 대한 존경은 있었을지 몰라도 하나님을 향해서는 없었다. 그들은 하나님을 조금도 사랑하지 않았다.

그러나 하나님은 참된 크리스천의 마음에는 관심을 갖고 계신다. 되어야 할 만큼의 분량에 비교하여 지극히 적고 볼품없어도, 그들은 그 무엇보다도 하나님을 선택하는 영을 갖고 있다. 하나님은 그들에게 관심을 갖고 계시며, 그들은 그들의 몸을 하나님께 산 제물로 바친다. 그들은 그들의 몸과 영으로 하나님을 섬기며 적극적으로 영광을 돌린다. 하나님은 악한 자들 가운데서도 영광을 받으시는데, 그 까닭은 그들 역시 하나님의 영광을 드러내는 경우가 있기 때문이며, 혹은 하나님은 그들 안에서 자신을 영화롭게 하신다. 그러나 크리스천은 하나님을 섬기고 영광을 돌리는 데 그들 자신을 헌신한다. 비록 이 세상에 있는 부족하고 흠 있는 크리스천에게 작은 관심을 가지실지라도, 하나님은 이 세상에 살고 있는 모든 불경건한 위선자들보다 한 사람의 경건한 자에게 큰 관심을 갖고 계신다.

(4) 성도들은 하나님께서 그들에 대해 가지신 만족과 관련하여 하나님의 특별한 백성이다. 하나님은 그의 성도들을 기뻐하신다. 시편 11편 7절은 "여호와는 의로우사 의로운 일을 좋아하시나니 정직한 자는 그 얼굴을 뵈오리로다"라고 말씀한다. 하나님은 회개하는 자를 기뻐하신다. 하나님은 그들에게 부여하신 마음의 아름다움과 향기를 기뻐하신다. 하나님은 경건한 사람의 마음의 은혜를 기뻐하시고, 크리스천이 하는 선한 행실과 경건을 기뻐하신다. 시편 37편 23절은 "여호와께서 사

람의 걸음을 정하시고 그 길을 기뻐하시나니"라고 말씀한다. 하나님은 경건한 자들의 기도를 기뻐하신다. 잠언 15장 8절은 "악인의 제사는 여호와께서 미워하셔도 정직한 자의 기도는 그가 기뻐하시니라"라고 말씀한다. 하나님은 세상의 모든 미덕과 이 세상 모든 자연인의 경건보다 한 사람 참된 성도의 신실하고 겸손한 헌신을 더욱 기뻐하신다. 만일 부유한 악인이 만 마리의 제물을 하나님께 드려야 하고, 혹은 경건한 사용을 위해 그들이 소유하고 있는 엄청난 재물을 드려야 한다고 해도, 그들이 가진 모든 재물로 가난한 자들을 먹여야 한다 해도, 참된 성도가 참된 자비의 영을 갖고서 냉수 한 그릇을 대접하는 것만큼 하나님을 기쁘시게 하지 못한다. 불경건한 왕들은 경건을 위해 많은 일을 할 수 있다. 그들은 하나님을 예배하기 위해 국가 교회를 세울 수 있다. 그들은 권력과 영향력을 행사함으로써 그들이 지배하는 영역에서 종교를 격려할 수 있다. 이방의 왕 고레스는 하나님의 백성을 포로에서 해방하여 유대인의 지위로 복귀시켰다. 그러나 하나님은 온 세상의 불경건한 세상 왕들이 하는 일보다 한 사람 가난한 크리스천의 진정한 예배와 사랑을 더욱 기뻐하신다.

그러므로 참된 크리스천은 하나님께서 그들을 사용하시기 위해 특별한 방식으로 하나님께 헌신되는 삶을 추구하는 삶을 희망으로 고백하는 일이 더욱 바람직하다. 그들과 세상의 불경건한 자들의 삶의 방식에는 큰 차이가 있다. 경건한 자들은 일반적인 실례로 말미암아 자리를 뜨지 않는다. 만일 어떤 악한 행위가 관습이 된다면, 자신들을 경건한 자로 고백하는 자들은 비록 무시를 당한다 해도 보편적인 관습과 실례의 흐름을 저지해야 한다.

사람들은 빈번히 자신들의 의무를 태만히 하고 악을 자행하는 일에 대해 "이렇게 하지 않는 사람이 누가 있어? 이렇게 하지 않고서는 다른 방도가 없었어."라고 말하면서 변명을 늘어놓는다. 그러나 만일 악한 일이 보편화된다면, 하나님은 그들의 길이 유일하고 특별하기를 기대하실 것이다. 왜냐하면 크리스천은 특별한 백성이기 때문이다. 성도들과 일반적인 세상 사람들 사이에는 엄청난 차이가 있다. 만일 그들의 이웃, 관계, 그리고 동료가 악한 일에 탐닉한다면, 그들은 특별해지며 고립된다.

　성도들은 그들의 의무와 크리스천 경건을 행함에 있어서 세상 사람들보다 한 걸음 더 멀리 나아가야 하는 기대를 받는다. 예를 들어, 이웃에 의해 모욕을 당하고 해를 입을 때 사람들은 복수하려는 마음으로 그들의 이웃을 대적하는 악한 의지의 영을 갖고 술을 퍼마시는 것이 보편적인 일 같은 것이다. 그러나 크리스천은 특별해야 한다. 그들은 그들을 해하는 자들을 용서해야 하며 그들에게 복수하려는 그 어떤 악한 의지의 영을 가져서는 안 된다.

　자기가 받은 해를 보상하기 위해 어떤 방식으로든 복수하려 하고 말로나 행동으로써 해를 가한 상대방을 대적하는 것이 세상 사람들에게는 보편적인 일이다. 그러나 자신을 경건한 자로 치부하는 자들은 어떤 복수를 택해서는 안 된다. 마태복음 5장 38-39절은 "또 눈은 눈으로, 이는 이로 갚으라 하였다는 것을 너희가 들었으나 나는 너희에게 이르노니 악한 자를 대적지 말라 누구든지 네 오른편 뺨을 치거든 왼편도 돌려대며"라고 말씀한다. 보편적인 사람들은 자기들의 친구를 사랑하고 적들을 미워한다. 그렇지 않기란 실로 힘든 일이다. 사람들은 그들의 원수를 미워하지 않는 척하지만 실제 그들의 마음으로는 미워한다. 그러나 크리스천은 이 문제에 있어서 특별해야 한다. 그들이 취하는 방식이 세상과 달라야 하는 까닭은, 그들은 특별한 백성이기에 마음으로 원수들을 사랑하고 그들을 미워하는 자들을 위해 선한 일을 해야 한다. 세상 사람들이 보기에 그렇게 하는 것이 지극히 드문 일일지라도, 그 일은 하나님의 특별한 백성에게 합당한 일이다. 마태복음 5장 43-45절은 말씀한다. "또 네 이웃을 사랑하고 네 원수를 미워하라 하였다는 것을 너희가 들었으나 나는 너희에게 이르노니 너희 원수를 사랑하며 너희를 핍박하는 자를 위하여 기도하라 이같이 한즉 하늘에 계신 너희 아버지의 아들이 되리니 이는 하나님이 그 해를 악인과 선인에게 비취게 하시며 비를 의로운 자와 불의한 자에게 내리우심이니라."

사람들이 자기 자신을 부인하기란 매우 힘든 일이다. 실로 많은 사람들이 맡은 어떤 의무를 위하여 자신들을 부인하겠지만, 만일 그들의 이익에 어긋나면 맡은 의무를 끝까지 감당하는 자는 극소수다. 그러나 당신은 하나님과 그리스도를 위해 당신 자신을 부인하며 이 문제에 있어서 특별해지기를 기대한다.

일반적인 사람들은 자기 이익의 지배를 받는다. 그들은 다른 어떤 것들보다 자기 자신의 이익을 염두에 둔다. 그러나 자신을 경건한 자로 고백하는 성도들은 이 문제에 있어서 특별한 모습을 나타내어야 하며, 하나님의 영광과 존귀와 공공의 이익에 지대한 관심을 둠으로 희생해야 한다. 대부분의 사람들은 죄의 행위를 피하고, 외적인 육욕의 만족을 회피함으로써 자신을 만족시키고 자신들의 양심을 잠재우려 한다. 그러나 여기서 크리스천은 자신들을 구별하여 생각으로라도 죄를 피하고, 자신들의 상상대로 육욕에 탐닉하지 않는다.

사람들 앞에 빛을 비추지 않는 경건, 사람들 앞에 친절 온후한 크리스천의 영을 나타내지 않는 경건, 세상 사람들이 하는 대화보다 외면적인 대화에서 빛을 드러내지 않는 경건의 고백은 수치에 불과하다. 많은 사람들이 죄를 피하기 위해 주의하고, 자신들을 부인하는 것처럼 보이기도 하는데, 바로 그것이 고백하는 크리스천이 할 바이다. 그렇다. 몇 가지 특별한 미덕을 외면적으로 행하고, 빛을 드러내며, 친절하고, 그들이 행위에 있어 더욱 용감하고 의무적인 사람들이 많이 있다.

특별한 백성은 일반적인 사람들이 행하는 이상의 행위를 하도록 기대된다. 마태복음 5장 46-47절은 "너희가 너희를 사랑하는 자를 사랑하면 무슨 상이 있으리요 세리도 이같이 아니 하느냐 또 너희가 너희 형제에게만 문안하면 남보다 더 하는 것이 무엇이냐 이방인들도 이같이 아니 하느냐"라고 말씀한다.

적용

1. 당신들 가운데 회개하여 경건한 자가 되려고 하지 않는 자, 죄를 버리고 온 마음으로 하나님께 돌아오려 하지 않는 자, 하나님의 특별한 백성이 되려 하지 않는 자를 위한 강력한 권고가 여기 있다. 당신은 앞에서 언급한 자들이 갖는 것과 같은 특권을 갖게 될 것이다. 당신은 즉각 회개하면서 하나님께서 높은 가치를 부여해 주시는 사람들 가운데 한 사람이 될 것이다. 만일 당신이 당신의 회심을 확신한다면, 당신은 동시에 하늘과 땅의 높으신 주 하나님께서 세상에 있는 모든 무뢰한보다도 당신 위에 높은 가치를 부여해 주시고, 당신을 위해 속죄물로 내어 주신 그분 자신의 아들의 보혈을 허락하시는 당신에게 높은 가치를 부여해 주시는 것을 확신하게 될 것이다.

만일 당신이 구원의 주 하나님께로 돌아서면, 당신은 하나님께로부터 이 세상의 모든 불경건한 자들이 소유하고 있는 모든 부와 외면적인 번영보다 가치 면에서 더 큰 자비와 축복을 받게 될 것이다. 세상의 위대한 사람들이 가진 모든 영예와 부를 함께 내려놓으라. 세상 왕들이 소유하고 있는 모든 것들, 보물과 수입, 그들의 통치 권력, 그들의 국가적 지위와 왕궁, 그들의 값비싼 옷과 산해진미를 내려놓으면 하나님께서 부여하시는 위대한 것들만큼 귀하게 여기지 않을 것이다.

만일 당신의 죄에서 돌아서서 그리스도께 나아오면, 위대하신 하나님은 당신을 용납하시고 당신을 기뻐하실 것이다. 그러면 당신은 세상의 불경건한 자들이 갖는 모든 배움과 지식과 도덕성보다도 하나님 보시기에 더욱 향기로운 영적인 장식품을 갖게 될 것이다.

만일 당신이 자연적인 상태에 계속 머문다면, 하나님은 당신을 귀하게 여기시지 않을 것이다. 그분의 보배로 삼는 대신 당신은 비천한 쓰레기로 여김 받을 것이며, 아무짝에도 쓸모 없이 사람들의 발에 짓밟힐 뿐이다. 금이 되는 대신 당신은 한낱 찌꺼기로 여김 받을 것이다. 예레미야 6장 30절은 "사람들이 그들을 내어 버린 은이라 칭하게 될 것은 나 여호와가 그들을 버렸음이니라"라고 말씀한다. 지금 이후부터 당신은 아무짝에도 쓸모없는 것으로 내버려질 것이다. 마태복음 13장 47-50절에서 말씀하는 바와 같이 아무런 가치도 없는 존재로 여김 받을 것이다. "또 천국은 마치 바다에 치고 각종 물고기를 모는 그물과 같으니 그물에 가득하매 물가로 끌어내고 앉아서 좋은 것은 그릇에 담고 못된 것은 내어 버리느니라 세상 끝에도 이러하리라 천사들이 와서 의인 중에서 악인을 갈라내어 풀무 불에 던져 넣으리니 거기서 울며 이를 갊이 있으리라." 그렇다. 당신은 아무런 쓸데없는 것으로 내던져질 뿐만 아니라, 세상의 쓰레기로 쓰레기통에 던져질 것이다. 당신은 열매를 맺지 못하는 가지가 모아져 불에 던져지는 것과 같이 지옥의 용광로에 던져질 것이다. 요한복음 15장 6절은 "사람이 내 안에 거하지 아니하면 가지처럼 밖에 버리워 말라지나니 사람들이 이것을 모아다가 불에 던져 사르느니라"고 말씀한다. 열매를 맺지 못하는 나무가 말라 불에 던져지는 것을 생각하라. 마태복음 3장 10절은 "이미 도끼가 나무뿌리에 놓였으니 좋은 열매 맺지 아니하는 나무마다 찍어 불에 던지우리라"고 말씀한다. 가라지가 단으로 묶여 불태워지듯이, 당신은 아무데도 쓸모없는 것으로 여겨져 오로지 멸망당할 것이다. 베드로후서 2장 12절은 "그러나 이 사람들은 본래 잡혀 죽기 위하여 난 이성 없는 짐승 같아서 그 알지 못한 것을 훼방하고 저희 멸망 가운데서 멸망을 당하며"라고 말씀한다.

그와 같은 특별한 자비를 당신 위에 부어 주는 대신, 조만간 당신은 자비를 송두리째 잃어버릴 것이다. 하나님은 당신에게 자비를 내리시지 않을 것이며, 당신의 불행은 하나님께서 경건한 성도들에게 부여하시는 값있는 자비만큼 두려운 것이 될 것이다. 의인들이 가질 것과 비교할 때 이 세상에 있는 동안 악인들에게 부여된 것은 지극히 사소한 것에 불과하다. 한 사람의 의인이 받을 복은 악인들이 즐기는 것들보다 훨씬 더 가치 있다. 그러나 이후로는 악인들은 의인들이 갖는 것을 갖지 못한다. 그들이 받을 것이란 오로지 그들의 몫인 하나님의 진노와 심판뿐이다.

당신이 자연인의 상태에 머무는 동안, 하나님의 특별한 소유가 되는 대신(하나님께서 당신의 마음 안에서 가지신 이익과 관련하여), 마귀는 당신 마음에서 가장 큰 이익을 갖는다. 마귀가 당신의 마음을 지배하고 소유하므로 당신은 마귀의 백성이 될 것이며, 그와 같은 상태에 줄곧 머무는 당신은 마침내 완전히 그물에 걸려들 것이다. 하나님께서 특별한 만족을 갖는 사람이 되는 대신, 당신 안에서 그 어떤 기쁨도 갖지 못할 것이다. 당신이 하나님께 예배드리는 척할 때, 하나님은 당신의 위선적인 기도와 섬김을 결코 기뻐하시지 않을 것이다. 그 모든 것은 오히려 하나님께 가증한 것이 될 뿐이다.

2. 만일 당신이 참된 크리스천이라면, 하나님을 당신의 특별한 분으

로 삼으라.

첫째, 하나님을 당신의 특별한 분깃으로 삼으라. 만일 당신이 그분의 특별한 백성 중 한 사람이 되면, 하나님은 당신의 지분이시다. 하나님의 백성 모두는 하나님을 그들의 하나님과 분깃으로 선택하셨다. 당신 역시 더더욱 그렇게 하라. 하나님과 비교하여 다른 모든 것들을 무시하라.

하나님을 당신의 특별한 가치와 자기 존중의 목적으로 삼으라. 만일 하나님께서 당신을 특별한 가치를 두시는 자들 가운데 한 사람으로 삼으신다면, 가난하고 무가치한 지렁이 같은 당신은 그렇게 하라. 만일 하나님께서 당신을 그분의 아들의 보혈로 살 만큼 당신에게 가치를 부여해 주신다면, 쓰레기와 같고 멸시받을 피조물인 당신은 위대하시고 영광스러우신 하나님을 얼마나 특별히 가치 있는 분으로 여겨 드릴 이유를 갖는 것인가! 이 가치 부여는 상호적인 것임이 합당하며, 책임적인 것이 되어야 함도 마땅하다.

하나님께서 그의 성도들에게 상 주시려 하는 것에 비하면 당신이 무엇보다 하나님을 가장 높이는 것은 사소한 일에 불과할 것이다. 그러므로 당신이 높이는 것에 있어서 하나님과 비교하여 설 수 있는 것은 아무것도 없다는 사실을 알라. 모든 부요함보다 하나님을 더욱 귀하게 여기라. 세상에 있는 모든 것들보다 하나님의 존귀와 영광을 더욱 가치 있게 여기라. 항상 모든 것들과 헤어지고 하나님을 가까이 할 준비를 하라. 하나님을 당신의 특별한 친구로 삼고 세상이 주는 존경과 사랑보다 하나님의 우정을 더 가치 있게 여기라. 당신이 다른 즐거움들을 잃어버릴 때, 땅 위의 친구들을 잃어버릴 때, 이 사실이 당신에게 힘을 부여하게 하고 당신을 위로하기에 만족스럽게 하여 하나님을 잃어버리지 않게 하라.

둘째, 하나님을 당신의 특별한 신뢰로 삼으라. 당신이 하나님을 신뢰로 삼는 이 교리에는 큰 격려가 있으며, 당신의 의무로서 그것을 강화하는 이유가 있다. 하나님은 그의 특별한 백성이 신뢰를 하나님께 두기를 기대하신다. 그리고 그렇게 하는 것이 잘하는 것인 까닭은, 하나님은 그들을 위한 특별한 호의를 갖고 계시며 특별히 그들에게 주의를 기울이시고 돌보시기 때문이다. 그러므로 하나님과 어설픈 관계를 맺지 말고 하나님을 가까이하고 하나님께 은혜를 입는 사람이 되는 일에 민감하고, 자신의 의를 신뢰하거나 어떤 육신의 힘을 신뢰하는 사람이 되지 않도록 하라. 하나님의 특별한 백성은 그들 자신을 신뢰해서는 안 되며, 친구를 의지해서는 안 되고, 위대한 사람을 의지해서도 안 되며, 가지고 있는 재산을 의지해서는 안 되고, 혹은 그것들로부터 행복을 기대하면서 그 어떤 세상의 즐거움을 의지해서도 안 되며 하나님 한 분만 의지해야 한다. 하나님만이 그들의 피난처와 숨을 곳이 되어야 한다. 고통의 때, 그들은 자신들을 그분의 날개 그늘 아래 숨겨야 한다.

셋째, 하나님을 당신이 부르는 찬양의 특별한 대상으로 삼으라. 이 교리는 당신이 그렇게 해야 하는 이유를 제시한다. 만일 하나님께서 당신을 가치 있게 여기신다면, 그것은 하나님께서 세상의 불경건한 자들보다 당신에게 큰 자비를 보여 주시는 것이며, 당신이 하나님을 당신의 찬양과 감사의 대상으로 삼는 일은 하나님께 대한 너무 작은 보답이 아니겠는가? 만일 하나님께서 그분의 자비로써 당신을 특별히 구별하신다면, 당신은 찬양 속에서 당신 자신을 구별해야 한다. 당신에게 그렇게도 자비로우신 하나님께 어떻게 하면 영광을 돌릴까 하고 신중히 연구해야 한다. 그리고 무엇보다 당신 안에는 특별한 것이 없기 때문에, 어떤 다른 사람들로부터 당신이 구별 되게 하는 일은 당신이 하는 특별한 일이므로 하나님을 감동시켜 드린다. 하나님의 주목을 받지 못하는 당신을 무가치하게 여긴 수천의 사람들을 하나님은 영원히 버리신다.

설교 ❻

그리스도께서 참된 제자들에게 주시는 평안

"평안을 너희에게 끼치노니 곧 나의 평안을 너희에게 주노라 내가 너희에게 주는 것은 세상이 주는 것 같지 아니하니라"(요 14:27).

그리스도께서 돌아가셨을 때, 하나의 유산으로 그의 참된 제자들에게 남기신 그 평안은 이 세상 사람들이 그들의 자녀에게 유산으로 남겨주는 모든 것과 매우 다르다.

이 말씀들은 예수께서 제자들에게 배신당하신 같은 날 저녁, 그 다음 날 십자가에 못 박히실 것을 아시고 제자들에게 주신 가장 애정 깊고 감동적인 담화의 한 부분이다. 이 담화는 13장 31절에서 시작하여 16장 끝까지 계속된다. 그리스도는 그분의 담화를 제자들과 함께한 유월절 참가 후에, 최후의 만찬 성례를 제정하신 후에, 그리고 유다가 밖으로 나가고 참된 제자들이 남은 자리에서 하셨는데, 이제 그 남은 제자들을 그분의 사랑하는 자녀로 부르신다. 이 담화는 그리스도께서 죽으시기 전에 제자들에게 하신 최후의 담화였다. 그것은 그분의 작별 담화, 말하자면 그분의 죽음의 담화(dying discourse)였다. 그러므로 그것은 여러 가지 이유로 신약성경에서 가장 두드러진 담화다.

이 담화가 제자들의 마음에 깊은 감동을 준 것이 분명하며, 특히 그리스도의 사랑을 받으며 그분을 사랑하는 마음으로 가득 찬, 그리고 그리스도의 가슴에 기대어 가르침을 받았던 요한의 마음에 특별한 방식으로 감화를 주었음이 분명하다. 이 담화에서 그리스도는 그의 사랑하는 제자들에게 당신이 떠나갈 것을 말씀하셨고, 그 말씀은 제자들의 마음을 슬픔과 무거움으로 가득 채웠다. 본문 말씀은 제자들을 위로하시기 위해, 그리고 그들의 슬픔을 달래려고 주신 말씀이다. 그리스도는 제자들에게 남겨 주시겠다는 평안의 약속을 주시는데, 제자들은 그리스도가 떠나신 후 그분 안에서 그리고 그분과 함께 그 평안을 가질 것이다.

그리스도께서 주신 이 약속은 상호간 조명하는 세 가지 인상적인 표현을 전달해 준다.

"평안을 너희에게 끼치노니." 이 담화는 "비록 내가 떠나가지만 모든 위로를 거두어가는 것은 아니다. 내가 너희와 함께 있는 동안에 나는 너희의 후원과 위로가 되었고, 너희는 너희가 유지해 온 것을 잃는 가운데서도, 이 악한 세대에서 직면한 고통 가운데서도 내 안에서 평안을 가졌다. 이 평안을 내가 너희에게서 취하지 않을 것이며 그것을 너희에게 남겨 주되 더욱 충만케 하여 주리라."고 말씀하시는 것 같다.

"나의 평안을 너희에게 주노라." 그것을 그분의 평안으로 부르시면서, 그리스도는 두 가지를 지칭하신다.

첫째, 그분이 주시고자 하는 그 평안은 그분의 것이라는 사실이다. 그분의 자녀에게 주셔야 했고, 지금 세상을 떠나시려 한 것은(그분의 인간적 임재로서) 특별한 유익이었다. 그분은 가난하여 금과 은은 없었지만 겸손이 그분의 재산이었다. 여우도 굴이 있고, 공중의 새도 보금자리가 있었지만, 인자는 머리 둘 것도 없었다(눅 9:58). 그분은 가족이 되는 제자들에게 남길 지상의 재물은 없었지만 평안을 주실 수 있었다.

둘째, 그리스도께서 제자들에게 주신 평안은 그분 자신이 즐기던 평안과 동일한 것이었다. 그리스도께서 하나님 안에서 누리셨던 동일한 탁월하고 신성한 평안, 그리고 높이 들려진 상태에서 더 완전하고 충만한 것으로 받으시려 했던 평안이다. 왜냐하면 그리스도께서 그분의 백성에게 주시는 행복은 그분 자신의 행복에 참여하는 것이며, 15장 11절과 일치하는 것이기 때문이다. "내가 이것을 너희에게 이름은 내 기쁨이 너희 안에 있어 너희 기쁨을 충만하게 하려 함이니라." 그리고 이 담화 결론에서 제자들과 함께 하시는 기도인 17장 13절에서 그리스도는 말씀하신다. "지금 내가 아버지께로 가오니 내가 세상에서 이 말을 하옵는 것은 저희로 내 기쁨을 저희 안에 충만히 가지게 하려 함이니이다." 그리고 22절에서 "내게 주신 영광을 내가 저희에게 주었사오니 이는 우리가 하나가 된 것같이 저희도 하나가 되게 하려 함이니이다"라고 말씀한다.

여기서 그리스도는 죽음 앞에서 제자들에게 유언을 하신다. 부모가 죽음으로 자녀들을 떠날 무렵 마지막 뜻과 유언을 남길 뿐만 아니라 평소에 소유하고 즐기던 재산까지도 다 유증한다. 그분이 가지셨던 평안과 관련하여, 그리스도께서 세상을 떠나실 무렵도 마찬가지였다. 이 차이는 있었다. 지상의 부모가 죽을 때, 그들 자신이 지금껏 즐기던 것을 자녀에게 주지만, 자녀들이 그 모든 것을 가질 때 그것을 더 이상 즐기지 못한다. 부모는 그것을 자녀들과 함께 즐기지 못한다. 부모와 자녀가 충분히 가지는 시간이 같지 않다. 그리스도의 평안과 관련하여 말하면, 그분 자신이 죽음 이전에 그것을 소유했을 뿐만 아니라, 그의 제자들에게 더욱 충만히 유증하신 것은 제자들이 그분과 함께 받아 소유하게 하시기 위함이었다.

세 번째이자 마지막 표현은, "내가 너희에게 주는 것은 세상이 주는 것 같지 아니하니라"는 말씀이다. 이 말씀은 "내가 세상을 떠날 때 주는 나의 선물과 유산은 부유하고 위대한 세상 사람들이 죽을 때 그들의 자녀에게 남기고자 하는 것과 같지 않다. 그들은 그들의 자녀에게 세상적인 소유물을 유증하고, 또 그것이 가능할지 몰라도 금은보화 때로는 지상의 왕국까지도 유증한다. 그러나 내가 너희에게 주는 나의 평안은 아주 다른 것, 즉 세상 사람들이 얻을 수 없고 그들의 자녀에게 유증할 수 없는 것이다."라는 말씀과 같다.

교리: 죽으실 때 그리스도께서 유산으로 그분의 참된 제자들에게 남기신 그 평안은 세상 사람들이 죽을 때 그들의 자녀에게 유증하는 것과는 완전히 다르다.

1. 그리스도는, 그분의 죽음에서 믿는 자들에게 새 언약의 복, 말하자면 그분의 뜻과 약속(testament) 안에 있는 복을 주셨다.

2. 이 약속 안에 있는 믿는 자들에게 그리스도께서 주신 위대한 복은 그분의 평안이었다.

3. 그리스도께서 유증하신 이 유산은 이 세상의 그 어떤 사람들이 죽을 때 자녀들에게 유증하는 모든 유산과 다르다.

1. 그분의 죽으실 때 그리스도는 믿는 자들에게 새 언약의 복, 말하자면 그분의 뜻과 약속(testament) 안에 있는 복을 주셨다.

사도는 새 언약을 그리스도의 최후의 뜻과 유언으로 제시한다. 히브리서 9장 15-16절은 "이를 인하여 그는 새 언약의 중보니 이는 첫 언약 때에 범한 죄를 속하려고 죽으사 부르심을 입은 자로 하여금 영원한 기업의 약속을 얻게 하심이니라 유언은 유언한 자가 죽어야 되나니"라고 말씀한다. 사람들은 그들 자신의 재산을 그들의 뜻이나 유언에 의해 유증한다. 마찬가지로 그리스도는 신자들이 그 유산을 소유하고 즐길 수 있는 한 새 언약 안에서 신자들에게 그분 자신의 유산을 유증한다. 신자들은 그리스도 자신이 소유했던 영원한 생명을 그대로 갖는다. 신자들은 그리스도 안에서 그분과 함께 살며, 그분의 생명에 참여한다. 그분이 살아 계시기 때문에 그들 역시 산다. 그들은 누가복음 22장 29절에 나타난 아버지께서 그분에게 주신 그분의 나라를 유산으로 받는다.

"내 아버지께서 나라를 내게 맡기신 것같이 나도 너희에게 맡겨." 그들은 그분의 보좌에 앉아 다스릴 것이다(계 3:21). 그들은 그들에게 주신 그분의 영광을 가지며(요 17장), 모든 것이 그리스도의 것이기 때문에 그리스도 안에서 모든 것은 성도들의 것이다(고전 3:21-22).

사람들은 그들의 뜻과 유언에 따라 보편적으로 그들이 가진 재산을 자녀들에게 유증한다. 마찬가지로 성경에서 신자는 그리스도의 자녀로 나타난다. 히브리서 2장 13절은 "볼지어다 나와 및 하나님께서 내게 주신 자녀라"고 말씀한다. 사람들은 보편적으로 죽기 전에 그들의 뜻을 전한다. 마찬가지로 그리스도도 내가 선택한 본문의 담화에서 십자가에 달리는 전날 저녁에 새 언약의 축복을 그분의 제자들에게 매우 독특하고 특별한 방식으로 전하셨다. 그리스도는 지상에 계시면서 하신 담화 그 어디에서도 새 언약의 약속들에게 한 만큼 그렇게 특별하고 숭엄하게 표현하시지 않았다. 그리스도는 제자들에게 그분의 아버지 집에 있는 처소를 약속하셨다(요 14:1-3). 여기서 그분은 제자들에게 그분의 이름으로 구하는 어떤 축복도 받을 것이라고 약속하셨다(요 15:7, 14:23-24). 여기서 그리스도는 은혜의 언약에 든 모든 축복의 총체인 성령의 약속을 그 어디에서보다 더 숭엄하고 충분하게 주셨다(요 14:16, 26과 15:26, 16:7). 여기서 그분은 제자들에게 그분 자신과 그분의 아버지의 은혜로운 임재와 호의를 약속하셨다(요 14:18, 20-21). 여기서 그분은 제자들에게 본문에서 설명된 평안을 약속하셨다. 여기서 그분은 제자들에게 그분의 기쁨을 약속하셨다(요 15:11). 여기서 그분은 거룩한 열매를 낳을 은혜와(요 15:16) 세상에 대한 승리를 약속하셨다(요 16:33). 그리고 실상, 그분의 열한 제자들에게 주신 담화에서처럼 전체 성경 그 어디에서도 이처럼 충분하고 완전한 은혜 언약의 내용은 찾아볼 수 없다.

그리스도와 그분의 자녀 사이의 이 언약은 이 점에서 뜻 혹은 유언과 같다. 그 언약은 효력이 있고 실행되는 길이 열려 있는바, 그 길은 다른 길이 아니라 그분의 죽음이다. "유언은 사람이 죽은 후에야 견고한즉 유언한 자가 살았을 때에는 언제든지 효력이 없느니라"(히 9:17). 실상 은혜의 언약이 그리스도의 죽음 이전에 효험이 있었지만, 그분의 죽음이 아니고서는 효력이 없다. 그러므로 그분의 죽음은 실질적으로 개입되어 이미 실행되고 있었다. 유언자의 죽음이 아닌 다른 방식으로는 유산이 상속자에게 유증되지 않듯이, 그리스도의 죽음이 아니고서는 그 어떤 다른 길로도 영적이며 영원한 유산을 유증 받을 수 없다. 만일 그리스도의 죽음이 아니었다면, 그들은 결코 그 유산을 유증 받을 수 없었다.

2. 그분의 유언에 의해 그분을 참으로 따르는 자들에게 유증하신 위대한 축복은 그분이 주시는 평안이다. 여기에 내가 특히 주목하고 싶은 두 가지 사실이 있다. 그리스도는 신자들에게 참된 평안을 유증하셨고, 그래서 그분이 신자들에게 주신 평안은 그분의 평안이다.

첫째, 우리 주 예수 그리스도는 그분을 따르는 자들에게 참된 평안과 위로를 유증하셨다. 그리스도는 이사야 9장 6절에서 평화의 왕이라 일컬어진다. 그리고 그분이 세상에 태어나셨을 때, 하늘의 천사들이 기쁘고 놀라운 노래로 "지극히 높은 곳에서는 하나님께 영광이요 땅에서는 기뻐하심을 입은 사람들 중에 평화로다"라고 찬양한 것은 그분이 사람들에게 주신 평화 때문이었던바, 그 평화는 하나님과의 평화, 사람들 상호간의 평화, 사람들 내부에 있는 고요와 평안이었다. 그중 마지막 평안이 특히 본문이 말하는 유익이다. 이 그리스도는 하나님과의 평화와 사람들 사이의 평화를 그분을 따르는 자들을 위해 준비하셨다는 점에서 그분을 따르는 자들을 위한 즐거움의 기반을 마련해 두셨다. 그리스도는 그들의 죄에 대해 만족을 이루시고, 그들이 범한 모든 죄과를 용서하시며, 죄책의 완전한 제거를 위한 기반을 마련하시고 그들에게 완전하고 영광스러운 의를 주신다. 또, 하나님께 받아들여지게 하시고 하나님의 충분한 용납을 받도록 충분한 보장이 되시며, 하나님의 양자와 양녀 되게 하시고, 그분의 아버지의 친절의 영원한 열매가 되게 하셨다는 점에서 그분을 따르는 자들을 위해 하나님과의 평화와 화해, 그리고 그분의 호의와 우정을 마련해 주셨다.

이 수단들로 말미암아 참된 성도들은 유죄 판결과 하나님의 율법이 내리는 모든 저주에서 자유의 상태로 옮아간다. 로마서 8장 34절은, "누가 정죄하리요"라고 말씀한다. 그리고 이 수단들로 말미암아 그들은 자신들이 자연적으로 노출되었던 두렵고도 영원한 불행으로부터 안전하며, 모든 원수들의 손이 닿지 않는 높은 곳에 거하므로 지옥의 문과 흑암의 권세가 그들을 결코 파멸시킬 수 없을 뿐 아니라 사악한 자들 또한 그들을 파멸시킬 수 없다. 로마서 8장 31절은, "하나님이 우리를 위하시면 누가 우리를 대적하리요"라고 말씀한다. 민수기 23장 8절은, "하나님이 저주치 않으신 자를 내 어찌 저주하며 여호와께서 꾸짖지 않으신 자를 내 어찌 꾸짖을꼬"라고 말씀한다. 그런 후 23절은, "야곱을 해할 사술이 없고 이스라엘을 해할 복술이 없도다"라고 말씀한다. 이 수단들로 말미암아 그들은 죽음의 손아귀에서 벗어나 있다. 요한복음 6장 4절과 50-51절은 말씀한다. "이는 하늘로서 내려오는 떡이니 사람으로 하여금 먹고 죽지 아니하게 하는 것이라 나는 하늘로서 내려온 산 떡이니……." 원수들과 관련하여 이 수단들로 말미암아 죽음은 그 독침을 잃어버렸고, 더 이상 죽음으로 불릴 가치가 없어졌다. 고린도전서 15장 55절은, "사망아 너의 쏘는 것이 어디 있느냐"라고 말씀한다. 이 수단들로 말미암아 성도들은 하늘과 땅이 뜨거운 불에 녹는 심판 날을 두려워할 필요가 없어졌다. 시편 46편 1-3절은, "하나님은 우리의 피난처시오 힘이시니 환난 중에 만날 큰 도움이시라 그러므로 땅이 변하든지 산이 흔들려 바다 가운데 빠지든지……우리는 두려워 아니하리로다"라고 말씀한다. 그렇다. 참된 성도는 그 무엇도 하나님의 사랑에서 그를 분리시킬 수 없다는 확신 안에서 안식을 누릴 이유를 갖고 있다(롬 8:38-39).

그러므로 그리스도 안에 있는 자는 그를 혼란스럽게 하는 모든 것들로부터 안전한 피난처에 있다. 이사야 32장 2절은 "또 그 사람은 광풍을 피하는 곳, 폭우를 가리우는 곳 같을 것이며 마른 땅에 냇물 같을 것이며 곤비한 땅에 큰 바위 그늘 같으리니"라고 말씀한다. 그러므로 그리스도 안에 거하는 자는 32장 18절에서 보는 바와 같이 성취될 약속을 갖고 있다. "내 백성이 화평한 집과 안전한 거처와 종용히 쉬는 곳에 있으려니와."

그리고 예수 그리스도를 참되게 따르는 자들은 악으로부터 영혼의 안식과 평안의 근거를 가질 뿐만 아니라, 그들이 가지고 있는 확실한 칭호와 살고 죽는 것, 그리고 영원한 시간 전반에 걸쳐 그들이 필요로 하는 모든 선한 것을 즐길 수 있는 이유를 갖고 있다. 그들은 행복을 위한 확실한 기초 위에 있다. 그들은 결코 흔들리지 않는 확고한 반석 위에 있다. 그리고 그들은 결코 소진될 수 없는 충분한 근거를 갖고 있다. 언약은 모든 것들 안에 깃들어 있고 하나님은 '결코 거짓말을 하실 수 없는 분이라서 두 가지 변할 수 없는 일, 약속 곧 우리에게 강한 위로가 되시고 우리 앞에 놓인 희망을 붙잡을 수 있는 피난처가 되시는' 말씀과 맹세를 주셨다. 무한하신 여호와는 그들을 위해 모든 것을 할 수 있는 그들의 하나님이 되셨다. 하나님께서 그들의 분깃이 되시는바, 하나님은 자신 안에 무한하시고 충만한 선을 가지고 계신다. 하나님은 그들의 방패와 큰 보상이시다. 하나님은 그들에게 너무나도 위대한 선이 되시므로 그들은 무엇이든지 구할 수 있고 또 구하는 바를 얻을 수 있다. 그러므로 그들은 그들의 마음을 쉬게 할 수 있는 이유를 갖고 있고 그들의 마음에 평안을 가질 수 있다.

이 외에도 하나님은 그들에게 은혜의 영과 참된 거룩을 주셨기 때문에 그분의 백성의 영혼에 평안을 유증해 주셨는데, 그 평안은 영혼에 평안과 고요함을 주는 자연스런 경향을 가지고 있다. 그 평안은 삶에 부합하며 삶의 맛을 풍미하도록 하는 것이다. 그 평안은 사람을 신성한 미에 대한 관점으로, 인간의 올바른 행복이 되는 선에 대한 흥미로 이끌어 간다. 그리고 그것은 영혼을 영혼의 참된 중심으로 이끌어 간다. 이 방식에 의해 영혼은 안식으로 인도받고 쉼 없는 질문을 그치게 되는데, 그것은 다른 이들이 질문하는 바와 같다. "누가 우리에게 선을 보일 것인가? 길을 잃은 양이 안식을 찾아 헤매어도 찾지 못하듯이 이리저리 찾아 헤매도다." 영혼은 그분을 찾으며 그분은 수풀 가운데 사과나무 같아서 그 그늘에 앉아서 심히 기뻐하시며 그 실과는 내 입에 달다(아 2:3). 그러므로 그리스도께서 하신 말씀은 요한복음 4장 14절에서 성취된다. "내가 주는 물을 먹는 자는 영원히 목마르지 아니하리니 나의 주는 물은 그 속에서 영생하도록 솟아나는 샘물이 되리라."

그리고 이 외에도 참된 은혜는 자연히 평안과 고요를 지향하는데, 그것은 영혼 속에 질서를 만들고, 이성(理性)을 왕좌에 앉히고, 감각과 애정을 이성의 통치 아래 두게 한다. 은혜가 고요함을 산출하는 까닭은, 은혜는 혼란스런 욕망과 정열을 조정하고 세상의 허무한 것을 추구하는 육욕적인 본성과 탐욕을 정복하기 때문이다. 은혜는 우리 내부에 있는 불안과 혼란의 지속적인 원리인 미움, 다툼, 경쟁심, 분노, 시기와 같은 것들을 조정한다. 은혜는 겸손의 달콤하고, 고요하고, 안정된 원리들, 온순함, 내려놓음, 인내, 부드러움, 용서, 그리고 하나님에 대한 의존을 공급한다. 은혜는 또한 평화를 지향하는바, 영혼의 목적을 확실한 데 두어 영혼이 더 이상 혼미하거나 목적과는 반대 방향으로 치우치지 않게 하기 때문이다. 그러나 마음은 하나의 확실하고 충분하며 실패가 없는 선의 선택에 고정된다. 그리고 영혼의 목적과 희망은 마치 닻과 같아서 모든 바람에 이리저리 밀려다니지 않게 한다.

둘째, 그리스도께서 제자들에게 유증하신 이 평안은 그분의 평안이다. 그것은 그분 자신이 즐기는 평안이다. 그것은 지상에서 겸손한 상태에 계실 때 누렸던 평안이다. 비록 그분은 슬픔의 사람이라 슬픔에 친숙하셨고, 가시는 곳마다 사람들의 미움과 박해를 받으셨고, 이 세상 어느 곳에서도 쉴 수 없었지만, 그분은 그분의 아버지 되시는 하나님 안에서 평안을 누리셨다. 우리는 그분이 영으로 즐거워하셨다는 기사를 읽는다(눅 10:21). 그러므로 그리스도의 참된 제자는 비록 이 세상에서는 환난을 당하지만 하나님 안에서 평안을 누린다.

그리스도께서 수고와 고난을 끝마치시고 죽음에서 일어나서 하늘에 오르셨을 때, 그분은 그분의 안식, 가장 복되고 완전하고 영속적인 평안에 들어가셨던바, 우리의 죄 짐을 친히 지시고 고난을 당하셨지만 그분의 부활로 하나님의 인정을 받으시고 의롭게 되셨다. 그분은 원수들에 대해 완전한 승리를 얻으시고, 아버지께 열납되셔서 하늘 보좌에, 하나님께서 예비하신 안식에 들어가셔서 거기서 영원 무궁히 충분하고 완전한 마음의 평안을 누리신다. 시편 21편의 첫 6절은 그에 대한 말씀이며, 그 말씀은 그리스도께서 이루신 성취에 관한 말씀이다. 메시아가 누릴 이 평안과 안식은 지극히 영광스럽다. 이사야 11장 10절은 "그 거한 곳이 영화로우리라"고 말씀한다. 그가 거한 곳의 이 안식은 그리스도께서 그분의 죽으심으로 그분 자신을 위할 뿐만 아니라 그분의 백성을 위해서도 준비하신 안식이다. 그분은 이 안식을 그분의 백성에게 유증하

서서 그들이 그분과 함께 이 세상에서 불완전하게 누릴 뿐만 아니라, 내세에 완전하고 영원히 누리게 하신다.

지금까지 묘사한 평안, 그리고 신자들이 누리는 이 평안은 영광스런 주님이시자 주인이신 그리스도 자신이 보혈로 말미암아 들어가신 안식에서 누리는 평안에 참여하는 것이다. 그것은 동일한 칭의에 참여하는 것이다. 그 까닭은 신자들도 그리스도와 함께 의롭다 함을 받기 때문이다. 그리스도께서 죽음에서 일어나시므로 의롭다 함을 받으시고 우리가 지은 죄에서 자유함을 받으셨으므로 신자는 그분 안에서, 그분을 통하여 의롭다 함을 받고 동일한 의(義) 안에서 하나님께 받아들여진다. 신자들이 평안을 즐기는 것은 동일하신 하나님과 하늘 아버지의 은혜 안에서다. "나는 나의 아버지와 너희의 아버지, 나의 하나님과 너희의 하나님께 올라가노라." 신자는 그리스도의 영을 갖고 있기 때문에 한 성령에 참여한다. 그리스도는 영을 자신에게 붓지 아니하시고 그분의 충만하심 가운데서 성도들에게 부어 주셨는데, 그것은 은혜 위의 은혜이다. 아론 위에 부은 기름이 흘러내려 그의 옷깃을 적신 것처럼, 그리스도 위에 부어진 성령이 그분의 머리에서부터 그분을 따르는 모든 백성에게 흘러내린다. 신자가 이 평안을 누리는 것은 동일한 성령의 은혜에 참여하는 것이다(요 1:16).

성령의 은혜에 참여하는 것은 포도나무의 생명에 의해 가지가 생존하는 것처럼 그리스도와 연합하는 것이며, 그리스도의 생명에 참여한 삶이다. 그것은 하나님의 동일한 사랑에 참여하는 것이다. 요한복음 17장 26절은 "내가 아버지의 이름을 저희에게 알게 하였고 또 알게 하리니 이는 나를 사랑하신 사랑이 저희 안에 있고 나도 저희 안에 있게 하려 함이니이다"라고 말씀한다. 그것은 그리스도와 함께 원수에 대한 그분의 승리에 참여하는 것이며, 또한 같은 종류의 영원한 안식과 평안에 참여하는 것이다. 에베소서 2장 5-6절은 "허물로 죽은 우리를 그리스도와 함께 살리셨고 또 함께 일으키사 그리스도 예수 안에서 함께 하늘에 앉히시니"라고 말씀한다.

3. 그리스도께서 그의 참된 제자들에게 주신 유산은 이 세상 사람들이 죽을 때 그들의 자녀에게 남기는 모든 유산과 매우 다르다. 이 세상 많은 사람들은 죽으려 할 때 많은 재산을 그들의 자녀에게 유증하는데, 그것은 엄청난 기름진 땅과 그 땅을 뒤덮은 가축 떼일 수가 있다. 그들은 간혹 그들의 자녀에게 좋은 가옥, 엄청난 금은보화, 인도에서 사들인 진귀한 것들, 그리고 세상 각처에서 사들인 진귀한 것들일 수 있다. 그들은 그 모든 것을 유증하므로 그들의 자녀들이 세련되고 높은 지위에서 살 수 있게 하고, 사람들 앞에 드러나게 하고, 매우 호화롭게 살게 하고 세상 즐거움 속에서 헤엄치게 한다. 일부 사람들은 왕관, 홀, 궁전, 그리고 훌륭한 군주의 지위를 자녀들에게 유증하기도 한다. 그러나 이 모든 것들 가운데 그 무엇도 그리스도께서 참된 제자들에게 유증하시는 복된 평안과 비교될 수 없다. 이 세상적인 것들은 하나님께서 보편적으로 그분의 섭리 안에서 가장 악한 원수들에게 주시는 것, 하나님께서 가장 미워하시고 멸시하시는 원수들에게 주시는 그런 것과 같다. 그러나 그리스도의 평안은 특별히 사랑하시는 자들을 위해 마련해 주신 진귀한 유익이다. 세상 사람들이 자녀들에게 유증하는 이 속된 것들은, 그것들 가운데 가장 귀한 것일지라도, 하나님께서 그분의 섭리 안에서 개처럼 간주하시는 자들에게 던지시는 것들이다. 그러나 그리스도의 평안은 그분의 자녀에게 주시는 떡이다.

이 모든 세속적인 것들은 공허한 그림자들에 불과한데, 사람들이 제 아무리 자기들의 마음을 그림자 위에 둘지라도 떡이 아니며 그들의 영혼은 결코 만족할 수 없다. 그러나 그리스도의 이 평안은 진실로 본질적이며 만족시켜 주는 양식이다(사 55:2). 사람들이 세속적인 것들을 엄청나게 많이 갖고 이성적으로나 경험상으로 그것들을 가장 유리한 전략으로 삼을지라도, 그 무엇도 참된 평안과 안식을 영혼에 줄 수 없다. 이 평안이 없이는 실로 모든 시대에 걸쳐 그 누구도 최소한의 마음의 안정을 가질 수 없었다.

세속적인 것들을 즐기는 데 있어서 거짓 평안이 있을 수 있다는 것은 진리다. 사람들은 자신들의 영혼을 축복할 수 있고, 자신들을 행복한 사람으로 생각하고 다른 사람을 멸시하며 그들의 영혼에게 마치 누가복음 12장 19절의 어리석은 부자처럼 말할 수 있다. "또 내가 내 영혼에게 이르되 영혼아 여러 해 쓸 물건을 많이 쌓아 두었으니 평안히 쉬고 먹고 마시고 즐거워하자." 그러나 그리스도께서 그의 제자들에게 주시는 참된 평안은 다음과 같은 점에서 세상의 즐거움 속에서 갖는 평안과는 다르다.

첫째, 그리스도의 평안은 영혼이 누리는 합리적인 평안과 안식이다. 그것은 빛과 지식에 기반을 두고 있고, 이성의 합리적인 실천과 사물에 대해 바른 관점을 갖게 하는 데 반해, 세상의 평안은 맹목과 기만 위에 세워진다. 그리스도의 백성이 가진 평안은 있는 그대로의 사물에 눈이 열려 있으며 사물을 있는 그대로 보는 데서 온다. 더 깊이 생각할수록, 그리고 진리와 사물의 실재에 대해 알면 알수록, 그들은 자신의 진실에 대해 더 많이 알게 되고, 그들이 처한 처지와 조건에 대해 더 깊이 알게 된다. 하나님을 알면 더 알수록 하나님이 계심을 더 확신하게 된다. 하나님께서 어떤 방식으로 존재하시는지 알면 알수록, 그들은 다른 세계와 미래의 심판에 대해, 그리고 하나님의 위협과 약속에 대해 더 확신하게 된다. 그들의 양심이 각성되고 빛을 받아 밝게 되어 그들이 보는 일에 빛을 더 추구하면 할수록 그들의 평안은 더욱 견고해진다.

반대로, 세속적인 것들을 즐기는 사람들이 갖는 평안은 다른 방법으로써가 아니라 단지 무지 안에서만 유지될 수 있다. 그들은 눈이 감겨야 하고 속아야 한다. 그렇지 않으면 그들은 평안을 가질 수 없다. 그들의 양심에 빛이 비치면 그들은 자신이 누구인지 볼 수 있고 지금 어떤 환경에 놓여 있는지 알 수 있게 되어 그들이 가진 모든 고요함과 위로는 산산조각 날 것이다. 그들의 평화는 그 어느 곳도 아닌 어둠 속에서만 존속할 수 있다. 빛은 그들의 평안함을 고통으로 바꾼다. 그들은 하나님과 자신에 관한 진실을 알면 알수록 소유하고 있는 즐거움에 관한 진실을 알게 된다. 지금 현재의 일들에 관해, 그리고 앞으로 될 일들을 알면 알수록 그들이 소유한 고요함은 폭풍우로 뒤바뀐다. 세속적인 사람들의 평안은 유지될 수 없고, 오로지 사려 깊은 숙고와 반성에 의해서만 될 수 있다. 만일 그 자신이 생각하고 그의 이성을 올바르게 사용한다면, 그의 고요함과 위로는 파괴되고 만다. 만일 그가 그의 육신의 평안을 확립하려 한다면, 그것은 그의 마음의 빛에서 그를 멀어지게 하고, 할 수 있는 한 그를 짐승처럼 만들 것이다. 만일 자유하고 있다면 이성의 힘은 그의 평안에 죽을 원수 역할을 한다. 만일 그가 그의 평안이 살아 있도록 유지하려 한다면, 이성의 힘은 그로 하여금 그의 마음을 마비시켜 자신을 기만하게 만드는 모든 방안을 고안하게 하고, 모든 일들을 있는 현실 그대로 생각하지 못하게 한다.

그러나 그리스도께서 주시는 평안과 관련하여, 이성은 평안의 위대한 친구다. 이성의 힘이 활동하면 할수록 평안은 더욱더 확립된다. 사물을 진리 안에서 정확하게 보면 볼수록, 그들이 가진 위로는 더 굳건해지고 기쁨은 더 고양된다.

크리스천의 평안과 세상 사람들의 평안 사이에는 얼마나 차이가 많은가! 그들의 눈을 빛으로부터 감추고 자신들을 어둠에 가두는 것 외에 그 어떤 다른 방식으로 평안을 즐길 수 없는 사람의 불행이여! 그들의 평안은 어리석음이다. 그것은 마비시키는 독약을 먹은 사람이 가지는 안락과 같으며, 술 취한 술주정꾼이 불이 붙는 집 안에서 가질 수 있는 안락과 즐거움 같고, 혹은 실제 정신병원에 갇힌 불행하고 비참한 정신병자가 자신을 왕이라 생각하는 것과 흡사하다. 그러나 그리스도께서 그분의 참된 제자들에게 주시는 평안은 생명의 빛이고, 하늘 평안의 일부이며, 하나님의 영광을 밝히는 하늘 낙원의 평안이다.

둘째, 그리스도의 평안은 고결하고 거룩한 평안이다. 세상 사람이 즐기는 평안은 악한 것이다. 그것은 마음을 타락시키고 더럽히는 악한 어리석음이며 인간을 야만스럽게 만든다. 그러나 그리스도 안에서 성도들이 즐기는 평안은 그들의 위로일 뿐만 아니라 그들의 미와 존엄성의 한 부분이다. 크리스천이 누리는 고요함, 안식, 그리고 실질적인 성도의 기쁨은 말로 표현할 수 없는 특권일 뿐만 아니라 하나님의 영이 주시는 미덕과 은혜인데, 그 안에는 부분적으로 하나님의 형상이 내재한다. 이 평안의 자원은 가난한 마음, 거룩한 포기, 하나님께 대한 신뢰, 신성한 사랑, 온유, 그리고 자비와 같은 가장 높은 차원의 미덕스럽고 온후한 원리들 안에 있다. 그와 같은 성령의 복된 열매들의 실천에 대해 갈라디아서 5장 22-23절은 말씀한다.

셋째, 평안의 절묘한 달콤함과 관련하여 이 평안은 세상 사람들이 즐기는 평안과는 현저히 다르다. 그것은 모든 것보다 더욱 고차원의 것이어서 자연인이 세속적인 평안을 즐기는 데서 갖는 이해와 개념을 훨씬 능가한다(빌 4:7). 그것은 확고한 기반, 결코 요동하지 않는 영원한 반석을 갖고 이성과 완전하게 합치하기 때문에, 거룩하고 신성한 원리에서 발생하여 올바른 행복이 되기 때문에, 그리고 성도들이 누리는 객관적인 선의 위대함은 모든 선의 기초이신 하나님의 무한하신 충만을 근거로 삼기 때문에 절묘하게 달콤하고 안전하다. 그리스도와의 새 언약 안에서 이뤄진 그 평안의 충만함과 완전은 성도들의 완전한 평안을 위한 기반이며, 이후로 성도들은 실제적으로 그 평안을 누리게 된다. 그리고 그들이 누리는 평안이 지금 현재로서는 완전하지 못한데, 그것은 그리스도께서 주신 공급에 어떤 결함이 있기 때문이 아니라 성도들 자신의 불완전함, 곧 죄와 어두움 때문이다. 그런데 아직도 그들은 부분적으로 세상에 매달려 있어 거기서 평안을 찾으며 그리스도께 완전히 밀착하지 않고 있다. 그러나 그들이 그리스도께 달라붙으면 붙을수록, 그들은 그리스도께서 주시는 평안을 받아들이며 오로지 거기에만 달라붙을 것이며, 더욱 완전한 고요함(tranquillity)에 도달할 것이다(사 26:3).

넷째, 크리스천의 평안은 실패가 없는 영원한 평안이라는 점에서 세속적인 평안과 현저하게 다르다. 육신에 속한 사람이 세속적인 것들에서 갖는 평안은 꿈이 주는 위로와 같이 지속성이 없는 기반 위에 서 있다(요일 2:17; 고전 7:31). 최상적이며 상대적으로 지속되는 것들은 물의 표면에 있는 물방울과 같다. 그것들은 순식간에 소멸된다(호 10:7). 그러나 크리스천의 평안의 기반은 영속적이다. 그것은 시간에 구애받지 않으며, 변함이 없고 소멸되지도 않는다. 그것은 육체가 죽어도 존속한다. 그것은 산이 떠나고 언덕이 움직여도 변함없이 존속하며, 하늘이 두루마리처럼 말리더라도 변치 않는다. 이 위로의 샘은 결코 소멸되지 않으며, 그 샘은 결코 메마르지 않을 것이다. 그리스도의 위로와 기쁨은 영혼 안에 깃든 살아 있는 샘이며 영원한 생명을 분출하는 우물이다.

적용

내가 만든 이 교리를 사용하는 것은 세상을 버리라는 권유이며, 더 이상 세상의 헛된 것에서 평안과 안식을 추구하지 말고 그리스도께 매달려 그분을 따르라는 권유다. 행복과 안식은 모든 사람들이 추구하는 것이다. 그러나 대부분의 사람들이 추구하는 세속적인 것들은 그것을 보장해 줄 수 없다. 그들의 수고와 노력은 헛될 뿐이다. 그러나 그리스도는 당신을 그분에게로 초대하여 그분을 참되게 따르는 자들에게 주시는 이 평안을 주시고자 하며, 그 평안은 세상이 줄 수 있는 모든 것을 초월한다(사 55:2-3).

세상의 유익이나 영광에서 만족을 추구하거나 혹은 젊음의 쾌락과 허영에서 만족을 구하는 가운데 시간을 소비하는 당신은, 오늘 그리스도께서 자신의 보혈의 값으로 사신 특출하고 영속적인 평안과 축복을 받으라는 제안을 받는다. 그리스도의 제안과 초대를 계속 무시하고 그리스도가 없는 상태에 계속 머무는 한, 당신은 참된 평안과 위로를 결코 누리지 못하고 돼지들이 먹는 쥐엄열매로 만족을 얻기 위해 헛되이 노력했던 탕자와 같을 뿐이다. 하나님의 진노가 당신 위에 임할 것이며, 당신이 어디로 가든지 불행이 뒤따를 것인즉, 당신은 그 불행을 결코 피할 수 없을 것이다.

그리스도는 그분에게 나아오는 가장 죄 많고 불행한 자에게 평안을 주신다. 그분은 마음의 상처를 치유하시고 회복시켜 주신다. 그러나 죄에 줄곧 머무는 한 평안을 갖기란 불가능하다(사 57:19-21). 하나님과 그들 사이에는 평화가 없다. 왜냐하면 그들의 영혼에 죄책이 남아 있기 때문이며 그 죄책의 지배 아래 있기 때문이다. 그러므로 그들이 사는 동안 왜 고통하며 수고해야 하는지 그 이유가 있다. 죄의 상태에 줄곧 머무는 동안, 당신은 과연 어떤 존재가 될지 심히 두렵고도 불확실한 상태에 있으며 지속적인 위험에 처해 있다. 당신에게 즐거움을 주는 것들에 머물러 있을 때 당신의 마음은 가장 즐거울 때이겠지만 당신은 저주의 상태에 놓여 있다. 당신은 당신의 머리 위에 놓인 시퍼렇게 날이 선 거룩한 심판의 칼과 함께 지옥 구덩이에 매달려 치유 불가능한 파멸로부터 한순간도 안정을 갖지 못한다. 당신이 설령 호화로운 옷을 걸치거나, 왕좌에 앉거나, 왕자의 식탁에 앉아 세상에서 맛보기 드문 진미를 먹는다 해도, 그와 같은 상태에서 어느 누구가 합당한 평안을 누리겠는가? 그와 같은 사람들이 갖는 무사안일과 쾌락의 불행이여! 하나님께서 내리시는 심판의 감옥 안에 있으면서, 그리고 마귀의 비참한 포로로 있으면서 순간의 부와 쾌락에서 형편없는 위로와 기쁨을 구하는 어리석음이여! 그리스도가 없는 그들은 참된 친구가 없으며, 이스라엘의 국가로부터는 이방인이며, 약속의 언약으로부터 외인이고, 희망이 없으며, 하나님이 없는 자들이로다!

나는 지금 당신을 더 나은 곳으로 초대한다. 죄스럽고 불행한 사람의 자녀들을 위해 더 나은 것들이 준비되어 있다. 거기에는 참된 위로와 영원히 지속되는 평안이 있다. 안전한 상태와 확실한 토대 위에서 당신이 누릴 위로는 이성과 깨어 있는 상태로 누릴 평안과 안식이다. 당신의 모든 죄는 사함 받을 수 있고, 가장 심대한 범과는 구름처럼 말끔히 지워질 수 있고, 다시금 찾아낼 수 없는 깊은 바다에 매장될 수 있다. 그리고 죄 사함을 받을 뿐만 아니라 은혜를 입을 수 있어서 당신은 하나님의 만족과 기쁨의 대상이 될 수 있다. 하나님의 가족 안으로 들어가 그분의 자녀가 되어, 당신은 세상이 창조되기 전에 그리스도의 마음에 당신의 이름이 기록된 증거를 발견할 수 있고, 은혜의 언약 안에 포함된 이익을 소유할 수 있고, 영원한 생명의 약속을 소유하며, 부패하거나 쇠하지 않는 기업을 소유하게 되고, 시들지 않는 영광의 면류관을 얻을 수 있다. 그와 같은 환경 안에 있는 존재이므로, 그 무엇도 영원을 향한 당신의 행복을 방해할 수 없고, 영원에서 영원에 이르는 하나님의 사랑에 대한 당신의 희망의 근거와 그분의 언약과 맹세, 그리고 그분의 전능한 힘을 막을 수 없다. 사물은 놋으로 만들어진 산보다 더욱 견고하다. 산들은 떠나가고 언덕들은 움직일 수 있다. 그렇다. 하늘은 연기처럼 사라질 수 있고, 땅은 옷처럼 낡아질 수 있으나 하나님의 언약과 맹세는 결코 사라지지 않는다.

이와 같은 상태에서 당신은 어떤 변화 속에서도 평안과 안식을 가질 수 있고, 최상의 혼란과 외부에서 불행이 닥쳐오는 때에 모든 폭풍우와 홍수에서 보호받을 수 있다(시 32:6-7). 당신은 모든 것과 평화스런 관계를 가질 수 있고, 하나님께서는 통치하시는 모든 창조물을 그분의 친구로 만들어 주실 수 있다(욥 5:19-24). 당신은 당신의 원수가 당신에게 행할 일을 두려워할 필요가 없다(시 3:5-6). 지금 당신을 가장 두렵게 하는 것들, 곧 죽음, 심판, 그리고 영원은 당신이 하는 묵상에 달콤하며 최상의 즐거운 대상이 될 것이다.

그러므로 오늘 당신에게 제공하는 친절한 권고에 귀를 기울여라. 당신의 발을 평안의 길로 돌이키고, 어리석은 것을 버리고 이 마귀의 미끼 외에 아무것도 아닌 어리석은 것을 과감히 내버리고 그리스도께서 주시는 이 특출한 평안, "모든 이해를 초월하는 하나님의 평안"을 추구하라. 그 평안을 맛보고 알라. 그것을 맛보는 자는 그 누구도 결단코 실망치 않을 것이다(잠 24:13-14). 당신은 그리스도께서 주시는 달콤한 영적 위로를 발견할 것이며, 당신의 영혼에 새벽빛같이 되어 당신의 날은 더더욱 완전한 날이 될 것이다. 이 모든 것들은 당신이 안식의 땅, 영원한 기쁨의 장소인 천국에 이르는 날 완성될 것인즉, 당신이 누릴 평안과 행복은 그 어떤 작은 고통일지라도 뒤섞이거나 그것에 의해 방해받지 않고 완전하게 될 것이다.

설교 ❼

몸을 떠나 주와 함께 거하는 참된 성도
-기도의 성자 데이비드 브레이너드(David Brainerd)의 장례식 설교-

"우리가 담대하여 원하는 바는 차라리 몸을 떠나 주와 함께 거하는 그것이라"
(고후 5:8).

사도는 여기서 수시로 그를 정신 나간 미친 사람으로 몰아붙이는 그의 대적들, 고린도 교인 가운데 거짓 교사들이라는 대적에도 불구하고, 주님을 섬기는 데 있어서 왜 그렇게도 수고와 고통과 생명의 위험을 무릅쓴 채 담대하고 흔들리지 않는 굳건함으로 그의 사역을 일관성 있게 감당해 나갔는지 그 이유를 제시하고 있다. 고린도후서 5장 후반부에서 사도는 고린도 교회 크리스천들에게 그가 이렇게 한 이유는, 영광스러운 미래의 영원한 보상을 신실한 종들에게 주신다는 그리스도의 약속을 굳게 믿고, 또한 지금 현재 당하는 고통이 빛이며 장차 나타날 영광과는 족히 비교할 수 없다는 확신 때문이라는 사실을 전달해 준다. 동일한 담화가 이 장에서 계속되는데, 사도는 계속 당하는 고통의 이유와 목회 사역에 있어서 위험에 노출된 자기 목숨을 말하며, 심지어 죽음 이후의 더욱 행복한 상태를 고대하는 이유를 내세운다. 본문의 주제에서 다음과 같은 사실들을 살펴볼 수 있다.

1. 사도가 희망하는 미래에 가질 큰 특권은 그리스도와 함께 거하는 것이다. 그리스도와 함께 거한다는 말의 원래 뜻은 같은 나라나 도시에서 사는 것, 혹은 그리스도와 함께 가정을 만든다는 뜻이다.

2. 사도가 이 특권을 기대한 때는 영과 몸이 다시 결합되는 부활이 아니라 그가 육의 몸을 떠날 때이다. 그는 그가 써 보낸 빌립보서 1장 22-

23절에서 동일한 희망을 드러낸다. "그러나 만일 육신으로 사는 이것이 내 일의 열매일진대 무엇을 가릴는지 나는 알지 못하노라 내가 그 두 사이에 끼였으니 떠나서 그리스도와 함께 있을 욕망을 가진 이것이 더욱 좋으나."

3. 사도가 이 특권을 사용하는 가치다. 그 가치를 위하여 사도는 몸을 떠나는 것을 선택한다. 그가 사용하는 '차라리'란 말은 이 위대한 유익을 위해 지금 현재의 삶과 삶이 주는 모든 즐거움에서 떠나는 것이 자기를 더욱 기쁘게 한다는 뜻을 담고 있다.

4. 이 미래의 특권에 대한 믿음과 희망으로 말미암아 사도는 현재의 유익, 즉 용기, 확신, 마음의 안정을 갖는바 이는 "우리가 확신하노라"는 말의 의미와 부합된다. 사도는 이제 이 담화에서 극한의 수고, 역경, 그리고 위험을 감내하는 마음의 용기와 흔들림이 없는 안정에 대한 이유를 제시한다. 그래서 그 모든 것에 굴하지 않고 용기를 잃지 않고 지속적인 빛과 내면의 후원, 힘, 그리고 위로를 가진 것은 앞 장의 16절 말씀과 부합된다. "그러므로 우리가 낙심하지 아니하노니 겉사람은 후패하나 우리의 속은 날로 새롭도다." 특별히 4장 8-10절에 같은 내용이 표현되어 있다. "우리가 사방으로 우겨쌈을 당하여도 싸이지 아니하며 답답한 일을 당하여도 낙심하지 아니하며 핍박을 받아도 버린 바 되지 아니하며 거꾸러뜨림을 당하여도 망하지 아니하고 우리가 항상 예수 죽인 것을 몸에 짊어짐은 예수의 생명도 우리 몸에 나타나게 하려 함이라." 그리고 6장 4-10절은 말씀한다. "오직 모든 일에 하나님의 일꾼으로 자천하여 많이 견디는 것과 환난과 궁핍과 곤난과 매 맞음과 갇힘과 요란한 것과 수고로움과 자지 못함과 먹지 못함과 깨끗함과 지식과 오래 참음과 자비함과 성령의 감화와 거짓이 없는 사랑과 진리의 말씀과 하나님의 능력 안에 있어 의의 병기로 좌우하고 영광과 욕됨으로 말미

암으며 악한 이름과 아름다운 이름으로 말미암으며 속이는 자 같으나 참되고 무명한 자 같으나 유명한 자요 죽은 자 같으나 보라 우리가 살고 징계를 받는 자 같으나 죽임을 당하지 아니하고 근심하는 자 같으나 항상 기뻐하고 가난한 자 같으나 많은 사람을 부요하게 하고 아무것도 없는 자 같으나 모든 것을 가진 자로다."

본문에서 얻을 수 있는 많은 유용한 통찰 가운데, 나는 지금 오로지 우리 앞에 명백히 놓여 있는 말씀만을 주장할 것이다. 참된 성도의 영혼은 죽음의 순간 그리스도와 함께 있기 위해 몸을 떠난다.

참된 성도의 영혼은 다음과 같은 점에서 그리스도와 함께 거한다.

1. 그들은 그리스도의 영광 받으신 인간적인 본성과 함께 동일한 축복 안에 거한다. 그리스도의 인간적인 본성은 여전히 존재한다. 그분은 하나님과 인간으로서 영원토록 계신다. 그분의 인간적인 본성 전부는 그분의 인간적인 영혼뿐만 아니라 인간적인 몸으로서 여전히 남는다. 그분의 죽은 몸은 죽은 자들 가운데 일어나셨고, 죽음에서 일어나신 그분은 또한 승천하시고 영광을 받으사 하나님 우편에 앉으셨다. 그리스도는 죽었으나 살아나셔서 영원히 사신다.

그러므로 어떤 특별한 장소인 창조의 특별한 장소에 그리스도는 머물고 계신다. 그리고 이 장소는 우리가 부르는 "가장 높은 하늘" 혹은 "하늘들의 하늘", 모든 눈에 보이는 하늘 위의 장소이다. 에베소서 4장 9-10절은 "올라가셨다 하였은즉 땅 아랫곳으로 내리셨던 것이 아니면 무엇이냐 내리셨던 그가 곧 모든 하늘 위에 오르신 자니 이는 만물을 충만케 하려 하심이니라"고 말씀한다. 이는 사도가 고린도후서 12장 2절에서 "셋째 하늘"이라고 말한 곳과 동일한데, 그는 대기(大氣) 하늘을 첫째 하늘로, 별들이 있는 하늘을 둘째 하늘로, 그리고 가장 높은 하늘을 셋째 하늘로 간주한다. 이 셋째 하늘은 거룩한 천사들이 거주하는 곳이다. 그들은 마태복음 24장 36절에서 "하늘의 천사들"로, 마가복음 13장 32절에서는 "하늘에 있는 천사들"로, 그리고 마태복음 22장 30절과 마가복음 12장 25절에서도 "하늘에 있는 천사들"로 일컬어진다. 그들은 마태복음 18장 10절에서 "하늘에 계신 내 아버지의 얼굴을 항상 뵈옵는" 자들로 일컬어진다. 그리고 다른 곳에서는 간혹 하나님 보좌 앞에 있는 자, 혹은 하늘에서 하나님 보좌를 옹위하고 있는 자, 이 세상에 메시지를 들고 보냄을 받은 자로 나타난다.

 이 세상을 떠날 때 성도들의 영혼은 안내를 받는다. 그들은 가장 높은 하늘과는 구별된 어떤 장소에 보존되는 것이 아니라, 어떤 이들이 생각하는 행복한 자들의 저승(the hades of the happy)이라 일컬어지는 것과 같은, 심판 날까지 보전되는 안식의 장소인 천국으로 직행한다. 천국은 성도들이 거하는 집, 그들의 아버지의 집이다. 그들은 땅에서는 순례자와 외인이며 더 나은 나라를 향해 순례의 길을 걷는다(히 11: 13-26). 이 나라는 그들이 속한 도성이다. 빌립보서 3장 20절은 "오직 우리의 시민권은 하늘에 있는지라"라고 말씀한다. 그러므로 사도가 "우리가 기꺼이 처음 집인 몸을 떠나 그리스도께서 거하시는 집, 도성 혹은 나라에서 살고자 하노라"고 말할 때, 근본적인 의미는 의심할 바 없이 내가 택한 본문과 관련된 장소이다. 이 집, 도성, 혹은 나라는 다른 곳에서는 그들이 살 집, 그들의 아버지의 집, 그들이 속한 도성과 나라, 이 세상에 있는 동안 여행하고 있는 곳, 그리고 예수 그리스도의 인간적인 본성이 어떤지를 아는 곳으로 일컬어지는 그 집이 아닌가? 이는 성도의 안식이다. 살아 있는 동안 그들의 마음은 그 집에 있고, 여기에 그들의 보물이 있다. 부패하지 않고 더럽혀지지 않는 기업, 시들지 않는 기업, 그들을 위해 계획된 기업은 하늘에 보존되어 있으므로(벧전 1:4) 그곳에 가기까지 그들은 결코 충분한 안식을 가질 수 없다.

의심할 나위 없이 그들의 영혼이 몸을 떠날 때(성경은 완전한 안식의 상태로 표현한다) 여기에 도착한다. 죽음을 보지 않고 이 세상을 떠나 안식처에 들어간 두 성도(에녹과 엘리야)는 하늘로 갔다. 그리스도께서 승천하실 때처럼 하늘로 승천하는 엘리야의 모습은 눈에 보였다. 그리고 이 두 성도가 죽음으로 이 세상을 떠나 동일한 하늘의 안식처에 들어갔다고 생각할 충분한 이유가 있다. 산꼭대기에서 죽었을 때, 모세는 죽음을 보지 않고 승천한 엘리야와 함께 거하는 영광스러운 거처로 승천했다. 그들은 예수의 변화에 함께 출현했던 것처럼 다른 세계의 동반자다. 그들은 그 당시 그리스도와 함께 산에 있었던바, 하늘에서 그리스도께서 누리시는 영광의 견본 혹은 모델이었다. 의심할 여지 없이 그들은 하늘에서 그리스도께서 실제적으로 그리고 충분히 영광을 받으셨을 때 함께 그리스도를 뒤따랐다. 그의 생명이 끝났을 때, 스데반의 영혼이 승천한 것도 분명한 사실이다. 사도행전 7장 55-59에서 우리가 보는 바와 같이 그의 죽음의 환경은 그것을 증명한다. "스데반이 성령이 충만하여 하늘을 우러러 주목하여 하나님의 영광과 및 예수께서 하나님 우편에 서신 것을 보고 말하되 보라 하늘이 열리고 인자가 하나님 우편에 서신 것을 보노라 한대 저희가 큰 소리를 지르며 귀를 막고 일심으로 그에게 달려들어 성 밖에 내치고 돌로 칠새 증인들이 옷을 벗어 사울이라 하는 청년의 발 앞에 두니라 저희가 돌로 스데반을 치니 스데반이 부르짖어 가로되 주 예수여 내 영혼을 받으시옵소서 하고." 죽기 전에 그는 자신을 위해서뿐만 아니라 모든 믿음의 동료들을 위해 주님께서 하늘에서 그를 영접하는 놀라운 영광을 보았고 이 영광의 희망의 격려를 받고 주를 위해 그의 목숨을 기꺼이 바칠 수 있었다. 따라서 그는 "주 예수여 내 영혼을 받으시옵소서"라고 말하며 이 희망 가운데 죽었다. 그가 "내 영혼을 받으사 하늘의 하나님 보좌 우편에 계신 영광의 주님과 함께 있게 하소서"라고 기도한 것은 의심의 여지가 없다.

    십자가 위에서 회개한 강도의 영혼도 거기 있었다. 그리스도는 그에게 "오늘 네가 나와 함께 낙원에 있으리라"고 말씀하셨다. 낙원은 고린도후서 12장 2-4절에 나타나는 바와 같이 셋째 하늘과 동일하다. 2절의 "셋째 하늘"은 4절에서 "낙원"이라 불린다. 사도들과 선지자들의 영혼은 요한계시록 18장 20절에 나타는 바와 같이 하늘에 있다. "하늘과 성도들과 사도들과 선지자들아 그를 인하여 즐거워하라." 성경에서 하나님의 교회는 때때로 이 두 부분, 곧 하늘과 땅으로 구분된다. 에베소서 3장 14-15절은 "내가 하늘과 땅에 있는 각 족속에게 (예수 그리스도의) 이름을 주신 아버지 앞에 무릎을 꿇고 비노니"라고 말씀한다. 골로새서 1장 20절은 "그의 십자가의 피로 화평을 이루사 만물 곧 땅에 있는 것들이나 하늘에 있는 것들을 그로 말미암아 자기와 화목케 되기를 기뻐하심이라"고 말씀한다. 지금 하늘에 있는 것들은 그리스도의 십자가의 보혈로 말미암아 이루어진 평안을 가진 자들이요 그리스도로 말미암아 하나님과 화목되어 하늘에 있는 성도들이 아닌가? 같은 방식으로 우리는 에베소서 1장 10절에서 하나님께서 모으신 그리스도 안에서 통일된 모든 만물들, 하늘과 땅 위에서 그리스도와 함께하는 만물들에 대해 읽는다. 완전케 된 의인들의 영은 히브리서 12장 22-24절 말씀이 선포하는 것처럼, 살아 계신 하나님이 계시는 동일한 도성인 하늘의 예루살렘에서 헤아릴 수 없는 천사들의 무리와 새 언약의 중보자이신 예수 그리스도와 함께 있다. 성경에서 하나님의 교회는 가끔 우리 모두의 어머니인 예루살렘으로 일컬어지며, 사도는 위에 있거나 하늘에 있는 예루살렘에 대해 말한다. 그러나 교회의 어느 부분이 하늘에 없거나 에녹과 엘리야 외에 없다면, 교회가 하늘에 있는 예루살렘으로 일컬어질 것 같지 않아 보인다.

2. 참된 성도의 영은, 죽음으로 말미암아 육체를 떠날 때 그리스도와 함께 거하여 즉시, 완전하게, 그리고 지속적으로 그분의 얼굴을 보게 된다.

우리가 사랑하는 친구들을 떠날 때 그들은 시야에서 사라지지만, 그들과 함께 거할 때 우리는 그들을 볼 만족한 기회를 갖는다. 성도들이 육체에 거하므로 주님과 함께 거하지 못할 때, 몇 가지 면에서 그분을 눈으로 볼 수 없는 것은 자연적 이치다(벧전 1:8, "예수를 너희가 보지 못하였으나 사랑하는도다 이제도 보지 못하나 믿고", 그리고 계속된다). 그들은 실로 이 세상에서 영적으로 그리스도를 보기에 마치 거울로 보듯이 희미하게 보지만, 천국에서는 그분을 얼굴과 얼굴을 맞대고 보는 것과 같을 것이다(고전 13:12). "마음이 청결한 자는 복이 있나니 하나님을 볼 것임이요"(마 5:8). 그들은 그리스도 안에서 하나님을 복되게 보게 되는데, 하나님의 영광의 빛과 광채이신 그리스도는 그분의 영광의 빛을 땅 위의 성도들뿐 아니라 하늘에 있는 성도들과 천사들에게도 비추어 주신다.

이 빛은 세상을 비추는 의의 태양일 뿐만 아니라 하늘의 예루살렘을 비추는 태양이기도 하다. 하나님의 영광에서 나오는 빛은 모든 영광스러운 거주자들에게 둘러 비칠 것이다. "그 성은 해나 달의 비췸이 쓸데 없으니 이는 하나님의 영광이 비취고 어린양이 그 등이 되심이라"(계 21:23). 그 누구도 영원하시며 죽지 아니하시고 보이지 않는 하나님 아버지를 직접 볼 수 없다. 그리스도는 보이지 않는 하나님의 형상이신 바, 그에 의해 모든 선택받은 피조물들은 하나님을 본다. 아버지의 품에서 독생하신 유일하신 아들 그리스도는 하나님을 선포된 분으로 선포했다. 아들 외에는 그 누구도 하나님을 직접 보지 못했다. 아들이 아버지를 계시하시지 않으면 아들 외에는 그 누구도 아버지를 볼 수 없다. 그리고 하늘에서 의인의 영은 그분의 영광을 분명히 보게 된다. 하늘에서 의인들의 영은 그분의 영광 앞에서 완전하게 된다. 성도들은 하나님의 모든 영광 안에 깃든 그분의 신적 본성의 영광과 그분의 완전한 아름다움을 모두 보게 된다. 의인들은 그분의 영광스런 인간적인 본성이 지닌 아름다움과 하늘 아버지께서 하나님과 인간의 중보자이신 그리스도께 주신 영광을 본다. 이 목적을 위해 그리스도는 죽으셔서 성도들로 하여금 자기와 함께 있게 하시고 자기의 영광을 보게 하셨다(요 17:24). 성도들의 영이 몸을 떠나 그리스도와 함께 거할 때, 그들은 그리스도께서 이루신 위대한 구속 사역의 영광과 그리스도께 이루신 구원의 영광스런 길의 영광을 보게 될 것인즉, 그 영광은 하늘의 천사들이 보기 원하는 바이다. 그들은 하나님의 지혜와 지식의 측량할 수 없는 깊이를 아주 분명히 보게 되며, 구속의 길과 사역에서 드러난 하나님의 무한하신 순결과 거룩의 광휘를 보게 될 것이며, 그리스도의 구속에 나타나는 그리스도의 은혜와 사랑의 넓이와 길이, 깊이와 높이를 보게 될 것이다.

그들이 말로 표현할 수 없는 하나님의 은혜의 속성이 지닌 부요함과 영광을 볼 때, 특별히 그들에게 주신 그리스도의 영원하고 측량할 수 없는 대속 죽음의 사랑을 더 분명히 보고 이해하게 될 것이다. 요약하자면, 그들은 친절하고, 불타오르고, 그리고 만족시키는 사랑의 속성을 가진 그리스도 안에 있는 모든 것과 성도들을 만족시켜 주는 모든 것, 가장 깨끗하고 영광스럽고 그 어떤 어두움이나 기만이 없고 궁지나 간섭이 없는 모든 것을 보게 될 것이다. 지금 몸 안에 살고 있는 성도들은 마치 새벽에 떠오르는 태양 빛이 어둠과 뒤섞여 있듯이 그리스도의 영광과 사랑을 부분적으로 본다. 그러나 몸에서 분리될 때, 그들은 어둠을 몰아내고 지평선 위로 찬란히 떠올라 환한 빛을 발하여 완전한 빛의 날을 창조하는 태양을 보듯 그들의 영광스럽고 사랑스런 구속주를 보게 된다.

3. 참된 성도들의 영은 몸을 떠날 때 그리스도와 함께 거하여 그분과 완전히 연합되는 가장 완전한 일치에 들어간다. 그들의 영적 일치는 몸 안에 있을 때 시작되었다. 여기서 주의 영광을 보는 그들은 그분과 같은 형상으로 변화를 입는다. 그러나 하늘에 계신 그리스도를 보게 될 때, 그들은 다른 방식으로 그분과 같게 된다. 그리스도를 완전히 바라볼 때 찬란한 태양빛이 모든 어둠을 몰아내듯 모든 왜곡됨, 불일치, 그리고 닮지 않은 죄스런 모습의 잔재를 제거하실 것이다. 태양 빛 앞에 최소한의 모호함도 남아 있을 수 없듯이, 죄와 영적인 기형(畸形)은 성도들이 하늘에서 구름 한 점 없는 의의 태양을 바라보고 즐기는 그들에게 그리스도의 영적인 아름다움과 영광을 바라보는 그들에게 조금도 남아 있지 못할 것이다. 그들 자신이 태양처럼 빛을 발할 뿐만 아니라 한 점 흠 없는 작은 태양과 같게 될 것이다. 왜냐하면 그때 그리스도께서 자신의 영광스런 아름다움을 성도들에게 나타낼 것이기 때문이다. 그들은 "점이나 주름이나 그와 같은 그 어떤 것도 없을 것이며" 흠 없는 거룩함을 갖게 될 것이다.

그런 다음 그리스도와 성도들의 연합은 완전해진다. 이 연합은 이 세상에서 또한 시작된다. 상대적인 연합은 즉시 동시에 시작되고 완성되는데, 영혼은 먼저 그분에 의해 먼저 불붙게 되며 믿음으로 말미암아 그리스도와 더욱 가까워진다. 마음과 애정의 활력 있는 연합으로 이루어지는 실제적인 연합은 이 세상에서 시작되어 다음 세상에서 완성된다. 그리스도에 대한 신자의 마음의 연합은 처음 회개할 즈음 하나님의 위대하심에 대한 발견으로 그분에게 이끌릴 때 시작된다. 그리스도와 함께하고픈 그의 마음의 이끌림과 가까움은 그리스도와의 상호 활력 있는 연합을 산출하는바, 그에 의해 신자는 참된 포도나무의 가지가 되어 그리스도의 신비로운 몸의 지체로서 뿌리로부터 자양분을 공급받는 의사소통이 이루어지고, 머리가 주는 영적이며 활력 있고 영향력 있는 커뮤니케이션을 공급받으며 그리스도 자신의 생명에 참여한다.

그러나 육체에 있는 동안 성도들과 그리스도 사이에는 거리가 있다. 소외의 잔재가 있어 활력 있는 연합은 불완전하며, 결과적으로 영적 생명과 활력 넘치며 영향력 있는 커뮤니케이션도 불완전하다. 그리스도와 신자 사이에 거리를 만드는 것은 내주하는 죄와 많은 유혹과 말할 수 없는 연약한 육신, 그리고 육욕의 대상이 되는 세상이며, 이것들이 성도들의 영혼을 그리스도로부터 멀어지게 하며 완전한 연합을 가로막는다. 그러나 영혼이 육체를 떠날 때 이 모든 방해물과 장애물들은 제거될 것이다. 모든 방해 벽이 허물어지고 모든 걸림돌이 제거되며, 모든 거리는 간격이 없어질 것이다. 온전히 그리고 영원히 그분의 영광을 바라봄으로써 마음은 그분과 결합될 것이며 활력 넘치는 연합이 완성될 것이다. 영혼은 그리스도 안에서 완전히 살 것이며, 그분의 성령으로 채워지고 성령의 생명력 넘치는 영향력과 생명에 의해 고무될 것이다. 말하자면 영적 죽음이나 육욕적인 삶의 그 어떤 잔재 없이 오로지 그리스도의 생명에 의해서만 살 것이다.

4. 성도들의 떠난 영혼은 그리스도와 함께 있어 그분과 영광스럽고 직접적인 대화를 즐긴다.

우리는 친구들과 함께 있는 동안, 그들과 떨어져 있을 때 가질 수 없는 자유롭고 직접적인 대화의 기회를 갖는다. 그러므로 성도들이 몸을 떠날 때 그리스도와 함께하는 더욱 자유롭고 완전하고 직접적인 교제 때문에 그리스도와 현존하는 자로서 나타나게 된다.

가장 친밀한 교제는 예수 그리스도 안에 성도들이 서는 그 관계가 되며, 특별히 하늘에서 그리스도와 갖는 완전하고 영광스러운 연합이 된다. 그들은 단순히 그리스도의 종이 아니라 그분의 친구(요 15:15)가 되며, 그분의 형제와 동료(시 122:8)가 된다. 그렇다! '그리스도의 신부'가 된다. 그들은 육체에 있는 동안 그리스도와 약혼한다. 그러나 하늘에 갈 때 그들은 왕의 궁정에 들어간다. 그들은 그리스도와 결혼하게 되고, 왕은 그들을 그분의 내실로 이끌어 들인다. 그들은 그리스도와 끊임없이 거하며, 그분과 가장 완전한 대화를 즐긴다.

　그리스도는 땅 위에 있는 제자들과 가장 친밀하게 대화하신다. 그리스도는 제자들 중 한 사람이 가슴에 기대는 것을 허용하셨지만, 하늘에서는 더욱 충분히 그리고 자유롭게 자신과 대화하도록 허락하신다. 그리스도께서 영광중에 계시지만―위엄과 영광으로 하늘에 있는 천사들과 땅 위의 사람을 다스리신다―이 위엄과 영광은 친밀함과 교제의 자유를 방해하지 않고 더 증진시킨다. 그리스도는 자신을 위해서 들림 받으셨을 뿐만 아니라 그들을 위해서도 들림 받으셨다. 그리스도는 그들을 위해 모든 것 위에 있는 머리의 영광을 입으셨고, 그들 또한 들림 받고 영광 받을 것이다. 그리스도께서 계신 하늘나라에 갈 때, 그들은 그리스도와 함께 높임과 영광을 받을 것이며, 조금도 두려운 거리가 없이 더 가까이 나아가서 놀라운 친밀을 이룰 것이다. 두말할 필요 없이 그들은 그렇게 합당한 자로 여김을 받았기 때문에 그리스도는 그들 위에 이 축복을 내리실 더 적당한 지위를 갖고 계신다. 그들의 친구와 구세주의 영광을 바라보는 그들은 두려움 때문에 거리를 두기보다는 그 반대로 더 가까이 접근하되 가장 힘 있게 접근하는 거룩한 자유를 갖게 된다. 왜냐하면 그리스도께서 그들의 구세주 되심을 알고, 대신 죽는 사랑으로 보혈을 흘리셔서 그들을 가장 사랑하는 친구요 신부로 삼으신 바로 그분을 알게 될 것이기 때문이다. 마태복음 14장 27절은 "내니 두려워 말라"라고 말씀하시며, 요한계시록 1장 17-18절은 "두려워 말라 나는 처음이요 나중이니 곧 산 자라 내가 전에 죽었었노라" 하고 말씀한다. 그리고 그들이 바라볼 그리스도의 영광이 지닌 성격은 그들을 이끌고 격려하는 것이다. 그들은 그분의 위엄에 합당한 무한한 위엄과 위대함을 볼 뿐 아니라 무한한 은혜, 겸손, 온유함, 관대함 그리고 달콤함을 볼 것이다. 왜냐하면 그분은 하늘에서 유다 지파의 사자로서 나타나실 뿐만 아니라, "보좌에 계신 어린양"으로도 나타날 것이기 때문이다(계 5:5-6). 그분은 그들을 "자유케 하시고 생명수 샘으로 인도하셔서" (계 7:17) 자신의 위대한 왕권을 보게 하심으로써 그들을 두렵게 할 것이 아니라 그들의 기쁨과 놀라움을 더욱 고양시킬 것이다.

십자가에 달리신 이후 다시 살아나신 것을 보고 마리아가 기쁨에 차서 그리스도를 포옹하려 했을 때, 그분은 아직까지 들림을 받지 않으셨기 때문에 만지는 것을 허락하지 않으셨다. 요한복음 20장 16-17절은 말씀한다. "예수께서 마리아야 하시거늘 마리아가 돌이켜 히브리 말로 랍오니여 하니 (이는 선생님이라) 예수께서 이르시되 나를 만지지 말라 내가 아직 아버지께로 올라가지 못하였노라 너는 네 형제들에게 가서 이르되 내가 내 아버지 곧 너희 아버지, 내 하나님 곧 너희 하나님께로 올라간다 하라 하신대." 예수께서는 이렇게 말씀하신 것 같다. "지금은 네가 나를 자유롭게 사랑할 시간과 장소가 아니다. 그 사랑은 내가 승천한 이후 하늘에서 하게 되어 있다. 나는 지금 거기로 갈 터인데 나의 참된 제자들인 너희들은 나의 형제와 동료로서 곧 나의 영광중에 나와 함께 거기에 있게 될 것이다. 그런 뒤 그 어떤 제한도 없어질 것이다. 거기는 만족과 참사랑, 서로간의 충분한 즐거움을 가장 완전하게 표현하도록 정해진 곳이다."

따라서 몸을 떠나 그리스도와 함께 하늘에 있는 성도들의 영혼은 영원으로부터 거기에 있어 온 상호간의 무한하고 부요한 사랑을 그리스도와 나누게 될 것이다. 그들은 육체에 있을 때 할 수 있었던 방법보다 훨씬 더 비교할 수 없을 만큼 그리스도에 대한 그들의 사랑을 표현할 수 있을 것이다. 그러므로 그들은 풍성히 먹고 마시고, 사랑의 대양에서 헤엄을 치며, 신성한 사랑의 무한한 온유함과 달콤한 품속에 영원히 삼킴을 당할 것이고, 영원히 사랑의 빛을 충만히 받고 그 빛에 둘러싸일 것이며, 영원히 그 샘을 향유할 것이다.

5. 성도들의 영혼이 죽음으로 그 몸을 떠날 때 그리스도와 함께 있게 된다. 그들은 그분의 축복 속에서 영광스런 교제를 갖게 된다.

아내가 그 남편의 재산 소유권에 참여하듯, 그리고 왕비가 왕의 소유와 영예를 왕과 함께 누리듯, 그리스도의 신부인 교회는 하늘에서 그리스도와 함께 살도록 받아들여질 때 그분의 영광을 함께 누릴 것이다. 그리스도께서 죽음에서 부활하시고 영원한 생명을 소유하셨을 때, 그것은 어느 한 사람의 소유가 아니라 그리스도께서 구속하신 백성 모두의 소유가 되었다. 그리스도는 자신을 위해서뿐만 아니라 그분의 백성을 위해서도 영원한 생명을 소유하셨고, 이를 위해 그들은 "그리스도와 함께 죽고 그리스도와 함께 부활했다." 그리고 그리스도께서 하늘에 오르셔서 거기서 큰 영광을 얻으셨을 때, 이는 공적으로 하신 것이었다. 그리스도는 천국을 자신을 위해서뿐만 아니라 선구자와 머리로서 그분의 백성을 위해서도 소유하셨는데, 이는 그들이 "그분과 함께 하늘에 앉기 위해서"였다(엡 2:5-6). "그리스도는 그의 새 이름을 그들 위에 쓰신다"(계 3:12). 즉, 그리스도는 하늘에서 그들을 그분 자신의 영광과 높임 받음의 참여자가 되게 하신다. 그리스도의 새 이름은 그리스도께서 왕자로서 아버지 우편에 앉으셨을 때 아버지께서 주신 새로운 존귀와 영광이며, 누구든지 그리스도의 왕국에 있는 새로운 위엄 앞으로 나아가면 그에게 새로운 이름을 주신다. 그리스도와 그의 성도들은 함께 영광을 얻을 것이다(롬 8:17).

하늘에 있는 성도는 하늘의 영광과 축복 속에 계신 그리스도와 함께 교통하고 함께 참여하는 자가 될 터인즉, 특히 다음과 같은 면에서 그렇다.

첫째, 그들은 그리스도와 함께 그리스도께서 하늘에서 아버지 하나님과 함께 누리시는 말로 표현할 수 없는 기쁨에 참여한다. 그리스도께서 하늘에 오르셨을 때, 한때 아들이 고통 속에 있을 때 얼굴을 가리셨던 아버지와 함께 영광스럽고 특별한 기쁨과 축복을 받으셨다. 그와 같은 즐거움은 아버지 앞에 서서 땅 위에 계셨을 때 그렇게도 크고 힘겨운 봉사를 드리신 사역에 대한 보상이다. 하나님은 그리스도에게 생명의 길을 보이셨고 그리스도를 기쁨이 충만하고 무궁한 즐거움이 있는 보좌 우편에 앉게 하셨다(시 16:11). 그런 뒤 아버지는 그리스도를 영원히 가장 복되게 하셨다. 하나님은 그리스도를 당신의 얼굴의 기쁨으로 삼으셨다(시 21:6). 그리스도와 연합한 성도, 그분의 지체가 된 성도는 아버지와 갖는 그리스도의 친밀한 관계에 참여하며, 아버지를 즐거워하시는 그리스도의 행복의 상속자가 되는데, 이는 갈라디아서 4장 4-7절에서 사도가 말한 바와 같다. 하나님의 독생자의 배우자가 된 그리스도의 신부는 그리스도께서 아버지와 갖는 아들의 관계에 참여하는 자가 되며, 왕의 딸이 되며(시 45:13), 그녀의 신성한 남편과 함께 그분의 아버지와 그녀의 아버지, 그분의 하나님과 그녀의 하나님이 갖는 즐거움에 참여하는 참여자가 된다. 이에 대한 약속은 요한복음 20장 17절에서 마리아에게 하신 그리스도의 말씀에 함축되어 있다.

그러므로 그리스도의 신실한 종들은 "그들의 주님의 즐거움에 들어가며"(마 25:21-23), 그리스도의 기쁨은 그들 안에 머무는데, 이는 요한

복음 15장 11절에서 하신 그리스도의 말씀과 부합된다. 말하자면 그리스도는 아버지의 무한한 기쁨의 대상으로 영원부터 아버지의 품 안에 계셨다. 그분 안에 아버지의 영원한 행복이 있다. 세상이 있기 전에, 아버지의 무한하신 사랑의 기쁨 속에, 무한하신 즐거움과 행복 속에 그리스도가 계셨다. 이에 대해 하나님 자신이 잠언 8장 30절에서 선포하신다. "내가 그 곁에 있어서 창조자가 되어 날마다 그 기뻐하신 바가 되었으며 항상 그 앞에서 즐거워하였으며." 그리고 그리스도께서 받으신 수난 후에 아버지께로 올라가셨을 때, 십자가 처형 전날 저녁에 하신 기도와 부합되는 하나님의 사랑의 즐거움 안에 있는 동일한 영광과 축복에 이르셨다. 요한복음 17장 5절은 "아버지여 창세전에 내가 아버지와 함께 가졌던 영화로써 지금도 아버지와 함께 나를 영화롭게 하옵소서"라고 말씀한다.

그리고 동일한 기도에서 그리스도는 그의 참된 제자들이 그분 자신이 구하신 그 기쁨과 영광의 즐거움에 자신과 함께 참여하게 되는 것이 자신의 뜻임을 밝히신다. 요한복음 17장 13절은 "저희로 내 기쁨을 저희 안에 충만히 가지게 하려 함이니이다"라고 말씀하며, 22절은 "내게 주신 영광을 내가 저희에게 주었사오니"라고 말씀한다. 성도들이 그리스도와 함께 즐기는 그리스도의 이 영광과 기쁨은 요한복음 17장 26절에서 우리 주님께서 하신 기도의 마지막 부분에서 드러나는 바와 같이 그리스도에 대한 아버지의 무한하신 사랑을 즐기는 데서 갖는 것이다. "내가 아버지의 이름을 저희에게 알게 하였고 또 알게 하리니 이는 나를 사랑하신 사랑이 저희 안에 있고 나도 저희 안에 있게 하려 함이니이다." 이들에 대해 갖는 아버지의 사랑은 실로 위대하다. 말하자면, 신성은 전적으로 그리고 완전하게 그리스도에 대한 사랑의 물줄기에서 흘러나며, 그리스도의 기쁨과 즐거움 또한 같은 비율로 위대하다. 이는 그리스도의 기쁨의 물줄기, 무한하신 즐거움의 강인데, 시편 36편 8-9절과 합치하듯 그분과 함께 그분의 성도들로 하여금 마시게 하는 물줄기이다. "저희가 주의 집의 살진 것으로 풍족할 것이라 주께서 주의 복락의 강수로 마시우시리이다 대저 생명의 원천이 주께 있사오니 주의 광명중에 우리가 광명을 보리이다."

성도들은 그리스도의 즐거움에 참여함으로써 기쁨을 갖게 될 것이며, 그리스도의 빛 안에서 빛을 보게 될 것이다. 그들은 그리스도와 함께 즐거움의 강에 참여할 것이며, 동일한 생명의 물을 마실 것이며, 아버지의 나라에서 동일한 포도주를 마시게 될 것이다(마 26:29). 여기서 말씀하는 새 포도주는 특히 그리스도와 그분의 참된 제자들이 영광 가운데 함께 참여하게 될 기쁨과 행복인즉, 그것은 그리스도의 보혈로 산 것, 혹은 그리스도의 죽음의 순종에 대한 보상이다. 하늘에 오르셨을 때 그리스도는 아버지 오른편에 있는 영원한 즐거움을 받으셨고, 죽음에 이르는 순종의 보상으로 받으신 아버지의 사랑을 즐기는 것이다. 그러나 동일한 의는 머리 되시는 분과 지체 모두에게 돌아간다. 머리와 지체 모두는 그들 각자의 능력에 따라 동일한 보상을 나누게 된다.

하늘에 있는 성도들이 그리스도의 기쁨 안에서 그와 같은 교제를 갖는다는 사실, 그리고 그분과 함께 아버지 자신의 즐거움에 동참한다는 사실은 그들의 행복의 초월적인 위대함과 천사들보다 더 높은 영광스런 특권을 갖게 된다는 사실을 선포한다. 그것이 첫 번째 요점이다.

둘째, 하늘에 있는 성도는 아버지께서 그리스도를 높이신 그 통치의 영광중에 그리스도와 함께하는 교제를 갖거나 거기에 참여한다.

그리스도께서 승천하신 것처럼, 하늘에 올라갈 때 성도는 그리스도와 함께 하늘에 앉아서 그분의 높아지심의 영광에 참여하여 그리스도와 함께 다스린다. 그리스도를 통하여 그들은 왕과 제사장이 된다. 그들은 그분과 함께 그분 안에서 동일한 왕국을 다스린다. 아버지께서 아들로 하여금 왕국을 통치하게 하신 것처럼, 그분은 성도들로 하여금 왕국을 다스리게 하셨다. 아버지는 아들이 그분 자신의 왕국을 통치하게 하셨고, 아들은 성도들이 그분의 왕국을 통치하게 하셨다. 아버지는 그리스도를 자신과 함께 그의 왕좌에 앉히셨고, 그리스도는 그와 함께 성도들이 그분의 왕좌에 앉게 하셨는데, 이는 요한계시록 3장 21절에서 하신 그리스도의 약속과 일치한다. 하나님의 아들이신 그리스도는 하나님의 왕국의 상속자며 성도들은 그리스도와 함께 그 상속에 참여한다. 이는 그리스도와 성도들 모두가 동일한 유업을 상속하며 능력에 따라 그분 안에서 그분과 함께 동일한 왕국을 소유한다는 뜻이다. 그리스도는 그분의 왕국 안에서 하늘과 땅을 통치하신다. 그리스도는 만물의 상속자로 지명되셨고, 모든 만물은 성도들의 것이다. "그런즉 누구든지 사람을 자랑하지 말라 만물이 다 너희 것임이라 바울이나 아볼로나 게바나 세계나 생명이나 사망이나 지금 것이나 장래 것이나 다 너희의 것이요 너희는 그리스도의 것이요 그리스도는 하나님의 것이니라"(고전 3:21-23).

천사들은 그리스도의 통치의 한 부분으로서 그리스도의 것이다. 그들은 그리스도를 섬기는 영들로서 모두 그리스도께 시중든다. 또한 그들은 지극히 높고 위엄 있는 존재로서 "구원의 후사인 성도들을 섬기는 영들이다." 그들은 그리스도의 천사들이며 또한 성도들의 천사들이다. 그것이 바로 성도와 그리스도의 연합이며, 그분에 대한 성도들의 관심이고, 그리스도께서 소유한 것을 자신들의 판단에 따라 소유하는 것보다 훨씬 더 완전하고 축복된 방식으로 성도들이 소유하는 방식이다. 이제 그들은 모든 면에서 그들 자신의 판단보다 무한히 더 나은 판단에 의해 가장 복된 자들로 결말지어지며, 그들의 머리 되시고 남편 되신 분에 의해 결말지어지고, 그분과 그들 사이에 가장 완전한 마음의 일치와 가장 완전한 의지의 일치가 이루어진다.

이 위대한 왕의 영광스러운 배우자로서 온 우주를 다스리는 그분의 통치에 그들도 함께 참여한다. 더욱 특별한 것은 교회는 그분과 함께 그분의 은혜의 왕국을 통치하는 그 통치의 기쁨과 영광에 참여하는 것인데, 그 은혜의 왕국은 더욱 특별히 교회의 머리로서 그분이 소유하는 왕국이며 교회가 더욱 특별한 관심을 갖는 왕국이다. 하나님 아버지께서 하늘에 있는 보좌에 그리스도를 앉히신 것은 이 왕국에서 다스리기 위함이다. 하나님께서 그분의 왕을 그분의 거룩한 산 시온에 앉히신 것은 시온을 다스리시고, 은혜의 왕국 안에서 그분의 교회를 다스리시고, 더 나은 여건 아래서 이 낮은 세상에 그분의 사랑의 계획을 실행에 옮기시기 위함이다. 그러므로 의심의 여지 없이 하늘에 있는 성도들은 그리스도와 함께 땅 위에 있는 그분의 은혜의 왕국의 진보와 번영의 기쁨과 영광에, 그리고 그분의 복음의 성취에 참여하는 자인데, 그리스도는 그것을 그분의 통치의 특별한 영광으로 삼으신다.

선한 목자는 잃어버린 한 마리 양을 찾을 때 기뻐하며, 하늘에 있는 친구들과 이웃들도 함께 기뻐한다. 하늘에 있는 일부 가족은 땅 위에 있는 일부 가족의 문제에 친숙하지 않다. 왕과 함께 있는 그들과 그분의 궁정에 있는 왕실 가족은 그분의 왕국에서 이루어지는 일을 안다. 하늘에 있는 성도들은 천사들과 함께, 왕의 대신들과 함께 있고, 왕은 그분의 왕국의 일들을 주관하시며, 지속적으로 하늘과 땅에 오르내리시며, 천사들 가운데 한두 천사는 매일 성도를 섬기는 영으로 봉사한다.

여기에 더하여 우리는 전투하는 교회의 모든 영적 전사들로부터 떠나는 영혼들을 지속적으로 올려 보낸다. 이런 경우 하늘에 있는 성도들은 지상에 있는 교회의 상태에 대해 우리가 갖는 충분한 시각보다 수천 번 더 유리한 시각을 갖는 조건 아래 놓여 있어야 하며, 모든 면에서 모든 사건들에 대해 더 신속하고 직접적이며 확실한 지식을 가져야 한다. 그리고 이미 언급된 일들에 대한 그와 같은 지식에 대해 더 유리한 조건을 그들에게 부여하는 것은 그리스도의 직접적인 임재 안에 그들이 지속적으로 있는 것이며, 그분과 가장 완전한 친교의 즐거움을 누리는 것인데, 그분은 이 모든 사건들을 주관하시며 그들에 대해 절대적으로 완전한 지식을 갖고 계신다. 그리스도는 영광을 얻은 전체 모임의 머리시다. 그들은(신비적으로) 그분의 영광스러운 지체이며, 머리 되시는 그리스도는 몸 전체를 보시고 몸 전체에 대한 지식을 갖고 계신다. 이 세상을 떠나 하늘로 올라가는 성도들은 땅 위에 있는 그리스도의 왕국에 속한 일들을 보지 않는 것이 아니다. 불투명한 상태에서 벗어나 안개와 구름 위에 올라서 더 밝은 빛, 빛의 중심 꼭대기에 올라앉아 모든 일을 더 분명히 보게 된다. 그들은 그리스도의 왕국의 상태를 훨씬 더 잘 보는 유리한 입장을 갖게 되고, 사방에서 진로를 가로막는 깊은 계곡이나 짙은 숲속에 있는 동안 보는 것보다 지구의 표면을 훨씬 더 잘 보는 유리한 입장을 가진 산꼭대기에 오른 사람처럼, 이 세상에 있을 때보다 하늘에서 새 창조 사역에 대하여 더 유리한 입장을 갖는다.

그리스도 자신이 무관심한 관망자가 아니셨듯이, 성도들 역시 무관심한 관망자로 사물들을 보지 않는다. 하늘에 있는 성도들의 행복은 구속 사역에서 나타나는 하나님의 영광을 바라보는 데 있다. 왜냐하면 하나님께서 당신의 영광—그분의 지혜, 거룩, 은혜, 그리고 완전 등—을 성도들과 천사들에게 드러내시는 것은 성경 곳곳에서 드러나듯 주로 이 구속 사역에서이다. 그러므로 의심할 여지 없이 성도들의 행복은 이 구속 사역의 적용과 성공의 과정을 보는 데 있고, 하나님의 무한하신 권능과 지혜가 그 사역을 완성하는 과정을 바라보는 데 있다. 그리고 하늘에 있는 성도들은 우리가 바라보는 것보다는 이 사역의 진행 과정을 바라보는 즐거움을 취하는, 말로 표현할 수 없이 더 크고 유리한 입장 아래 있는 까닭은, 하나님의 지혜가 모든 것을 이루시는 놀라운 단계들과 하나님이 이루시는 영광스러운 목적, 사탄을 어떻게 대적하시고 좌절시키시고 전복시키시는지를 보고 이해할 수 있는, 실로 말로 표현할 수 없이 크고 유리한 입장에 있기 때문이다. 그들은 한 사건이 다른 사건들과 갖는 관계, 우리가 보기에는 혼란스런 각각 다른 시대의 교회 안에서 이루어지는 모든 일들의 아름다운 질서를 더 잘 볼 수 있다.

그들은 이런 일들을 통해 더 영광스럽고 아름다운 광경을 바라볼 뿐만 아니라 그리스도께서 관심을 가지시는 것처럼 이 모든 일들에 관심을 갖고 이 왕국 안에서 그리스도와 함께 통치한다. 구속 사역에 있어서 그리스도의 성공은—영혼들을 그분께로 이끄시는 일, 성령으로 말미암아 그분의 구원의 유익을 적용시키시는 일, 그리고 이 세상에 은혜의 왕국을 확장하시는 일—특히 구속의 언약에 있어서 그분의 아버지께서 아들에게 약속하신 보상이다. 그 이유는 이사야 53장 10-12절에서 선포되는 바와 같이 종의 형태로 계시는 동안 그리스도께서 하신 힘들고 어려운 섬김 때문이다.

그러나 성도들은 그분과 함께 보상을 받을 것이다. 그들은 이 보상의 즐거움에 그리스도와 함께 참여할 것인즉, 보상을 낳는 이 순종이 그들의 순종으로 간주되는 까닭은 그들이 그리스도의 지체기 때문이다. 이것은 특히 십자가의 고통과 수치를 참으신 그리스도 앞에 놓여 있었던 기쁨이다.

그리고 그분의 기쁨은 모든 하늘의 기쁨이다. 그분과 함께 하늘에 있는 그들은 이 기쁨에 그분과 함께 참여할 수 있는 최대의 유리한 입장 아래 있다. 왜냐하면 그들은 온몸이 귀를 통해 음악의 즐거움을 갖고 입과 위로 음식 맛을 즐기고, 허파로 신선한 공기의 혜택을 즐기듯 그분과 완전한 교제를 하며, 그들의 모든 유업인 하늘의 행복을 즐기고 소유하기 때문이다. 지상에 있는 동안 성도들은 그리스도께서 수고하신 동일한 일을 위해 기도하고 수고한다. 그것은 사람들 사이에 하나님 나라가 확장되는 일, 시온의 번영, 이 세상에 경건 운동이 번성되기 위한 일이다. 그리고 대부분의 사람들은 그들이 머리 되신 그리스도의 수난에 동참하며(사도가 표현한 바와 같이) 그리스도의 남은 고난을 채운다. 그러므로 그들은 로마서 8장 17절에서 말씀하는 바와 같이 그리스도와 함께 성취된 목적이 갖는 영광과 기쁨에 참여하게 된다. "자녀이면 또한 후사 곧 하나님의 후사요 그리스도와 함께한 후사니 우리가 그와 함께 영광을 받기 위하여 고난도 함께 받아야 될 것이니라." 디모데후서 2장 12절은 "참으면 또한 함께 왕 노릇 할 것이요"라고 말씀한다.

그리스도께서 받으신 고난이 과거였을 때, 그리고 지상을 떠나 하늘에 오르셨을 때, 그리스도는 이 지상에 있는 왕국과 하시는 일에서 멀리 떠나셨다. 그분은 이 왕국을 충분히 소유하고 즐기기 위한 목적, 이 왕국 안에서 통치하기 위한 목적, 그리고 그렇게 하기 위한 최상의 유리한 여건 아래 계실 바로 그 목적을 위해 승천하셨다. 같은 방식으로, 성도들은 하늘로 오를 때 땅 위의 그리스도의 왕국과의 관계가 끝난 것이 아니다. "내가 또 밤 이상 중에 보았는데 인자 같은 이가 하늘 구름을 타고 와서 옛적부터 항상 계신 자에게 나아와 그 앞에 인도되매 그에게 권세와 영광과 나라를 주고 모든 백성과 나라들과 각 방언하는 자로 그를 섬기게 하였으니 그 권세는 영원한 권세라 옮기지 아니할 것이요 그 나라는 폐하지 아니할 것이니라"(단 7:13-14). 이 일은 그리스도의 왕국의 때에 특히 역사하는 적 그리스도가 파멸된 후에 완성될 것이다. 그리고 "나라와 권세와 온 천하 열국의 위세가 지극히 높으신 자의 성민에게 붙인 바 되리니 그의 나라는 영원한 나라이라 모든 권세 있는 자가 다 그를 섬겨 복종할" 때는 같은 시간이다(27절). 그것은 성도들이 지극히 높으신 분이신 그리스도 안에서 그리스도와 함께 다스리기 때문인데, 다음 말씀에서 친숙하게 보인다. "그의 나라는 영원한 나라이라 모든 권세 있는 자가 그를 섬겨 복종하리라." 이는 땅 위에 있는 성도들에 대해서만 아니라 하늘에 있는 성도들에 대해서도 진리다.

그러므로 이때를 존중하는 하늘에 있는 성도들은 찬양한다(계 5:10). "저희가 땅에서 왕 노릇 하리로다." 여기에 일치하여, 전술한 시간이 다가올 때 이전 시대에 그리스도와 함께 고난 받은 자들의 영혼은 영적인 부활에서 그들에게 새 생명과 기쁨을 주시는 그리스도와 함께 통치하는데, 이들은 땅 위에서 교회에 속한 자들이다. 그러므로 마태복음 5장 5절은 말씀한다. "온유한 자(온유하게 그리고 인내로 그리스도와 함께 그를 위해 고난 받는 자들)는 복이 있나니 저희가 땅을 기업으로 받을 것임이요." 그들은 땅을 상속받아 그리스도와 함께 다스릴 것이다. 그리스도는 상속자이며, 그분의 왕국이 임하는 때가 도래하면 그분이 받을 유업은 그분에게 주어질 것이다. 그래서 공동의 상속자인 온유한 자들은 땅을 상속받을 것이다.

구약성경에 나오는 말씀들은 그에 대한 참된 해석으로 우리를 인도한다. 시편 37편 11절은 "오직 온유한 자는 땅을 차지하며 풍부한 화평으로 즐기리로다"라고 말씀한다. 말씀 후반부에 미래의 평안과 축복을 암시하는 "풍부한 화평"이라는 말씀을 시편 72편 7절 말씀과 비교함으로써 우리는 만족할 수 있다. "저의 날에 의인이 흥왕하여 평강의 풍성함이 다할 때까지 이르리로다." 예레미야 33장 6절은 "내가……평강과 성실함에 풍성함을 그들에게 나타낼 것이며"라고 말씀한다(또한 사 2:4; 미 4:3; 사 11:6-9와 다른 병행 구절들을 참조하라).

하늘에 있는 성도들은 열방을 다스리는 일에, 그리스도의 통치의 영광 안에서 그리스도와 함께하는 것과 마찬가지로 마지막 날 열방을 심판하는 영광에 있어서도 그리스도와 함께할 것이다. 마태복음 19장 28-29절에서 발견되는 제자들에게 주신 그리스도의 약속은 통치의 앞부분과 특별한 관련을 갖는 것 같다. 28절에서 그리스도는 제자들에게 앞으로 있을 일에 대해 약속하신다. "인자가 자기 영광의 보좌에 앉을 때에 나를 좇는 너희도 열두 보좌에 앉아 이스라엘 열두 지파를 심판하리라." 영광스런 훗날 땅 위에서 심판하는 하늘의 성도들은 그리스도께서 하신 이 약속과 조화된 용어로 묘사된다. 요한계시록 20장 4절은 "또 내가 보좌들을 보니 거기 앉은 자들이 있어 심판하는 권세를 받았더라"고 말씀한다. 그리고 마태복음 19장 29절의 약속은 그 성취를 동시에 하는 것 같다. "또 내 이름을 위하여 집이나 형제나 자매나 부모나 자식이나 전토를 버린 자마다 여러 배를 받고 또 영생을 상속하리라." 즉, 성도들이 땅을 상속받아 다스릴 때, 땅은 모든 축복과 선한 것들과 함께 풍부하게 교회에 주어져 성도들이 소유하게 된다. 이 축복을 성도들은 현세에서 받을 뿐만 아니라 내세에서도 그리고 영원히 받게 된다.

하늘에 있는 성도들은 그리스도께서 미래의 영광스러운 때에 세상 열국과 열왕을 철장으로 질그릇같이 깨뜨리시는 승리와 영광에 그리스도와 함께 참여하게 될 것이다. 의심할 바 없이 이에 대해서는 요한계시록 2장 26-27절에서 말씀한다. "이기는 자와 끝까지 내 일을 지키는 그에게 만국을 다스리는 권세를 주리니 그가 철장을 가지고 저희를 다스려 질그릇 깨뜨리는 것과 같이 하리라 나도 내 아버지께 받은 것이 그러하니라." 그리고 시편 149편 5-9절은 "성도들은 영광중에 즐거워하며 저희 침상에서 기쁨으로 노래할지어다"(즉, 죽음 이후 분리된 상태에서. 이 구절을 이사야 57장 1-2절과 비교하라) "그 입에는 하나님의 존영(high praises of God)이요 그 수중에는 두 날 가진 칼이로다 이것으로 열방에 보수하며 민족들을 벌하며 저희 왕들은 사슬로, 저희 귀인은 철고랑으로 결박하고 기록된 판단대로 저희에게 시행할지로다 이런 영광은 그 모든 성도에게 있도다."

따라서 그리스도께서 적그리스도를 이기시고 승리의 주로 오실 때 (계 19장), 하늘 천군들이 승리의 옷을 입고 그리스도와 함께 나타날 것이다(14절). 적그리스도가 멸망할 때 하늘에 있는 성도들과 거룩한 선지자들은 기뻐할 것이다(계 18:20). 그리고 승리의 때, 하늘에 거하는 헤아릴 수 없는 무리들이 말로 표현할 수 없는 기쁨으로 하나님을 찬양할 것이다(계 19:1-8, 11:15). 그들은 또한 콘스탄틴 시대에 이방 제국의 파멸을 기뻐했던 것처럼 크게 기뻐할 것이다(계 12:10). 요한계시록에 의하면, 하늘 천군들이 땅 위에 있는 그리스도의 왕국에 많은 관심과 흥미를 갖고 있다는 사실은 주목할 만하다. 교회가 승리의 깃발을 세우는 날은 "그리스도의 신부들"의 날이다. 신랑이 신부를 기뻐하는 날인 그리스도의 마음의 기쁨의 날에 그리스도는 그의 교회를 기뻐하실 것이다. 그리고 하늘도 그분을 기뻐할 것이다. 그러므로 그들은 그때 말할 것이다. "우리가 즐거워하고 크게 기뻐하여 그에게 영광을 돌리세 어린양의 혼인 기약이 이르렀고"(계 19:7).

그러므로 아브라함은 구약에서 그에게 약속된 바와 같이 이 일을 기뻐하였다. 그는 이 땅 위에 있는 그의 모든 후손에게 약속된 축복의 성취를 기뻐할 것이다. 이 세상에서 성취될 영광스런 일들에 대한 약속을 받고 믿음을 갖고 죽은 모든 족장들, "약속은 받았으나 멀리서 바라본" 족장들은 그 약속이 실현됨을 참으로 기뻐할 것이다. 다윗은 실제적으로 수백 년 전에 그에게 한 약속이 약속의 때에 성취된 것을 보고 기뻐했던바, 그 모든 약속은 그의 구원과 마음의 소원의 성취였다. 그러므로 다니엘은 그가 한 예언이 성취되는 마지막 날 자신의 자리에 설 것이다. 그러므로 약속을 받지 못하고 믿음 안에서 죽은 구약의 성도들은 복음이 성취되는 훗날 그들이 보고 즐길 더 나은 면류관을 쓰게 될 것이다(히 11:39-40).

셋째, 성도들의 떠난 영혼은 영광스런 아버지께서 그리스도께 주신 복되고 영원한 사역(employment)에 있어서 그리스도와 교제를 갖는다.

하늘의 행복은 관상(contemplation)과 단순한 수동적인 즐거움에만 있을 뿐 아니라, 행동, 특히 적극적인 섬김과 하나님께 영광을 돌리는 일에도 놓여 있다. 이는 가장 완전한 상태로 성도들이 받을 축복의 한 부분으로 언급되어 있다. 요한계시록 22장 3절은 "다시 저주가 없으며 하나님과 그 어린양의 보좌가 그 가운데 있으리니 그의 종들이 그를 섬기며"라고 말씀한다. 천사들은 하나님을 섬기는 그들의 열정과 활동에 있어서 불꽃과 같다. 요한계시록 4장의 네 짐승(이들은 일반적으로 천사들을 상징한다)은 쉬지 않고 하나님을 찬양하고 영광을 드리는 모습으로 나타나며, 밤낮 쉬지 않는다(8절). 의심할 바 없이, 이런 면에서 이 세상을 떠난 성도들의 영혼은 하늘에서 하나님의 천사가 된다. 그리고 예수 그리스도는 모든 영광스런 총회의 머리시다. 그들의 복된 상태와 관련된 일에서와 한가지로 아버지를 찬양하고 영광 돌리는 일에서도 그렇다. 십자가에 달리시기 전날 그리스도께서 자신의 영광에 올리우심을 위해 기도하셨을 때, 그 기도는 아버지의 영광을 위한 것이었다. 요한복음 17장 1절은 "예수께서 이 말씀을 하시고 눈을 들어 하늘을 우러러 가라사대 아버지여 때가 이르렀사오니 아들을 영화롭게 하사 아들로 아버지를 영화롭게 하게 하옵소서"라고 말씀한다. 그리고 의심의 여지 없이 그분은 교회의 머리와 우주의 통치자로서 하시는 일에서 하나님의 뜻을 성취하시는 일뿐만 아니라 하늘의 총회가 부르는 찬양을 인도하시는 일을 하신다.

그리스도께서 주의 만찬을 제정하시고 그분의 식탁에서 제자들과 함께 잡수시고 마시셨을 그때(그럼으로써 제자들에게 미래에 하나님 아버지의 나라에서 새 포도주를 마시며 갖는 연회에 대한 약속을 상징하는), 그리스도는 제자들로 하여금 하나님을 찬양토록 인도하셨다. 그리고 의심할 여지 없이, 그리스도는 그의 영광스러운 제자들을 하늘로 인도하신다. 다윗은 이스라엘의 달콤한 시편가였고, 그는 이스라엘 무리를 하나님께 드리는 찬양으로 인도했다. 여기서 헤아릴 수 없는 다른 일들은 물론이려니와 다윗은 그리스도의 모형이었던바, 그리스도는 성경에서 다윗의 이름으로 일컬어진다. 다윗이 지은 많은 시들은 예언자의 영을 의탁한 교회의 머리시며 성도들의 찬양을 인도하시는 예수 그리스도에 대한 찬양의 노래들이었다. 모세가 이스라엘 총회를 홍해 바다에서 인도한 것처럼, 하늘에 계신 그리스도는 하나님께 부르는 하늘 총회의 찬양을 인도하시는데, 이에 대해서는 "그들이 모세와 어린양의 노래를 부르더라"는 말씀에 함축되어 있다(계 15:2-3). 요한계시록 19장 5절에서, 요한은 보좌에서 나오는 음성을 들은 것을 우리에게 말한다. "하나님의 종들 곧 그를 경외하는 너희들아 무론대소하고 다 우리 하나님께 찬송하라." 보좌 가운데 계신 어린양 외에 누가 영광스러운 하늘 총회의 성도들에게 그분의 아버지시요 그들의 아버지시며, 그분의 하나님이시자 그들의 하나님을 찬양하라고 말할 수 있겠는가? 그리고 이 음성의 결과는 다음의 말씀과 같다. "또 내가 들으니 허다한 무리의 음성도 같고 많은 물소리도 같고 큰 뇌성도 같아서 가로되 할렐루야 주 우리 하나님 곧 전능하신 이가 통치하시도다"(계 19:6).

적용

　이 주제에 대해 내가 말한 것은 한 가지 권고다. 그러므로 그 위대한 특권을 성실히 추구함으로써 우리가 이 세상을 떠날 때 그리스도와 함께 거하도록 하자. 우리는 언제나 이 땅 위의 장막에 거할 수 없다. 우리는 심히 연약하며, 얼마 있지 않아 썩어 없어질 존재며 헤아릴 수 없는 방식으로 꾸준히 쇠락해 가는 과정에 있다. 우리 영혼은 곧 우리 육체를 떠나 영원한 세계에 들어갈 것이다. 오! 그때 하늘에 들어가 영광중에 계신 그리스도와 함께 거하는 특권과 행복을 가질 자들이여! 열두 사도들이 지닌 특권은 그리스도의 가족으로서 겸손한 상태에 계신 그리스도와 항상 함께하는 것이었다. 사도들 가운데 세 사도가 가진 특권은 현재의 연약하고 죄악된 상태에서 변화를 입으시고 영광을 드러내신 그리스도의 모습을 변화산 위에서 보는 것이었다. 그들은 변화하신 그리스도의 모습을 보고 너무나 기쁜 나머지 초막 셋을 지어 함께 살고 산 아래로 내려가려고 하지 않았다. 시내 산에서 그리스도와 함께 있었을 때, 그리고 그분의 영광을 보여 주기를 구했을 때, 모세가 가진 특권은 얼마나 컸는가! 모세는 그리스도께서 지나가시면서 그분의 이름을 선포하셨을 때 그리스도의 뒷모습을 보았다. 그러나 하늘에 계신 그리스도, 하나님 우편에 앉으셔서 왕과 천사들의 하나님, 온 우주의 하나님, 큰 빛을 발하시며 영광의 나라의 밝은 태양빛을 비추시는 그리스도의 영광스러운 모습을 보는 특권은 얼마나 큰 특권인가! 거기 거하며 끊임없이 영원히 그분의 아름다움과 광채를 바라보는 특권은 얼마나 큰 특권인가! 거기서 자유롭고 직접적으로 그리스도와 대화하고, 그분의 친구와 배우자로서 그분의 사랑을 즐기는 특권은 얼마나 큰 특권인가! 그분의 아버지를 즐거워하시면서 갖는 즐거움과 기쁨에 그분과 함께 참여하는 것은 얼마나 놀라운 특권인가! 그분과 함께 보좌에 앉아서 모든 것을 소유하고, 원수를 이기시고 즐거워하시는 그리스도의 승리의 기쁨에 동참하는 것, 그분의 나라를 이 땅에 확장하시며 그분의 하나님이시자 성도들의 하나님, 그분의 아버지이시자 성도들의 아버지이신 하나님을 찬양하는 일에 동참하는 것은 얼마나 큰 특권인가! 그 특권을 추구할 가치가 없는가?

그러나 여기서 특히 강조하고 싶은 권고는 하나님의 거룩하신 섭리의 분여(dispensation)인즉, 복음 사역에 있어서 탁월하신 종 예수 그리스도의 죽음과 장사에 우리가 지금 함께 참여하는 것이다.

이 섭리의 분여로 하나님은 우리가 육체를 떠날 날이 다가오고 있음을 미리 알려 주시고, 그리스도의 심판대 앞에 "서야 할 것"을 알려 주시며 우리 모두가 선악 간에 한 일에 따라 보상을 받을 것이라고 말씀하신다.

우리는 부름 받은 자의 죽음에서 사멸성의 실례뿐만 아니라 육체를 떠나 주님과 함께 거하는 자의 실례를 본다. 그리고 그 실례 안에는 그가 회심한 날부터 그 사람 안에서 작용한 생각의 성격, 회심한 이후부터 가진 그의 내면의 행위의 성격과 과정, 그가 삶에서 하는 외적인 대화와 행동 혹은 그가 죽음을 맞이하는 동안에 취하는 행동이 담겨 있다.

그리스도 안에서 갖는 첫 위로에 앞서는 죄에 대한 그의 확신(그가 내면의 행동과 경험을 떠났다는 기록된 글이 있다)은 아주 깊고 철저했다. 죄책과 불행에 대한 감각을 통해 갖는 그의 마음의 고통은 매우 크고 오래갔지만, 건전했고, 지속적이지 못한 것도, 폭력적인 것도, 설명 불가능한 조급함도, 싸움도, 생소한 마음의 동요도 아니라, 사물의 참된 상태를 분별하고 생각할 수 있는 진지한 숙고와 양심의 올바른 조명에서 떠오른 것이었다. 회심 때 그의 마음에 비친 빛과 회심 당시 그의 마음을 지배한 영향력은 이성과 예수 그리스도의 복음에 매우 부합되게 나타난다. 변화는 사상에 미치는 강한 인상, 갑작스런 애정의 비행(飛行)과 격동, 동물적인 본성 안에 있는 열정적인 감정의 출현이 없는 매우 위대하고 주목할 만한 것이었다. 그것은 오히려 하나님의 본성과 그리스도에 의한 구원의 길의 초월적인 탁월성의 무한한 위엄과 완전의 아름다움에 놓여 있는 신적 존재의 지고한 영광에 대한 올바른 지적 견해를 수반했다. 이 경험은 약 18년 전, 그가 스물한 살 되던 해에 있었다.

그러므로 하나님은 당신의 집에서 영광 가운데 쓸 그릇들은 깨끗게 하시며, 매우 범상한 능력과 은사를 부여하셔서 큰 그릇으로 삼으신다. 그는 준비된 그릇, 자연적인 웅변, 쉬운 표현, 쾌활한 이해, 재빠른 분별, 매우 강한 기억, 그리고 아직은 매우 파고드는 천재, 근접하고 분명한 사고, 그리고 꿰뚫는 심판에 대한 단 하나의 실례이다. 그는 정확한 맛을 보았다. 그의 이해는 신속했고, 강하고, 분별력이 있었다.

배움에 대한 그의 열정은 매우 숙고할 만한 것인데 그 까닭은 그가 맛을 보았기 때문이며, 그가 대학에 재학 중 건강으로 고통이 심했고 학업을 떠나 고향으로 귀향하지 않으면 안 될 정도였을 때 가차 없이 그 자신을 그 자신의 연구에 적용했기 때문이다. 그는 그 대학 사회에서 학업에 특출한 사람으로 존중받고 있었다.

그는 사물뿐만 아니라 사람에 대해서도 특출한 지식을 가졌고, 인간의 본성에 대해 큰 통찰력을 가졌고, 내가 아는 한 의사소통의 능력에 뛰어났었다. 그는 그 자신을 능력과, 기질과, 그에게 가르침과 권면을 주는 그런 환경에 적응시킬 수 있는 특출한 재능을 갖고 있었다.

그는 강단을 위한 특출한 재능을 갖고 있었다. 나는 그가 하는 설교를 듣는 기회를 못 가졌지만 그가 하는 기도는 가끔 경청했다. 기도의 의무에 있어서 그 자신이 하나님께 호소하는 방식과 자신을 하나님 앞에 내어 놓는 방식은, 내가 생각하기로는 감히 흉내 낼 수 없는 것이었고, (내가 판단하기로는) 내가 지금까지 알지 못한 그런 기도였다. 그는 자신을 아주 적당하고 요령 있게 표현했는데, 그런 표현은 의미 있고, 무게 있고, 자극적인 표현이었으며, 고상한 신실성이 묻어 있었고, 경외심을 북돋울 만하며, 숭엄하고, 모든 감정으로부터는 거리가 있고, 인간의 현존을 망각하는 것이었고, 위대하시고 거룩하신 하나님의 직접적인 임재 앞에 있는 기도여서, 나는 좀처럼 그에 버금가는 기도를 듣지 못했다. 그리고 설교하는 그의 태도는, 훌륭한 판사들로부터 내가 가끔 들은 바에 의하면, 더 이상 탁월할 수 없고, 분명하고 교육적이며, 자연스럽고, 힘이 넘치고, 감동적이며, 매우 확신을 주는 그런 설교였다. 그는 강단에서 감정에 치우친 소음과 난폭하고 거친 어투를 피했고, 담화이거나 어떤 주제를 다룰 때 냉정하게 전달하고 애정과 열성을 담았다.

그는 연구와 설교에 남다른 특출함을 가졌을 뿐만 아니라, 대화에서도 그러했다. 그는 사회성 면에서 아주 자유롭고, 환대적이고, 평범한 담화에서도 유익을 주고, 진리를 주장하고, 변호하고, 잘못을 시정하는 능력이 있었다.

일반적으로 사물에 대한 그의 판단과 지식에 있어서 탁월했지만, 특히 거룩함에 있어서도 그랬다. 그는 그가 서 있는 자리라면 그 어디서나 진실했고 뛰어날 정도로 신성했지만, 특히 무엇보다도 실험 종교(experimental religion)에 관련된 문제에 대해서는 더욱 그랬다. 여기서 나는 훌륭한 심판관이라는 명성을 얻는 사람들이 말하는 견해를 알고 있다. 그리고 이 본질을 가진 사물을 판단하는 내가 가진 능력에 의하면, 그리고 매우 훌륭하나 시대에 조금 뒤떨어진 나의 기회에 의하면, 나는 참된 경건의 성격과 본질에 대해 정확한 개념을 가지고 여러 가지 거짓 현상들을 식별해 내는 그와 필적할 만한 사람을 만나 보지 못했는데, 나는 그에게 세 가지를 빚졌다. 그가 지닌 자연적인 천재성의 힘, 백인이든 인디언이든 여러 부분에서 다른 사람들을 관찰하는 큰 기회들, 그리고 그 자신이 가진 위대한 경험이다.

하나님의 영이 주시는 거룩한 영향력에 대한 그의 경험은 그가 처음 회심할 때 컸을 뿐만 아니라 그 이후 계속되는 그의 삶의 과정에서도 막대했던바, 이는 그가 회심했을 때부터 시작하여 죽기 며칠 전 기운이 진하기까지 매일 자신의 내면의 경험을 기록해 둔 일지에서도 드러나는 바와 같다. 그가 회심 때 일어난 변화는 그가 현재 가지고 있는 관점, 애정, 그리고 마음의 틀의 변화뿐만 아니라 그의 마음속에서 역사하시는 하나님의 역사의 시작까지도 포함되는데, 하나님은 그가 회심하여 죽음에 이르기까지 당신의 역사를 멈추지 않으셨다. 그는 그가 쓴 처음 작품에 나타나는 그런 삶을 혐오했고, 그 이후 점차적으로 냉담하고, 생명력 없고, 게으르고, 세속적인 틀에서 벗어나기 시작했다. 그는 그런 사람들의 신앙에 대해 좋은 견해를 갖지 않았다.

그의 경험은 여러 가지 면에서 최근에 크리스천 경험의 최고봉에 있는 많은 사람들로부터 얻은 명성과 관계된 것들과는 매우 판이하다. 주로 상상에 근거한 인상으로부터 떠오르는 거짓 경건이 처음 그 땅에 광범위하게 퍼져나갈 때, 그는 잠시 동안 그것에 속아서 그것을 높이 평가했다. 그리고 다른 사람이 말하는 그와 같은 경험을 그 자신이 한번도 갖지 못한 것을 알았을지라도, 그는 다른 사람들의 성취가 자신의 성취보다 더 높았기 때문이라고 생각했으나 사람들을 기만하는 그런 경험을 그는 결코 추구하지 않았다. 그는 나에게 경건에 있어서나 자신의 삶에 있어서 충동 혹은 강한 상상력의 인상 같은 것은 결코 갖지 않았다고 말했다. 그러나 그는 짧은 기간 동안 그것을 소유하여 거짓 열정의 영에 붙들려 그것을 얻으려고 한 적도 있었다. 그러나 그때 그 자신은 그의 본심에 있었던 것이 아니라 물을 떠난 물고기와 같았다고 말했다. 얼마 후, 그와 같은 것들의 허무함과 유독성을 분명히 보게 되었을 때, 그것은 그에게 말로 표현할 수 없는 비탄과 마음의 고통을 안겨주었고, 내가 아는 한, 그 이후 그는 자신을 낮추어 그가 뛰어들어 지은 행동의 허물을 공개적으로 고백했다. 그리고 그런 것들과 관련하여 범한 실수에 대해 확신한 이후, 그는 그와 같은 종류의 쓰라린 열정과 그런 열정의 주요한 자원이 되어 온 기만적인 경험을 혐오하게 되었다.

그는 그 모든 형태의 기능적인 열정을 혐오했고, 반유명론(antinomianism)을 지향하는 경향을 가진 모든 견해와 경험을 혐오했던바, 처음으로 믿음을 갖는 사람들의 경험, 특히 그리스도께서 그들을 위해 죽으셨다는 것을 믿는 믿음과 그들의 첫사랑, 곧 하나님에 대한 사랑에 놓여 있다. 그 까닭은 그들은 자신들을 하나님의 사랑의 대상으로 생각했기 때문이다. 그들이 가진 선한 재산에 대해 갖는 그들의 확신은 어떤 직접적인 간증이나 제안이 아니면 성경 본문과 관계된 것이나 혹은 본문 밖에서 온 것이라서, 그들의 죄는 망각되고 하나님이 그들을 사랑하신다는 등, 하나님의 높으심과 그리스도의 아름다움에서보다는 다른 사람들의 영예와 특권과 차원 높은 경험 같은 것들과 자신의 것을 비교하는 데서 오는 즐거움과 기쁨에 몰입된다. 그들이 가진 재산이라고는 자신을 대중의 교사로 세우고자 하는 평신도들이 갖는 그와 같은 영적 교만과 인간적인 배움과 학습된 사역에 대한 멸시이다.

그는 신앙생활에 있어서 시끄럽게 굴고 쇼를 하는 기질을 가진 사람들을 크게 혐오했고, 가진 경험을 인쇄하고 퍼뜨리는 것을 좋아하는 사람들을 혐오했다. 그는 저주를 퍼붓지는 않았지만, 어떤 경우에 정중하고, 사려 깊고, 보수적인 일부 사람들에게 자신의 경험에 대해 말하는 간증(Christian speaking)은 인정했고, 이 땅에 사는 분리주의자들(Separatists)의 영성과 일반적인 태도는 혐오했다. 나는 그가 이런 종류의 사람들과 함께 있었고, 많은 부분에서 그들과 친숙했고, 경건의 힘과 관련하여 이 친분으로 그들 가운데서 주로 그리고 일반적으로 얻는 명성, 성경에서 말씀하는 생명력 넘치는 경건으로부터 완전히 다른, 본질적으로 그 내부에 아무것도 들어 있지 않은 경건을 가진 사람들을 알았노라고 말하는 것을 들었다. 그는 그가 병중에 있을 때보다 더 강하게 이런 일들을 저주한 적이 없었고, 삶에 대해 특별한 기대를 하지 않은 이후 영원에 대해 더욱 목말라 했고, 실제로 몇 번이나 그가 죽어 가고 있다고 생각했을 때 몇 분 동안 영원에 들어가고 싶은 기대를 내게 말했다.

그가 한 내면의 경험이 옳은 경험으로 드러나 보이고, 그의 외적 행동 역시 동의할 수 있는 것이었다. 실로 그리스도를 위해 모든 것을 팔아 치운 자로서 행동하는 그의 삶의 전 과정에서 그는 하나님께 철저히 헌신했고, 하나님의 영광을 그의 최고의 목적으로 삼았고, 그의 남은 모든 시간과 힘을 하나님을 섬기는 데 드리기로 결정했다. 그는 살아 있는 경건의 사람이었다. 올바른 방법으로 고백하고 대화하는 그의 입술의 말이 생생할 뿐 아니라 경건의 역사와 일에도 생생했다. 그는 십자가를 회피하는 길을 찾는 사람 가운데 한 사람이 아니었고, 편이하고 무사안일하게 천국에 들어가려는 자가 아니라 사랑의 수고와 자기 부인의 살아 있는 삶의 실례였고, 자신의 힘과 자원을 위대한 목적과 그의 구세주의 영광을 추구하는 데 투자했으며, 이 세상에 그 누구와도 비교할 수 없는 특출한 삶을 지향했다. 그의 삶의 족적 가운데 많은 부분은 그의 전기를 읽는 자들이 인식하였으나, 오랜 기간 그를 더 친밀하게 하는 자들과 그가 죽은 이후 그가 의도적으로 감추어 두었던 그의 일기를 연구하는 자들은 더 많은 것들을 얻었다.

　그리스도의 왕국을 더 확장하기 위한 그의 욕망과 수고가 너무 컸던 것처럼 그의 성공도 그러했다. 하나님은 그를 가장 큰 일을 전달하는 도구로 삼으시기를 기뻐하셨다. 계몽, 각성, 개혁, 그리고 그들의 기질과 태도의 변화와 놀라운 변화(transformation)에 있어서, 아마도 이런 일들은 훗날에 이루어질 수 있었다. 그의 저널이 출판되고 스코틀랜드의 '명예 사회'(the Honorable Society of Scotland)의 요청에 의해 문서화 되었는데, 나는 하나님의 은혜의 놀라운 역사에서 즐거움을 취하려는 자들에게, 특히 크리스천의 마음을 얻고 유익을 얻으려는 자들에게 추천하는 바이다.

　그의 삶에 대해 이미 언급한 일들보다도 더 비범한 것은 그가 지속적으로 유지한 고요함(calmness), 평안, 확신, 그리고 그가 질병 중에 있을 때 회복되기를 바라지 않고 죽음을 직면하는 오랜 기간 동안 그가 앓고 있는 디스템퍼(distemper: 개나 말 같은 가축이 옮기는 전염병—옮긴이)가 그의 생기를 잠식하고 매일매일 그 자신의 최후를 바라보는 상태에 이르게 하여도 하나님을 기뻐한 것이다. 죽음이 임박하다는 생각은 그의 기를 조금도 꺾지 못했고, 반대로 그를 격려하고 그의 마음에 활력을 불어넣었다. 죽음이 가까이 오면 올수록 그는 죽기를 더 소원했다. 죽기 바로 직전 그는 "죽음의 날과 심판 날에 대한 깊은 생각은 오랜 기간 나에게 특히 달콤한 것이었다."라고 말했다. 그리고 다른 때 "그와 같은 썩은 시체가 무덤으로 던져지는 합당한 처사만을 생각했다."고 말했다. 그에게는 죽은 송장을 무덤에 던지는 것이 옳은 길이었던 것 같다.

　그는 가끔 그의 죽음의 날에 대해 말할 때 "영광스러운"이라는 별칭을 사용하여 "그 영광스러운 날"이라고 불렀다. 9월 27일 어느 안식일

아침, 음식을 먹고 싶은 흔치 않은 욕구를 임박한 죽음의 표지로 간주하면서, 그는 "이날이 마지막 날이 된다면 그것을 은혜로 받아들이겠노라. 나는 이 시간을 오랫동안 기다려 왔다."고 말했다. 그는 이전에 저지(Jerseys)에서 돌아오기를 기대하는 그의 형제를 다시 보고 싶은 열망이 있다고 말했는데, 그때 그는 "나는 기꺼이 가려고 한다. 그리고 그를 다시는 못 볼 것이다. 나는 주님과 함께 영원히 있을 것이므로 헤어지는 것을 괘념치 않는다."라고 말했다. 그날 아침 어떻게 되었느냐고 묻자 그는, "나는 거의 영원에 도달해 있네. 내가 거기 있기를 바라는 것을 하나님께서 아시지. 내 일은 끝났네. 내 친구들과의 관계도 마지막 일세. 모든 세상이 나와는 아무 상관이 없네."라고 말했다. 그 다음날 저녁, 죽음에 이르렀다고 생각했을 때, 다른 사람들도 그렇게 생각했지만, 띄엄띄엄 가냘프게 속삭이면서 그는 "영원", "나는 곧 거룩한 천사들과 함께 있을 것이다. 그분이 오실 것이다. 그분은 지체하시지 않을 것이다."라고 했다. 어느 날 밤, 그는 침대로 가면서 나에게 죽기를 기다렸다고 말하면서 다음과 같은 말을 더했다. "나는 전혀 두렵지가 않아. 만일 그것이 하나님의 뜻이라면 나는 오늘밤 죽을 거야. 죽음은 내가 기다려 온 것이야." 그는 간혹 그 자신을 "오로지 죽을 자"로, 그리고 "만일 하나님의 뜻이라면 그순간 떠날 자"로 표현했다. 그는 간혹 "오, 왜 주님의 마차가 더디 오지?"라는 표현을 사용했다.

그는 하나님의 뜻에 굴복하는 특이한 경험을 가진 듯이 보였다. 그는 어느 땐가 내게 하나님의 성령의 부으심과 교회의 영광스러운 때, 그리고 그때가 도래하기를 희구했다고 말했다. 그리고 만일 그것이 하나님의 뜻이라면, 그 당시에 기꺼이 경건을 증진하는 삶을 살았을 것이라고 말했다. 그는 "그러나 나는 현실 그대로를 기꺼이 받아들이기를 원한다. 나는 만 가지 세상을 위해 나 자신을 만드는 선택을 갖고 싶지 않다."고 말했다.

그는 여러 번 기꺼이 죽는 죽음의 종류에 대해 말하곤 했는데, 죽음을 오로지 고통을 제거하는 것으로 받아들이거나 존귀와 진보를 얻기 위해 천국 가는 것으로 받아들이는 것을 천하고 비열한 것으로 말했다. 죽음에 대한 그 자신의 열망은 전혀 다른 것으로, 더 고귀한 목적으로 보였다. 탈수 현상을 불러오는 가장 치명적인 증상으로 간주되는 설사 같은 증상이 처음 발생하였을 때 그는 "오! 이제 영광스러운 시간이 다가오구나! 나는 하나님을 완전하게 섬기기를 희망했다. 그리고 하나님께서는 이 열망을 만족케 하실 것이다."라고 말했다. 그리고 간혹 병세 후반부에 그는, "나의 천국은 하나님을 기쁘시게 하는 것이며, 그분께 영광 돌리는 것이고, 모든 것을 그분께 바치는 것이며, 그분의 영광에 전적으로 헌신되는 것이다. 그것이 바로 내가 갈망하는 천국이다. 그것이 바로 나의 신앙이며, 나의 행복이며, 내가 항상 생각한 참 경건이었다. 그 경건에 속한 모든 것은 하늘에서 만족될 것이다. 나는 진보하기 위해 천국 가지 않고 하나님께 영광을 돌리기 위해 천국 간다. 천국 어느 곳에 머물 것인지가 문제가 아니라, 높은 자리나 낮은 자리에 앉는 것이 문제가 아니라, 하나님을 사랑하고 기쁘시게 해 드리고 영광을 드리는 것이 문제다. 만일 내가 수천의 영혼을 가졌다면, 그 영혼들이 가치를 지녔다면, 나는 그 모두를 하나님께 드릴 것이다. 그러나 그 모든 것이 있어도 나는 드릴 것이 없다. 그 어떤 이성적인 피조물이 하나님을 위해 모든 것을 하지 않고서 행복해지기란 불가능하다. 하나님 자신은 그 어떤 방식으로든 나를 행복하게 하시지 않았다. 나는 하늘에서 거룩한 천사들과 함께 하나님을 찬양하며 영광을 돌림으로써 행복해지기를 갈망한다. 내가 가진 모든 욕망은 하나님께 영광을 돌려 드리는 것이다. 내 마음은 묻히는 장소로 향하는데, 내가 보기에 그곳은 바람직한 장소다.

그러나 하나님을 영화롭게 하라! 그것은 모든 것 위에 있다! 내가 이 세상에서 하나님을 위해 별로 한 것이 없다고 생각하는 것은 큰 위로다. 그것은 매우 적은 문제다. 그러나 나는 조금은 했다. 그리고 내가 그분을 위해 좀 더 하지 않은 것에 대해 슬퍼한다. 이 세상에서 그리스도께서 하신 것처럼 선한 일을 하는 것과 하나님의 일을 끝내는 삶을 사는 것만큼 가치 있는 일은 없다. 나는 이 세상에서 하나님을 위해 살고 하나님의 온전하신 뜻을 행하면서 하나님을 기쁘시게 하는 것 외에 만족을 주는 것을 보지 못하였다. 나의 가장 큰 기쁨과 위로는 경건의 유익을 증진하기 위해 무엇을 하는 것이 되어 왔고, 특별한 인격을 갖춘 사람이 되는 것이었다."

회복에 대한 기대가 희미해지는 가장 위험한 상태에 도달한 후, 그의 마음은 특히 땅 위에 있는 하나님의 교회의 번영을 위한 관심에 집중되었는데, 이는 그리스도에 대한 순수하고 사심 없는 사랑에서 온 것이었고, 그리스도의 영광을 위한 갈망이었다. 시온의 번영은 그가 골똘히 생각해 온 주제였고, 그에 대해 그는 많이 말했으며, 죽음이 다가올수록 더더욱 그랬다. 그 어느 때보다 종말이 더 가까이 왔을 때, 그는 나에게 그의 모든 삶 가운데 그가 보스턴(Boston)에서 매우 약해진 이후에는 지상의 그리스도의 왕국의 번영을 위한 열렬한 기도로 그의 마음이 꽉 차 있었다고 말했다. 그는 세상을 통틀어 종교의 부흥을 위한 목회자들과 신자들의 기도가 약해지지 않을까 늘 염려하는 것 같았다. 그리고 특히 그는 여러 번 스코틀랜드의 통일이 늦어지지 않을까, 그리스도의 나라의 도래를 위한 하나님의 백성들의 기도가 약해지지 않을까, 그리고 그가 이끄는 회중이 그 목적을 위해 한 마음이 되기를 바라는 유언을 남겼다.

죽기 조금 전에 그는 방으로 들어서는 나에게, "나의 생각은 사랑하는 옛 주제, 지상의 하나님의 교회의 번영으로 꽉 차 있다. 내가 잠에서 깨어나면, 하나님의 영의 부으심과 그리스도의 왕국의 진보를 위해 부르짖을 것인즉, 그것은 친애하는 구속주께서 고난을 받으신 이유였다. 그리스도의 고난이 특히 나로 하여금 교회의 진보를 더 갈망하게 만든다." 그러나 죽기 며칠 전, 그는 우리들이 시온의 번영에 관한 찬양을 부르도록 원했는데, 시온의 번영은 그 무엇보다 그의 마음의 중심에 자리 잡고 있던 것이었다. 그가 바라는 대로 우리는 시편 102편의 일부를 노래했다. 그리고 찬양이 끝난 후, 그가 말을 할 수 없을 정도로 기진해 있었지만, 그는 자신을 추스르고 둘러 있는 자들 외에도 그가 이끄는 회중을 위해 기도할 수 있었는데, 이 세상에서 경건의 부흥이 일어나고 번영되기 위해 열렬히 기도했다. 특히 그 자신의 회중은 그의 마음을 깊이 차지하고 있었다. 그는 가끔 그들에 대해 보통으로 말하곤 했는데, 그가 죽을 때에도 그랬다. 그의 말은 비범한 부드러움에 차 있어서 그의 말을 듣는 사람들은 이윽고 눈물을 터뜨리고 말았다.

그러므로 나는 이제 그의 장례가 이루어지는 그리스도의 탁월한 종의 인격과 행동에 관한 것을 제시하려고 노력한다. 비록 부족하기 짝이 없지만, 나는 그 일을 두려우신 하나님의 임재 앞에서 추호의 아첨도 없이 신실하게 해왔기에 만군의 주 여호와의 사자로서 말할 때 복음의 사역자들에게는 혐오스러울 수도 있다. 그럴 만한 이유가 있어도 우리는 지금은 몸을 떠나 주님과 함께 거하며 놀라운 광채 속에 영광의 면류관을 쓰고 있는 그로 인해 만족할 수 있다.

그리고 그와 같은 실례에 대한 숙고와 축복된 목적에서, 최대의 부지런함과 열성을 갖고서 삶의 시간을 개선하여 육신을 떠날 때 그리스도와 함께 있기 위해 살아 있는 우리는 얼마나 자극받는가! 시간은 다가오고 있고 곧 다다를 것인데, 우리는 언제 여기 천한 곳에 있는 모든 것들을 홀연히 떠나서 영원한 세상에 있는 고정되고 불가변적인 상태에 들어갈지 그때를 알지 못한다. 오, 그 시간에 대비하여 후원과 공급의 선한 기반을 창고에 저축하기 위해 수고하고 고난 받으며 우리 자신을 부인하는 일이 얼마나 가치 있는 일인가! 그와 같은 시간에 우리가 들은 평안의 가치가 얼마나 크겠는가! 그와 같은 환경 안에 있는 것, 소모적인 외부의 고통 아래 있는 일, 불결한 마음과 용서받지 못한 죄를 갖고서 매일매일 얼굴에서 죽음을 보는 일, 우리가 앓는 질병에서 많은 슬픔과 진노를 갖고서 우리의 마음을 위로하고 후원할 것이라고는 아무 것도 없이 두려운 죄책감과 하나님의 진노 아래 있는 것은 얼마나 불행한 일인가! 우리 앞에 놓여 있는 것이라고는 전능하시고 무한하시고 거룩하시고 분노하시는 하나님과 일체의 자비도 없이 그분의 진노를 받아 영원히 고통해야 할 심판대만 우리 앞에 펼쳐져야 한다! 지금 우리가 말해 온 인물은 이를 크게 자각한 인물이다. 그는 죽기 얼마 전, "내가 영원을 생각하는 것은 달콤한 일이다. 영원의 끝없음은 나의 생각을 더 달콤하게 만든다. 그러나 오, 사악한 자들의 영원에 대해서 뭐라 말할꼬! 나는 그에 대해 말할 수 없고 생각할 수조차 없다! 생각만 해도 심히 두렵도다!" 언젠가 하나님과 하나님의 영광에 헌신된 마음에 대해 이야기하면서 그는, "오, 우리가 죽으려 할 때 그런 마음의 자세를 갖는 것, 이와 같은 마음을 갖는 것은 얼마나 중요한 일인가! 죽음은 이제 나에게 평안을 주는도다."라고 말했다.

특히 예수 그리스도의 이 탁월한 사역에 대해 관찰해 온 일들 안에는, 동일한 위대한 복음 사역과 신실한 돌봄과 노력에 부름 받은 우리를 흥분시키는 것들이 얼마나 많은가. 이는 우리로 하여금 우리가 하는 사역에 신실하게 하고, 동일한 성령으로 충만하게 하며, 순수하고 불타는 사랑으로 하나님을 사랑하게 하며, 구세주와 주님의 나라의 진보와 영광, 그리고 시온의 번영에 열정적인 관심을 갖게 한다! 그의 삶에서 그리스도의 종이 갖는 이 삶의 원리가 얼마나 빛나며 그의 죽음은 얼마나 복된지! 우리 또한 이 육신의 장막을 떠날 때가 곧 올 것이며, 추수하는 사역에 우리를 부르신 주님 앞에 가서 우리가 한 일을 계산해야 할 것이다. 오, 우리는 불확실한 경주와 허공을 치듯 하는 불확실한 싸움을 그쳐야 한다! 그리고 우리는 우리가 하는 위대한 이를 위해 하나님의 도우심을 받기 위해 하나님을 의지해야 하며, 성령의 영향력을 힘껏 구해야 하며, 금식과 기도로 우리가 하는 수고에 성공해야 한다. 그럼으로써 충만한 사람이라고 일컬어지지 않겠는가? 그가 누운 침상에서 열렬히 추천하는 이 실천은 그 자신의 경험에서 비롯된 유익한 권고지만, 그 옆에 도열하고 서 있던 목회 지망생들에게 준 권고였다. 그는 가끔 목회자들이 하는 사역에 그리스도의 성령이 부어져야 할 필요성에 대해, 그리고 성령 없이 사역에 열매가 없음을 지적했고, "목회자들이 하나님의 성령의 특별한 영향력 아래 있을 때, 그 영향력은 목회자들로 하여금 사람들의 양심에 가까이 가게 했다. 반면에 하나님의 성령 없이 그 어떤 이성의 힘과 웅변술을 사용한들 우리는 손 대신에 다리를 사용할 수밖에 없다."고 말했다.

오, 이 비범한 인물에게서 보고 들은 일들—그의 성결, 지복(至福), 수고, 그리고 삶에서 이루어지는 자기부인, 하나님의 영광에 대한 마음과 행동에 있어서의 두드러진 헌신, 죽음에 대한 기대와 밀려드는 고통과 고뇌 아래 유지한 그의 마음의 훌륭한 구조와 견고한 대도—은 목회자와 하나님의 백성인 우리 모두의 마음을 뜨겁게 하며, 우리가 이 세상에서 감당해야 할 사역의 탁월함에 대해 합당한 감각을 갖게 하고, 경험과 실천에 있어서 철저한 경건의 탁월함과 사랑스러움을 갖게 하며, 육체를 떠나 주님과 함께 거할 때 그와 같은 삶의 목적의 복됨과 우리가 받을 영원한 보상의 무한한 가치를 알게 할 것이며, 그와 같은 거룩한 삶의 길을 걷느라 수고한 우리는 축복된 목적에 다다를 것이다. 아멘.

설교 ❽

의인들이 받을 유업

"선을 행하는 각 사람에게는 영광과 존귀와 평강이 있으리니"(롬 2:10).

영광, 존귀 그리고 평강은 하나님께서 모든 경건한 자들에게 주신 유업이다.

앞 절에서 사도는 사악한 자가 받을 유업이 무엇인지를 선포했다. 노와 분, 환난과 곤고가 그것이다. 이 구절에서 그는 선을 행하는 사람이 받을 유업을 선포한다. 본문 말씀에서 우리는 관찰해야 한다.

1. 선을 행하는 사람에 대한 묘사이다. 그는 '선을 행하는 사람'이다. 그와 같은 사람은 여기서 그들이 맺는 열매에 의해 평가받는다. 그리스도는 우리에게 나무는 열매를 보아 안다고 가르치셨다. 바울은 여기서 그들이 즐기는 외면적인 특권이나 빛 아래 있는 그들의 삶에 의해서가 아니라 그들이 맺는 열매에 의해 가장 잘 분별할 수 있다고 설명한다. 그 이유는 13절에서 사도가 말하는 바와 같다. "하나님 앞에서는 율법을 듣는 자가 의인이 아니요 오직 율법을 행하는 자라야 의롭다 하심을 얻으리니." 악한 사람들로부터 선을 행하는 사람들을 구별하는 것은 그들이 선한 것을 듣고, 선한 것을 고백하거나 선을 시도하는 것이 아니라 선을 행하는 것이다. 그들은 선을 행하는 자들이다.

2. 그와 같은 사람이 받는 보상은 "영광, 존귀 그리고 평강"이다. 여기에 그들이 받을 유업으로 할당된 것은 세 가지로 언급되어 있다. 첫째는 '영광'이라는 말로 표현된 그들의 도덕적인 선이다. 영광이 그들에게 수여된다. 즉, 그들은 탁월하고 영광스럽게 될 것이다. 그들은 그들을 아름답고 사랑스럽게 만들 그러한 탁월하고 영광스런 특질들을 부

여받게 될 것이다. 그들은 하나님의 형상을 갖게 되며 하나님의 거룩하심에 참여하는 자가 될 것이다. 그러므로 "영광"이라는 말을 바울은 고린도후서 3장 18절에서 사용하고 있는데, 거기서 그는 우리가 "영광에서 영광에 이르는 동일한 형상"으로 변화한다고 말한다.

둘째는 그들이 갖는 상대적인 선, 즉 '존귀'(honor)다. 그들은 가장 존귀한 환경에 있게 될 것이다. 그들은 위대한 품격을 지닌 사람이 되어 나아가 하나님, 그리스도, 그리고 하늘 거민들과 관계를 받아들이며, 하나님은 그들 위에 존귀를 입혀 주실 것이다. 셋째는 그들이 갖는 자연적인 선, 곧 '평강'(peace)이다. 성경에서 사용된 이 말은 행복을 상징한다. 그리고 모든 위로, 기쁨, 그리고 즐거움을 포함한다.

나는 본문에서 영광과 존귀와 평강은 선을 행하는 모든 사람들에게 하나님께서 주신 유업인 것을 제시하기 위해 힘쓸 것이다. 그들이 누릴 행복을 설명하면서, 나는 그것에 뒤따르는 내용들, 즉 지금 여기서 누릴 것과 장차 누릴 것에 대해 깊이 생각해 볼 것이다.

첫째, 나는 이 세상에서 그들이 누릴 행복에 대해 논하고자 한다. 진실로 선한 사람들은 회심의 실제적이며 철저한 사역의 주체가 되어 그들의 마음을 죄에서 돌이켜 하나님께로 향했다. 그런 사람들은 진실로 복되다고 말할 수 있다. 그들은 종종 하나님께서 복 주신 자들로 선포된다. 하나님은 무한히 지혜로우셔서 모든 것을 보시고 아신다. 하나님은 누가 복된 자인지 그리고 누가 불행한 자인지 완전하게 아신다. 하나님은 "악한 자의 꾀를 좇지 않는 자가 복이 있다" "그 죄가 사함 받은 자가 복이 있다" "여호와를 그의 의뢰로 삼는 자가 복이 있다" "마음이 가난하고 온유하고 긍휼히 여기며 마음이 청결한 자가 복이 있다"고 말씀하셨다.

이 세상에 있는 의인들의 행복을 숙고함에 있어서, 나는 본문이 명백하게 지적하는 방법을 추구할 것이며 그에 따라 숙고할 것이다.
- 탁월함
- 존귀, 그리고
- 현재의 삶에 하나님께서 그들에게 부여해 주시는 평강과 즐거움

1. 탁월함 혹은 영광. 이것의 총체는 그들 위에 하나님의 형상을 갖는 데 있다. 사람이 회심할 때, 하나님의 형상이 그 사람 위에 각인된다. 골로새서 3장 10절은 "새사람을 입었으니 이는 자기를 창조하신 자의 형상을 좇아 지식에까지 새롭게 하심을 받는 자니라"라고 말씀한다. 에베소서 4장 23-24절은 "오직 심령으로 새롭게 되어 하나님을 따라 의와 진리의 거룩함으로 지으심을 받은 새사람을 입으라"라고 말씀한다. 그들의 눈이 열려 하나님을 볼 수 있게 되었고, 그들의 영혼은 변화되어 하나님과의 친밀함을 통해 하나님의 영광의 형상을 갖게 되었다.

창조주의 형상을 갖는 일 외에 다른 무엇이 피조물을 탁월하게 만들겠는가? 그리고 회심에서 일어난 변화로 말미암아 사람이 하나님의 형상을 갖는 것만큼 복된 일이 어디 있는가! 이 세상에 있는 크리스천 안에 있는 하나님의 형상이 불완전할지라도 그것은 실재다. 하나님의 실재적인 형상은 불완전할지라도 가장 탁월하다.

그러므로 "의인은 그의 이웃보다 훨씬 탁월하며" "성도는 땅 위에서 가장 존귀한 자이다." 하나님의 형상이 그들의 영광이며, 비록 불완전할지라도 영광이며, 하늘의 천사들의 눈에 보이는 그들은 영광스러운 존재이다. 천사들이 보기에 하나님의 형상은 궁창의 해의 광채와 영광보다 더 아름답다.

실상 성도들 안에는 그 어떤 탁월함이 들어 있지 않고 그들 스스로는 탁월하지도 않다. 즉 그들 안에, 그들의 육체 안에 선한 것은 존재하지

않는다. 그들 스스로는 가난하고, 죄로 가득 차 있고, 악한 피조물들이며, 그들 자신이 스스로를 보기에도 그렇다. 그러나 그들 안에 그리스도가 계시기 때문에 탁월함과 영광이 있다. 그들 안에 있는 탁월함은 하나의 불꽃에 불과하지만, 지구상에서 발견된 그 어떤 루비나 진귀한 진주보다 천 배나 더 탁월하다. 그리고 신성한 무엇이며 하나님께 속한 무엇이다.

이 거룩한 하늘의 불꽃이 회심하는 영혼에 주입되며, 하나님은 인간의 영혼 안에서 그것을 유지하신다. 지옥의 모든 권능이 그 불꽃을 축출할 수 없는 까닭은 하나님께서 그것이 살아 있도록 지켜 주시기 때문이다. 그리고 그것은 점점더 우세해진다. 그것은 비록 작지만 힘이 있다. 그것은 마음을 다스리는 영향력이 있고, 생활에서 거룩한 열매를 맺게 하며, 마음속에 남아 있는 모든 부패들을 소멸시키기까지 힘을 발휘하며, 영혼을 순결하고 거룩하고 천상적인 불꽃으로 변화시켜 나가며 궁창의 빛처럼 빛을 발한다.

2. 나는 이 세상에 있는 크리스천이 갖는 존귀에 대해 숙고하려고 한다. 그리고 이것의 총체는 그들이 하나님의 자녀라는 것이다. 이것은 그들에게 허락되는 탁월함과 존귀와 위엄의 영광스런 차원인데, 그 까닭은 그들이 연결되어 있는 존재(the Being)가 무한히 영광스러운 존재며, 비교할 수 없는 권능과 탁월함을 갖춘 존재이기 때문이다. 그리고 또한 성도와 그 존재 사이에 이루어지는 관계가 아주 가깝고 존귀하기 때문이다.

하나님의 종이 되는 것은 큰 존귀다. 세례 요한은 그리스도에 대해 말하기를, 자기는 그분의 신들메 풀기도 감당할 수 없는 자라고 했다. 그러나 크리스천은 하나님의 종으로 허락받았을 뿐만 아니라 그분의 자녀다. 그리고 종인 것보다 하나님의 가족 안에서 하나님의 자녀가 되는 것은 얼마나 존귀한 일인가! 갈라디아서 4장 7절은 "그러므로 네가 이후로는 종이 아니요 아들이니 아들이면 하나님으로 말미암아 유업을 이을 자니라"라고 말씀한다. 로마서 8장 16-17절은 "성령이 친히 우리 영으로 더불어 우리가 하나님의 자녀인 것을 증거하시나니 자녀이면 또한 후사 곧 하나님의 후사요 그리스도와 함께한 후사니 우리가 그와 함께 영광을 받기 위하여 고난도 함께 받아야 될 것이니라"라고 말씀한다. 요한일서 3장 1절은 "보라 아버지께서 어떠한 사랑을 우리에게 주사 하나님의 자녀라 일컬음을 얻게 하셨는고"라고 말씀한다.

만일 크리스천이 그리스도에 의해 하나님과 어떤 관계 속에 들어갔는지를 생각하면 그 존귀가 얼마나 큰지 알게 될 것이다. 그들은 유일하시고 영원하신 하나님의 아들과 연합됨으로써 하나님의 자녀가 된다. 그들은 그리스도의 신부와 그리스도의 몸의 지체로서, 그리고 그분의 살과 뼈와 영혼으로써 그리스도와 연합된다. 그러므로 그리스도께서 하나님의 아들이신 것과 같이, 그들 역시 아들들이다. 그러므로 그들은 그리스도와 함께하는 아들이기 때문에 그리스도와 함께하는 후사다. 이 목적을 위해 하나님은 그의 아들을 보내사 그를 통하여 그들로 하나님의 아들들이 되게 하셨다. 갈라디아서 4장 4-5절은 말씀한다. "때가 차매 하나님이 그 아들을 보내사 여자에게서 나게 하시고 율법 아래 나게 하신 것은 율법 아래 있는 자들을 속량하시고 우리로 아들의 명분을 얻게 하려 하심이라." 그러므로 그들은 아들의 관계에 참여한다. 그리고 그들은 6절에서 보듯이 아들의 영을 갖는다. "너희가 아들인 고로 하나님이 그 아들의 영을 우리 마음 가운데 보내사 아바 아버지라 부르게 하셨느니라."

여기서 크리스천은 천사들보다 더욱 존귀한 방법으로 하나님의 자녀다. 왜냐하면 천사들은 하나님과 갖는 관계에서 하나님의 아들들이지만 본래 독립적으로 있기 때문이다. 그러나 크리스천은 하나님의 독생자이신 그리스도와 함께 참여하는 자, 그리스도의 아들 됨에 참여하는 자다. 그 아들 됨은 천사들이 갖는 아들 됨보다 훨씬 더 존귀하다. 그리고 크리스천은 하나님의 자녀이기 때문에 그러한 자들로서 하나님의 존귀를 소유한다.

　그들은 간혹 하나님의 성령의 내적 증언에 의해 하나님의 자녀로 소유된다. 왜냐하면 그 사실은 이미 로마서에서 인용한 그대로이기 때문이다. "성령이 친히 우리 영으로 더불어 우리가 하나님의 자녀인 것을 증거하시나니." 그들이 가장 가치 있는 하나님 안에서 그런 자들로 취급받는 것은 그들은 하나님의 보배, 하나님께서 하나님 자신을 위해 구별하신 보배들이기 때문이다. 그리고 하나님은 하나님의 눈의 눈동자처럼 그들을 부드럽게 대하신다. 하나님은 악한 자들을 성도들과 비교하여 무가치하게 여기신다. 하나님은 그들을 위해 왕들을 주실 것이며, 그들의 생명을 위하여 왕자들을 주실 것이다. 하나님은 그들에 대해 질투하신다. 하나님은 성도들을 해하는 자들에 대해 노하신다. 만일 누군가가 그들을 괴롭힌다면 그는 차라리 연자맷돌을 목에 걸고 자신을 깊은 바다에 빠뜨리는 것이 낫다. 하나님은 매우 위대하고 놀라운 사랑으로 그들을 사랑하신다. 하나님은 그들을 마치 아버지가 자식들을 긍휼히 여기듯 긍휼히 여기신다. 하나님은 그들을 보호하시고, 변호하시며, 아버지가 자녀들에게 필요한 것을 공급하듯 공급해 주신다. 이 존귀는 하나님을 두려워하고 사랑하며 주 예수 그리스도를 신뢰하는 모든 자들이 갖는다.

　3. 평안과 즐거움 또한 이 세상에서 크리스천이 갖는 유업이다. 하나님 안에서 갖는 평안과 기쁨은 지금 현재의 삶에서 시작하며, 하나님께서 그들에게 주시는 영광과 존귀에 못지않다. 우리는 여기서 먼저 그들

이 갖는 평안과 기쁨의 근원을 생각해야 하고, 둘째로 그들이 실제 갖고 있는 평안과 기쁨이 어떤 것인지 생각해야 한다.

첫째, 그들이 갖는 평안과 기쁨의 근원은 그들의 안전과 부요함 안에 있다.

(1) 그들은 그들의 안전 때문에 평안의 근거를 갖는다. 그들은 예수 그리스도 안에서 하나님의 진노와 사탄의 능력으로부터 안전하다. 그리스도 안에 있는 자들이 결코 멸망하지 않는 까닭은 그 누구도 하나님의 손에서 빼앗을 수 없기 때문이다. 그들은 모든 두려운 불행에서, 노와 분에서, 환난과 곤고에서 건짐 받았으며, 그런 것들은 경건한 자들에게 닥치지 않는다. 그들은 자연히 그것에 노출되어 있지만 그것으로부터 건짐을 받았다. 그들의 모든 죄는 사함 받았다. 그들을 대적하는 의문의 증서는 영원히 제거되었다. 그들의 죄는 모두 제거되었다. 하나님은 그 죄를 하나님의 등 뒤에 던지셨고, 그들의 슬픔을 깊은 바다 속에 묻으셨고, 다시는 기억하지 않게 하셨다. 그들이 불행에서 안전한 까닭은 그들의 영원한 반석이신 예수 그리스도 위에 세워졌기 때문이다. 누가 정죄하겠는가? 그렇다. 죽으시고 다시 살아나셔서 하나님 우편에 앉으신 분은 예수 그리스도시다. 그들은 안전을 보장하는 신실한 하나님의 약속을 가지고 있는데, 그에 대한 증인이 하늘에 계신다. 그들은 모든 만물을 새롭게 하시는 언약에 대해 관심을 갖는다. 죽음도, 생명도, 천사도, 정사도, 권세도, 현재 일이나 장래 일도, 높음이나 깊음도, 그 어떤 피조물도 예수 그리스도 안에 있는 하나님의 사랑에서 우리를 끊을 수 없다.

(2) 그들은 그들이 가진 부요함 때문에 말로 형언할 수 없는 위로와 기쁨의 근원을 갖는다. 그들은 참되고 무한한 부요함을 갖는다. 그들은 실재적이고 본질적인 것들의 소유자요 상속자며, 그것은 "부요함"으로

일컬어질 만한 가치가 있다. 그들이 소유한 것들은 탁월하며, 금이나 루비보다 훨씬 더 귀하다. 이 세상에서 추구할 만한 것들은 그것과 동등할 수 없다. 하나님께서 그들에게 주신 부요는 고갈되지 않는다. 그것은 그들에게 충분하다. 거기에는 다함이 없다.

그들은 위로와 만족과 기쁨을 위한 무한한 선의 샘을 갖는다. 왜냐하면 하나님은 그들에게 자신을 그들의 유업으로 주셨기 때문이며, 하나님은 무한하신 영광의 하나님이시다. 그분 안에는 결코 물림이 없이, 영원 무궁히 그들을 만족시킬 수 있는 영광이 있다. 그리고 하나님은 또한 무한한 사랑의 샘이시다. 왜냐하면 하나님은 사랑이시며, 해변과 바닥이 없는 사랑의 대양(大洋)이시다! 하나님의 영광스러운 아들은 그들의 것이다. 영원 전부터 하나님께서 기뻐하신 사랑하는 아들은 하나님 앞에서 항상 기뻐하신다. 그분의 모든 아름다움은 그들의 유업이며, 그분의 지극한 사랑 또한 그들의 것이다. 그분의 마음은 그들의 것이며, 하늘에 있는 그분의 영광과 행복은 그들을 거기에 참여케 하시는 능력이 있는 한 그들의 것이다. 왜냐하면 그분이 그들에게 그것을 약속하셨기 때문이며, 그들의 이름으로 그것을 소유하셨기 때문이다.

성도들은 원리상 그들 안에 부요함을 갖고 있다. 그들은 그들 자신의 마음속에 갖고 다니는 내적 부요를 갖고 있다. 그들은 믿음에 있어서 부요하다. 야고보서 2장 5절은 "내 사랑하는 형제들아 들을지어다 하나님이 세상에 대하여는 가난한 자를 택하사 믿음에 부요하게 하시고 또 자기를 사랑하는 자들에게 약속하신 나라를 유업으로 받게 아니하셨느냐"라고 말씀한다. 그들은 그들의 마음속에 하나님의 은혜를 갖고 있는데, 그것은 그들에게 가장 탁월한 보화, 기쁨의 선한 샘이다. 빛은 의로운 자들에게 비취고, 기쁨은 마음이 정직한 자들을 위한 것이다. 그리고 그들의 마음에 뿌려진 씨앗은 거기에 있는 하나님의 은혜다. 그 은혜는 숨어 있는 씨앗이지만, 때가 되면 확실히 발아하여 자라서 봉오리를 맺고 꽃을 피우고 나중에는 풍성한 열매를 맺는다. 이 부요는 참된 부요다. 이것은 하나님께서 그분의 친구들을 위해 보존해 두신 선이다. 하나님은 은금을 나누어 주시며 그와 같은 일을 그분의 원수 가운데서 행하신다. 그 까닭은 그분은 그 원수들을 별로 중요하게 여기시지 않기 때문이다. 그들은 우리가 옥수수껍질을 돼지에게 던지듯이 하나님의 눈에 가증스런 존재들이다. 그러나 하나님은 그의 자녀들을 위해 더 좋은 것들을 예비해 두셨는데, 비록 세상의 왕들과 귀인일지언정 불경건한 자들은 거기 참여할 수 없다.

이는 이 세상에서 크리스천이 갖는 평안과 즐거움의 근거다. 그렇지만 성도들은 때때로 침입해 오는 어두움과 구름 때문에 그들을 위해 저축해 둔 위로를 항상 가질 수 없고 달콤함을 맛볼 수 없다. 그러나 그들이 오랜 기간 큰 어둠의 길을 걸을지라도, 그럼에도 불구하고 그들은 여전히 행복하다.

둘째, 그들은 이 세상에서 때때로 아주 탁월한 평안과 즐거움을 실제적으로 누린다. 때로는 그들이 걷는 길에 있는 구름이 제거되며, 크리스천은 기뻐할 수 있는 근거를 볼 수 있다. 하나님의 영광과 사랑이 이따금 그들로부터 숨겨지고, 실상 그것을 볼 수 없도록 베일 뒤에 가려지지만, 하나님은 그 베일을 제거하시고 휘장을 걷어 젖히시고 성도들에게 달콤한 비전을 주시기를 기뻐하신다. 때로는 하늘 문이 열리며 그리스도는 격자창(窓)을 통해 자신을 보여 주신다. 그들은 때때로 위로부터 영혼 속으로 파고드는 달콤한 빛줄기를 갖는다. 그리고 하나님과 구속주이신 그리스도께서 다정하게 그들을 방문하신다. 크리스천은 어떤 때는 상당 기간 빛과 즐거움의 시기를 갖고, 다른 어떤 때는 그들의 관점이 순간에 더욱 집중하기도 한다. 때로는 그들이 지닌 빛과 기쁨이

성경 말씀을 읽는 데서, 어떤 때는 설교 말씀을 들을 때, 어떤 때는 주의 만찬에서, 어떤 때는 기도의 의무를 감당하는 데서, 때로는 크리스천 모임에서, 어떤 때는 그들의 사명에 관해 묵상하는 데서, 어떤 때는 밤중에 일어나기도 한다.

신자들이 이 세상에서 갖는 그러한 영적 기쁨과 즐거움은 주로 세 종류다.

첫 번째 것은 그들 자신이 갖는 훌륭한 재산을 인식할 때 갖는 기쁨이다. 죄 사함에 대해 그들이 갖는 인식과 지옥으로부터의 안전에 대한 인식에서 오는 기쁨이다. 그리고 하나님의 은혜에 대한 인식과 영생에 대한 희망에서 오는 기쁨이다.

두 번째는, 하나님의 위대하심과 사랑에 대한 이해와 관점에서 갖는 기쁨과 즐거움이다. 크리스천의 기쁨은 단순히 자연인들이 생각하는 그 자신의 훌륭한 재산에 대한 인식에 놓여 있는 것이 아니라, 하나님의 탁월하심에 대한 이해에서 영혼을 가득 채우는 탁월하고, 초월적이며, 영혼을 만족케 하는 달콤함에 있다. 영혼은 생각에 잠기며, 거기에 고정되고, 가장 위대한 선이신 하나님 안에서 만족을 누리며, 하나님을 가장 즐거운 묵상의 대상으로 삼는다. 이 즐거움은 크리스천이 느낄 수 있는 가장 달콤한 즐거움이며, 천국 자체의 즐거움을 미리 맛보는 것이다. 여기서 성도는 간혹 가나안 땅의 포도송이를 자랑한다. 이런 종류의 기쁨은 그 어떤 다른 기쁨을 능가하는 신실함의 증거며, 우리 자신의 훌륭한 재산을 즐거워하는 것보다 더 확실한 증거다. 하나님의 영광과 탁월하심을 보는 크리스천이 갖는 기쁨으로부터, 그를 사랑하시는 하나님의 사랑에 대한 숙고가 배제될 수 없다. 크리스천이 하나님을 영광스러우신 하나님으로 기뻐할 때, 그는 하나님이 그의 하나님이기 때문에 더욱 하나님을 기뻐하며, 그와 하나님 사이에 이루어진 연합을 숙고하면서 기뻐한다. 그렇지 않고 만일 분리되어 있다면, 한편으로 기쁨을 일으킬 수 있을지도 모르나 하나님의 탁월하심을 보는 일은 같은 비율로 또 다른 슬픔을 유발할 것이다. 하나님은 간혹 그분의 사랑을 성도들에게 나타내 보이시기를 기뻐하시고, 크리스천이 하나님의 탁월하심을 바라볼 때 그는 또한 하나님의 사랑을 바라본다. 영혼은 영적으로 함께하시는 하나님의 현존에 대해 민감해지고 하나님 자신을 선포하고 의사소통한다. 그것은 하나님과 갖는 달콤한 의사소통이며, 하나님의 사랑의 달콤함을 맛보며 지식을 초월하는 그 사랑의 길이와, 넓이와, 깊이와 높이를 알게 된다.

세 번째 기쁨의 종류는, 하나님의 영광을 위해 하는 일에서 발견된다. 하나님의 참된 사랑은 이 기쁨을 영혼에 달콤하고 즐거운 것으로 만든다. 크리스천의 기쁨은 앎과 봄에서만 유발되는 것이 아니라 행함에서도 발생된다. 하나님을 이해하는 데서만 아니라 하나님을 위해 하는 일에서도 발생된다. 왜냐하면 그는 하나님을 만족스러운 사랑(love of complacence)으로 사랑할 뿐만 아니라, 또한 친절한 사랑(love of benevolence)으로 사랑하기 때문이다. 그리고 만족스러운 사랑은 사랑받는 대상을 바라보며 기뻐하듯이, 친절한 사랑은 사랑받는 대상을 위해 무엇인가를 하는 것을 기뻐한다. 이러한 일들에서 크리스천이 갖는 평안과 즐거움은 이 세상이 주는 것보다 훨씬 더 추구할 만한 것이며, 특히 다음의 이유 때문에 사악한 자들이 갖는 즐거움보다 훨씬 더 추구할 만한 것이다.

● 이 즐거움에는 빛이 있다. 사악한 자들이 갖는 평안과 즐거움은 그 근거를 어둠에 둔다. 사악한 자들이 어떤 고요함이나 기쁨을 가질 때, 그것은 그들의 눈이 가려져 있어서 그들이 처한 실제적인 처지를 못 보기 때문이다. 만일 눈이 멀지 않고 기만이 없다면, 그들은 그 어떤 평안

이나 위로를 가질 수 없다. 눈이 먼 악인들에게는 눈이 열리는 것 외에 필요한 다른 것이 없으며, 눈이 열려 자신이 누구인지 그리고 어디에 서 있는지를 안다면 그것은 이 세상에서 번영일로를 걷는 그가 가진 모든 고요함과 위로를 파괴하기에 충분하다. 그러나 반대로, 경건한 자의 평안은 빛으로부터 발생하는 평안이다. 사물을 있는 모습 그대로 바라볼 때 그는 지극한 평안을 갖는다. 그리고 그가 간혹 느끼는 고뇌와 고통은 구름과 어두움에서 발생한다. 경건한 자가 큰 두려움과 고뇌에 처해 있을 때, 만일 그가 처해 있었던 행복한 상태를 알지 못했다면, 그는 동시에 말로 표현할 수 없는 기쁨으로 즐거워할 것이다. 그의 즐거움이 사악한 자들의 것과 같이 어리석음에서 발견되기 위함이 아니라, 민감함에서 발견되기 위함이며, 맹목에서가 아니라 빛과 개안(開眼)과 지식에서 발견되게 하기 위함이다.

● 이 즐거움에는 안식이 있다. 이 기쁨을 발견한 자는 기쁨 안에서 영혼의 달콤한 휴식과 묵종(默從)을 발견한다. 그것은 영혼을 고요하게 하고 영혼이 낙담하는 것을 줄여 준다. 마태복음 11장 28절에서 그리스도는 "수고하고 무거운 짐 진 자들아 다 내게로 오라 내가 너희를 쉬게 하리라" 하고 말씀하신다. 그 즐거움 안에는 달콤한 만족이 있다. 그것을 맛보는 영혼은 더 나은 즐거움을 추구하지 않는다. 그 안에는 만족함이 있다. 이전에 방황하던 영혼이 이 샘을 맛보게 될 때, 그 샘에서 영혼의 욕망과 갈망을 만족시켜 주는 것을 발견하며, 그 샘에서 영혼의 행복을 위해 필요한 것을 발견한다. 요한복음 4장 14절은 "내가 주는 물을 먹는 자는 영원히 목마르지 아니하리니 나의 주는 물은 그 속에서 영생하도록 솟아나는 샘물이 되리라"라고 말씀한다. 그것은 불경건한 자들이 갖는 즐거움과는 전혀 다른 것이다. 그들 안에는 참된 안식이 없다. 그들은 내면의 고요함을 즐기지 않는다. 그들의 내면에는 즐길 수 있는

참된 평안이 없고 만족할 수도 없다. 그러나 가장 세속적인 즐거움을 갖는 사악한 자들은 여전히 쉬지 않고 "우리에게 선을 보일 자가 누구뇨?"라고 질문한다. 사악한 자들은 안식을 얻지 못하는 풍랑이 이는 바다와 같아서, 흉용하는 바닷물은 그들을 진창으로 밀어 올린다. 즐거움의 한가운데 있는 사악한 자들은 참된 안식을 갖지 못하여서 그 안식에 대해 반성도 하지 못할 뿐만 아니라 양심의 고통과 죄책 아래 있는 영혼의 불안을 겪는다. 그러나 경건한 자들의 즐거움은 즐거움 속에서 안식을 제공해 주며 반성하는 일에서 안식과 달콤함을 준다. 그것은 간혹 고요하며 영혼을 깨끗하게 하여 과거의 위로를 돌아보게 한다.

- 그 안에는 생명이 있다. 그것은 힘을 부여하고 자양분을 공급하고, 영혼을 보전하고 영혼에 생명을 주는 즐거움이며, 죄악 같은 즐거움이 하듯이 영혼을 더럽히고, 파괴하고, 죽이는 것이 아니다. 사악한 자들의 즐거움들은 영혼에 치명적인 독이다. 그것들은 영혼을 약하게 하고 소진시키며 죽인다. 그러나 경건한 자들이 누리는 즐거움들은 영혼을 살찌우며 영혼을 소진시키지 않는다. 그것들은 영혼을 강하게 하며 약화시키지 않는다. 그것들은 영혼을 고양시키며 영혼의 가치를 떨어뜨리지 않는다. 그것들은 영혼을 부요하게 하며 영혼을 가난하게 만들지 않는다. 죽음과 부패는 죄의 즐거움이 낳는 자연적인 열매이지만, 생명은 영적인 즐거움의 열매. 갈라디아서 6장 8절은 "자기의 육체를 위하여 심는 자는 육체로부터 썩어진 것을 거두고 성령을 위하여 심는 자는 성령으로부터 영생을 거두리라"라고 말씀한다. 이 기쁨이 놓여 있는 생명은 가장 탁월한 생명이며, 이름을 가질 가치가 있는 유일한 생명이다. 그것은 영적이며, 영원한 생명의 시작이다. 이 즐거움은 영생하도록 솟아나는 샘이다(요 4:14).

- 그 안에는 본질이 있다. 이 즐거움은 단순한 그림자, 공허한 기쁨,

세속적인 즐거움이 아니라 본질적인 기쁨이다. 죄가 주는 즐거움은 지속되지 않고 순간적이다. 그것들은 항아리 아래 붙어 있는 가시 크래클링(the crackling of thorns)이거나 밤에 떠도는 불타는 유성(遊星)과 같아서 잠깐 나타났다가는 이내 사라져 버린다. 그러나 이 즐거움은 별이나 태양의 영속적인 빛과 같다.

　세속적인 즐거움은 쉽게 허물어진다. 조그만 일도 왕의 궁정에 있는 모든 즐거움을 망칠 수 있다. 번영과 높은 지위를 한껏 누리던 하만은 "유다 사람 모르드개가 대궐문에 앉은 것을 보는 동안에는 이 모든 일이 만족하지 아니하도다"(에 5:13)라고 말했다. 그러나 성도들의 기쁨은 시간이 지남에 따라 소멸되는 그런 기쁨이 아니다. 만일 하나님께서 당신의 얼굴에서 나오는 빛을 비추시면, 이 빛은 가장 슬픈 시간을 보내고 있는 마음을 새롭게 하고 기쁘게 할 수 있다. 성도들은 고통 속에서도 기뻐한다. 그들의 원수들은 이 기쁨을 전복시킬 수 없다. 마귀, 심지어 죽음까지도 그것을 전복시킬 수 없다. 사망의 음침한 골짜기 가운데서도 그 기쁨은 극에 달한다. 가장 극악한 죽음을 맞고서도, 타는 불 속에서도, 극악무도한 고문자들의 손 아래서도 순교자들은 찬송을 불렀다. 욥기 35장 10-11절은 "밤중에 노래하게 하시는 이(나를 만드신 하나님)가 어디 계신가 말하는 자가 한 사람도 없구나"라고 말씀한다.

● 그 안에는 거룩함이 있다. 거룩한 기쁨이라는 사실이 이 기쁨의 탁월함이다. 그것들은 죄악된 즐거움의 오염된 강과 같지 않고 순결하고 거룩하다. 요한계시록 22장 1-2절은 "또 저가 수정같이 맑은 생명수의 강을 내게 보이니 하나님과 및 어린양의 보좌로부터 나서 길 가운데로 흐르더라"고 말씀한다. 이 즐거움은 영혼을 더럽히지 않고 깨끗하게 한다. 그것들은 영혼을 망가뜨리지 않고 아름답게 한다. 그것들은 영혼을 지극히 기쁘게 할 뿐만 아니라 탁월하게 만든다. 그것들은 하나님께 속

한 무엇, 신성한 기질을 부여해 주며, 거룩하게 행동하게 하며, 시내 산에서 하나님을 만나 뵙고 난 뒤에 모세의 얼굴에 광채가 났던 것처럼, 그리고 하늘이 열리고 인자가 하나님 우편에 서신 것을 볼 때 천사의 얼굴과 같았던 스데반의 얼굴처럼 영혼을 빛나게 한다. 그러므로 이 즐거움들은 영혼을 더욱 행복하게 할 뿐만 아니라 더욱 탁월하게, 더욱 신성하게 만든다.

● 그 안에는 영광이 있다. 하나님은 간혹 얼굴을 나타내서서 더 많은 빛을 비추신다. 이것은 즐거움과 기쁨, 탁월함, 달콤함, 그리고 가히 표현할 수 없는 감탄이다. 그것은 영혼을 채우는 종류의 영광이다. 본질상 심히 탁월하여 세속적인 즐거움이 주는 달콤함은 소멸되어 무(無)가 되어 물방울과 먼지처럼 조악하거나 길거리의 미미한 진창과 같다. 그것은 태양 빛이 개똥벌레 빛보다 더 큰 것처럼 세속적인 빛보다 훨씬 밝다. 이에 대해 사도는 베드로전서 1장 8절에서 우리의 주의를 환기시킨다. "예수를 너희가 보지 못하였으나 사랑하는도다 이제도 보지 못하나 믿고 말할 수 없는 영광스러운 즐거움으로 기뻐하니."

나는 이제 성도들의 죽음의 행복에 대한 생각으로 나아가고자 한다. 사람이 죽음에서 행복해야 한다는 것(세상은 죽음을 가장 두려운 것으로 여긴다)은 세상에 대해서는 신비가 아니지만 성도들에게는 신비다. 그들의 행복은 반석 위에 세워져 있어서 죽음의 충격도 감당할 수 있다. 죽음의 폭풍우와 홍수가 그 난폭한 힘을 가지고 다가올 때, 성도들의 행복은 견고하게 서 있어서 죽음이나 지옥조차도 전복시킬 수 없다.

1. 죽음은 성도들에게 죽음으로 묘사되지 않는다. 죽음은 죽음이라는 이름을 가질 만한 가치가 없다. 사악한 자의 생명이 생명이란 이름을 가질 만한 가치가 없듯이, 경건한 자의 죽음은 죽음이란 이름을 붙일

가치가 없다. 모든 것을 있는 그대로 보시는 하나님의 눈에는 전혀 어떤 죽음으로 간주되지 않는다. 또한 하나님은 죽음이라고도 부르시지 않는다. 그러므로 그리스도는 그분을 믿는 자는 죽지 않을 것이라 약속하신다. 요한복음 6장 50-51절은 말씀한다. "이는 하늘로서 내려오는 떡이니 사람으로 하여금 먹고 죽지 아니하게 하는 것이니라 나는 하늘로서 내려온 산 떡이니 사람이 이 떡을 먹으면 영생하리라 나의 줄 떡은 곧 세상의 생명을 위한 내 살이로라 하시니라." 죽음은 성도들을 파멸할 수 없기 때문에 성도들에게는 죽음이 아니다. 죽음의 개념은 그 안에 파괴 혹은 멸망이란 의미를 담고 있다. 그러나 경건한 자들은 죽음에 의해 파괴되지 않는다. 왜냐하면 죽음은 그들을 파기할 수 없기 때문이다. 그리스도는 성도들은 결코 망하지 않을 것이라고 말씀하신다. 요한복음 3장 15절은 "이는 저를 믿는 자마다 영생을 얻게 하려 하심이라"고 말씀한다.

경건한 자가 죽을 때, 그는 결코 멸망하지 않는다. 크리스천으로서 그의 삶에 종말이 없는 까닭은 죽음에 의해 소멸되지 않는 영적 생명이 있기 때문이다.

사악한 자가 죽을 때, 그는 실제로 죽는다. 왜냐하면 그가 죽을 때 그의 모든 생명은 종지부를 찍고 일시적인 생명 외에 다른 생명이 없기 때문이다. 그러나 크리스천의 생명은 그리스도와 함께 감추어져 있고, 그분과 함께 하늘에 안전하게 간수되어 있다. 그러므로 죽음은 하늘에 도달할 수 없기 때문에 더 이상 크리스천의 생명에 다다를 수 없다. 죽음은 그리스도의 생명에 도달할 수 없는 것과 한가지로 크리스천에게도 도달할 수 없다. 설령 크리스천이 죽는다 해도 죽음은 그리스도께, 우리의 생명에 도달할 수 없다. 그러나 이제 그리스도는 하나님 우편에 앉아 계신다. 그분은 성도들을 위로하시기 위해 요한계시록 1장 17-18절에서

"나는 처음이요 나중이니 곧 산 자라 내가 전에 죽었었노라 볼지어다 이제 세세토록 살아 있어 사망과 음부의 열쇠를 가졌노니"라고 말씀하신다.

죽음은 크리스천을 파괴할 수 없을 뿐만 아니라 해할 수도 없다. 그리스도는 죽음이 닿지 못하는 높은 곳을 나는 독수리의 날개 아래 그를 감추신다. 크리스천과 관련하여, 죽음은 그 세력이 무장 해제된다. 그리고 모든 크리스천은 "오, 죽음이여, 네가 쏘는 것이 어디 있느냐?"라고 말할 수 있다. 죽음은 실로 한때 무서운 원수였지만 이제는 약화되었다. 죽음은 그리스도께 그 힘을 다 소진하였다. 그분을 죽이는 데 온 힘을 쏟아 자신을 죽였다. 그리고 이제는 정복되어 그리스도를 따르는 자들을 해할 힘이 없다. 그리스도께서 죽음을 정복하셨기 때문에 죽음은 이제 힘을 잃은 그림자에 불과하다.

죽음은 한때 사자(獅子)였지만 이제는 한 마리 양에 불과하다. 선한 사람은 실로 죽음에 대한 공포로 안절부절 못하고 죽음의 음침한 골짜기를 지날 때 겁을 잔뜩 집어먹을지 모르지만, 그것은 어떤 공포의 정당한 근거가 아니다. 그리고 만일 성도들이 겁을 먹는다면, 그것은 그들의 육체의 연약함과 어두움을 통해서만 그렇다. 어린아이가 위험이 없는 어두운 데서 겁을 먹는 까닭은 그가 어린아이이기 때문인 것처럼, 선한 사람 역시 죽음을 보고 겁을 먹을 수 있다. 그러나 그는 이 죽음의 두려운 모습이 오로지 그림자인 것을 발견하게 되어, 죽음은 두렵게 보일 뿐 아무 두려운 일을 할 수 없다는 사실을 알게 된다.

성도들의 연약함을 통해 죽음은 그들을 고통스럽게 할 수 있지만, 성도들이 갖는 위로와 후원의 근거는 파괴할 수 없다. 죽음이 사악한 자에게 임할 때, 그가 위로로 삼는 모든 기반은 약해지고, 그가 서 있는 발판은 홍수로 무너져 내릴 것이다(욥 22:16). 그러나 경건한 자들이 갖는 평안과 위로의 기반은 그와 같은 때에 결코 흔들리지 않는다.

간혹 성도들은 실제적으로 죽음에 대한 두려움과 공포를 초월한다. 그들은 죽음이 한낱 그림자에 불과함을 알고 두려워하지 않는다. 그들이 갖는 위로의 기반이 여전히 남아 있을 뿐 아니라 평안과 위로 그 자체는 요동치 않는다. 빛이 어둠을 통해 비취고, 죽음의 양 같은 본성은 사자의 그림자를 통해 사라진다. 경건한 자들은 죽을 때 하나님을 앞에 모시는데, 하나님의 사랑과 은혜를 그들의 피난처로 삼고 생명으로 삼는다. 그렇다. 죽음 안에는 생명이 있다. 그들은 그분의 의의 오른손으로 붙드시는 복되신 그리스도와 함께한다. 이것들은 그들이 세속적인 모든 친구들을 떠날 때 그들과 함께하는 친구들이다. 그들의 육체와 마음이 시들 때 하나님께서 그들과 함께 계실 것이다. 그들이 약해지고 쇠하며 본성이 무너질 때 하나님께서 그들의 마음의 힘이 되실 것이다. 하나님께서 당신의 영원하신 팔로 그들을 감싸시며 질병 가운데 있는 그들을 위해 침상을 만드실 것이다. 시편 37편 37절은, "완전한 사람을 살피고 정직한 자를 볼지어다 화평한 자의 결국은 평안이로다"라고 말씀한다.

2. 죽음은 그들에게 죽음이 아닐 뿐만 아니라 더 영광스러운 생명으로 이전(移轉)하는 것이며, 죽음으로부터 부활로 화하는 것이다. 죽음은 그들에게 행복한 변화이며, 죽음이라기보다는 부활처럼 훨씬 나은 것이다. 그것은 불완전한 빛과 거룩, 그리고 기쁨의 상태로부터 변화하는 것이다. 성도가 죽을 때, 말하자면 그는 잠에서 깨어난다. 이 생명은 무디고 생명 없는 상태이다. 그러나 거기엔 오로지 작은 영적 생명이 있고, 큰 양(量)의 죽음(great deal of deadness)이 있다. 거기에는 오로지 작은 빛이 있고, 큰 양(量)의 어둠이 있다. 거기에는 오로지 작은 감각이 있고, 큰 양의 어리석음과 무감각이 있다. 그러나 경건한 자가 죽을

때, 이 모든 사멸성(deadness)과 어두움, 어리석음, 무감각은 영원히 사라지고 그는 즉시 완전한 생명, 완전한 빛과 활동, 그리고 완전한 기쁨의 상태에 들어간다. 한 사람의 회심이 부활에 비유되는 까닭은 그가 영적 죽음에서 일어나기 때문이다. 에베소서 2장 1절은 "너희의 허물과 죄로 죽었던 너희를 살리셨도다" 라고 말씀한다. 그러나 영적 생명이 그 때 시작되지만, 이후에는 영적 죽음이 크게 남아 있고 생명은 지극히 작다. 그러나 경건한 자가 죽을 때, 그는 영적 죽음의 모든 잔재로부터 일어나며 완전한 생명의 상태에 들어간다. 이 육체는 거룩한 영을 가두고 있는 감옥과 같다. 육체는 지극히 영적인 활동과 위로를 저지하고 방해하고 속박한다. 그러나 성도가 죽을 때 영혼은 이 감옥, 무덤에서 풀려나 영광스러운 자유와 행복의 상태에 들어간다. 그러므로 죽음은 그 쏘는 화살을 잃을 뿐만 아니라 성도들을 그들의 생명이신 하늘에 계신 그리스도께로 인도하는 종이다. 그리고 세상을 떠날 때 성도들의 위로의 근거는 지속될 뿐만 아니라 어떤 의미에서는 증가된다. 왜냐하면 그때 그들의 완전한 행복에 더 가까워지기 때문이다.

그리고 성도들이 죽음에서 그들 자신의 행복을 볼 수 있을 때, 죽음의 음침한 골짜기 가운데서도 지극히 기뻐할 수 있게 되며, 기쁨으로 공포의 왕에 대해 승리를 획득한다. 성도들에게 죽음은 항상 허무와, 죄와, 불행에서 생명과, 빛과 영광의 세계로 인도하는 관문이다. 그러나 이따금 어두운 관문일지라도, 그것은 때로는 빛으로 충만하다. 어두움은 모두 사라지고 그들이 들어가는 영광의 도성에서 빛이 흘러나온다. 그 빛은 어둠을 통하여 영혼을 가득 채우며, 죽음의 구름은 그 앞에서 사라진다. 죽음의 두려운 출현은 죽음이 쓰고 있는 하나의 가면에 불과하다. 죽음은 실제 두려운 것이 아니라 기쁜 것이며, 새 예루살렘의 이 빛은 죽음의 가면을 통해 밝은 빛을 비추어 성도들에게 죽음은 하나의 종에 불과한 것을 보여 준다.

그렇다. 간혹 죽음은 가장 무서운 가면을 쓰고 가장 무시무시한 모습으로 성도들을 찾아와 괴롭힐 수 있다. 죽는 성도들이 지금 하나님의 영광스러운 임재에 들어가고 있고 하나님과 그리스도를 충분히 즐거워하게 된다고 생각하는 것은 즐거운 일이다. 간혹 사람들은 기쁜 기대로 말미암아 "오, 주여. 속히 오소서!" "주님의 병거는 왜 이리 더딥니까?"라고 외칠 수 있다.

이제 성도들이 육체를 벗어날 때 가질 행복에 대해 생각하도록 하자.
1. 영혼이 몸을 떠날 때, 천사들이 와서 성도들을 셋째 하늘로 인도한다. 떠나기 전날, 천사들이 죽음의 침상 주변을 둘러싸고 수호한다. 그리고 마귀들이 성도들의 영혼을 붙잡아 그들의 먹잇감으로 삼으려고 안간힘을 쓰지만 결코 얼씬거리지 못한다. 거룩한 천사들은 영혼을 보살피며 그 모든 원수들의 손아귀에서 보호한다. 우리는 이 일이 하나님께서 그들을 사용하시는 직무라는 사실을 배운다. 시편 34편 7절은 "여호와의 사자가 주를 경외하는 자를 둘러 진 치고 저희를 건지시는도다"라고 말씀하며, 시편 91편 11절은 "저가 너를 위하여 그 사자들을 명하사 네 모든 길에 너를 지키게 하심이라"라고 말씀한다. 그와 같이 다니엘도 사자의 입에서 보호받았다. 다니엘 6장 22절은 "나의 하나님이 이미 그 천사를 보내어 사자들의 입을 봉하셨으므로 사자들이 나를 상해치 아니하였사오니 이는 나의 무죄함이 그 앞에 명백함이오며 또 왕이여 나는 왕의 앞에도 해를 끼치지 아니하였나이다"라고 말씀한다.

영혼이 몸을 떠나자마자 친절하고 정중하게 복된 천사들의 수종을 받아 그리스도의 영광스런 임재에 들어간다. 천사들은 모두 섬기는 영들이기 때문에, 구원의 후사인 성도들을 섬기라고 보냄을 받았다. 성도들의 영혼을 보호하고 인도하는 것이 섬기는 한 가지 길인바, 우리는 부자와 나사로의 비유에서 분명한 가르침을 받는다. 누가복음 16장 22절은 "이에 그 거지가 죽어 천사들에게 받들려 아브라함의 품에 들어가고 부자도 죽어 장사되매"라고 말씀한다. 이 거룩함과 사랑의 영들은 성도들의 영혼을 받들어 대기권 하늘과 성좌 하늘을 통과하여 우주의 가장 영광스런 곳으로 인도한다. 창조의 가장 높은 곳, 하나님께서 거하시는 가장 거룩한 곳, 그리스도께서 계시는 지극히 높으신 하나님의 도성과 궁정으로 인도한다.

그와 같은 하늘이 없다고 주장하는 혹자들이 있다. 그러나 이는 분명히 잘못인 까닭은, 그리스도께서 영광스런 몸으로 들어가신 하늘은 분명히 어떤 곳이기 때문이다. 그리스도의 몸이 계신 하늘이 없다고 생각하는 것은 어리석음의 소치이다. 그리스도의 몸이 그 어디에도 없다고 말하는 것은 그리스도는 몸이 없다고 말하는 것과 다를 바 없다. 그리스도께서 계신 하늘은 한 장소이다. 왜냐하면 그분이 올라가시는 것이 보였고 다시 오시는 것이 보일 것이기 때문이다. 그리고 죽은 성도들의 영혼이 있는 하늘은 그리스도께서 승천하신 하늘과 동일한 하늘이다. 그러므로 스데반은 이 육신의 몸을 떠날 때 하늘이 열린 것과 그리스도께서 하나님 우편에 서 계신 것을 보았다. 그리고 그는 그가 본 예수님께 자신의 영혼을 받아 주시기를, 즉 그리스도께서 자기 영혼을 주님께, 하나님 보좌 우편에 받아 주시기를 기도했다.

사도 바울은 만일 그가 떠난다면 그리스도와 함께 거할 것이라고 말한다. 빌립보서 1장 23절은 "내가 그 두 사이에 끼였으니 떠나서 그리스도와 함께 있을 욕망을 가진 이것이 더욱 좋으나"라고 말씀한다. 고린도후서 5장 8절은 "우리가 담대하여 원하는 바는 차라리 몸을 떠나 주와 함께 거하는 그것이라"고 말씀한다. 이 외에도 에녹과 엘리야처럼, 이미 그들의 육체를 갖고 거기 있는 일부 성도들이 있다. 그러므로 하나님께서 영광스럽게 당신을 나타내시는 곳, 그리스도께서 계시는 곳, 성도들과 천사들이 거하는 곳, 죽는 성도들의 영혼을 천사들이 받들어 인도하는 곳이 있는데, 이곳은 "낙원"(Paradise)과 "셋째 하늘"(the third heaven)이라 불린다(고후 12:2-4). 대기권 하늘은 첫째 하늘이다. 별들이 있는 하늘은 둘째 하늘이다. 그리고 그리스도와 성도들과 천사들이 거하는 복된 곳은 그 두 하늘 위에 있는 셋째 하늘이다. 그리고 그리스도는 "하늘보다 높으신 분"으로 일컬어진다. 히브리서 7장 26절은 "이러한 대제사장은 우리에게 합당하니 거룩하고 악이 없고 더러움이 없고 죄인에게서 떠나 계시고 하늘보다 높이 되신 자", 즉 눈에 보이는 하늘보다 높으신 분이라고 말씀한다.

　이 하늘은 별들보다 훨씬 위에 있다. 그러므로 그리스도는 모든 하늘들보다 높이 오르셨다고 말한다. 에베소서 4장 10절은 "내리셨던 그가 곧 모든 하늘 위에 오르신 자니 이는 만물을 충만케 하려 하심이니라", 즉 우리가 보는 하늘보다 훨씬 높은 곳에 계신 분이라고 말씀한다. 이는 살아 계신 하나님의 도성인 시온 산, 하늘 예루살렘, 그리고 성도들이 세상 장막을 떠날 때 천사들이 그들의 영혼을 받들어 인도하는 곳이다. 그들이 거기 이를 때 그들은 지극히 기쁜 환영을 받는다. 이 영광스런 도성의 문이 그들에게 열리고 그들은 권리를 가진 상속자로서 거기에 들어간다. 요한계시록 22장 14절은 "그 두루마기를 빠는 자들은 복이 있으니 이는 저희가 생명나무에 나아가며 문들을 통하여 성에 들어갈 권세를 얻으려 함이로다"라고 말씀한다. 그리고 그들의 눈이 열려 영광스러운 세계, 아름다운 도성과 즐거운 낙원을 보게 될 것인데, 그 전에 듣고 생각하고 추구했던 곳이다. 그런 뒤 그들은 그 하늘을 그들 자신의 것으로 보고 소유하게 될 것이다. 거기서 그들은 그들보다 먼저 앞서 들어간 성도들과 천사들의 기쁜 환영을 받을 것이다. 회개할 때 기쁨이 있었다. 이제 그들은 영광의 집에 인도되어 기뻐한다. 타국에서 본집에 돌아와 그 전에 사랑했던 사람을 만나서, 같은 가족의 자녀이며 같은 주님의 제자들이기 때문에 기쁨으로 서로 얼싸안고 함께 즐거워하며 하나님과 어린양 주 예수 그리스도를 찬송하는 일은 얼마나 복되고 기쁜 일인가!

그리고 그때 그들은 영광중에 계신 그리스도께로 인도되어 죄에서 완전히 자유케 된 흠이 없는 온전한 몸으로 주님 앞에 드려질 것이다. 그리스도는 그들을 풍성하게 환영하며 그분의 사랑을 즐기는 복을 주실 것이다. 그때 선하신 목자는 천사들에게 인도되어 본향 집에 온 영혼들에게 그분과 가까이 있는 은혜를 주실 뿐만 아니라, 그분이 계신 하늘 아버지 집으로 인도하시는 일을 기뻐하실 것이다. 구세주는 세상의 기초가 놓이기 전부터 사랑했던 영혼들을 기뻐하실 것이다. 그 까닭은 사랑하는 그들을 위해 자신의 목숨을 버리셨고 그 무서운 고난을 참아내셨기 때문이다. 이는 그의 선택된 자들의 영혼을 구속하고 행복하게 하기 위해 그분 앞에 마련되었던 기쁨이었다. 그러므로 그리스도는 이의 완성을 보실 때 기뻐하실 것이다.

그리스도는 성도들을 환영하시고, 성도들은 그리스도의 사랑을 충만히 즐기게 될 것이다. 보좌 가운데 계신 어린양이 그들을 먹이시고 그의 피로 구속하신 그들을 그분의 아버지 하나님께 드리며, 아버지께서는 그들을 극진히 환영할 것이다. 그런 뒤 영혼은 그 영광을 보고 그토록 갈망하던 그 즐거움을 맛볼 것인즉, 그 즐거움은 땅 위에 있을 때 생각했던 즐거움이 가히 뒤따를 수 없는 즐거움이 될 것이다. 그때 하늘의 기쁨이 어떤 것인지 경험으로 알게 될 것이다. 그때 복음의 위대하고 귀한 약속들이 성취될 것이다. 그때 믿음은 비전으로 화하고, 희망은 결실로 화할 것이다. 그때 부패, 악한 생각, 혹은 그들을 괴롭히는 죄악스런 성향은 더 이상 존재할 수 없을 것이다. 그들이 지상에서 어떤 슬픔과 고통을 겪었든지, 이제 하나님께서는 그들의 눈에서 눈물을 씻어 주실 것이다. 다시는 고통이 없을 것인즉, 이전 것은 다 지나가기 때문이다(계 21:4).

만일 그들이 이 세상에서 힘들게 살았고 굶주림과 목마름에 시달렸다면, 이제는 그 모든 것이 끝날 것이다. 박해를 받고 옷을 그들 자신의 피로 물들인 그들은 더 이상 고통을 받지 않을 것이다. "내가 가로되 내 주여 당신이 알리이다 하니 그가 나더러 이르되 이는 큰 환난에서 나오는 자들인데 어린양의 피에 그 옷을 씻어 희게 하였느니라 그러므로 그들이 하나님의 보좌 앞에 있고 또 그의 성전에서 밤낮 하나님을 섬기매 보좌에 앉으신 이가 그들 위에 장막을 치시리니 저희가 다시 주리지도 아니하며 목마르지도 아니하고 해나 아무 뜨거운 기운에 상하지 아니할지니 이는 보좌 가운데 계신 어린양이 저희의 목자가 되사 생명수 샘으로 인도하시고 하나님께서 저희 눈에서 모든 눈물을 씻어 주실 것임이러라"(계 7:14-17). 지상에 있는 동안 싸워야 할 수많은 원수들이 있지만, 이제 그들은 그 원수들에 대한 승리를 얻게 된다. 이제 그들은 사탄의 유혹과 성도들을 괴롭히는 사탄의 모든 능력이 손닿지 않는 곳에서 승리의 개가를 부르게 될 것이다. 이제 그들은 흰 예복을 입고 손에 종려나무 가지를 들고 어린양과 함께 시온 산에 나타날 것이다(계 7:9).

2. 그들은 부활까지 지극한 영광과 축복 속에 거기 머무를 것이다. 그들은 하나님을 즐거워하며 거기 머무르며, 아무런 방해와 괴롭힘 없이 완전한 안식 상태에서 그리스도와 거할 것이다. 요한계시록 14장 13절은 "또 내가 들으니 하늘에서 음성이 나서 가로되 기록하라 자금 이후로 주 안에서 죽는 자들은 복이 있도다 하매 성령이 가라사대 그러하다

저희 수고를 그치고 쉬리니 이는 저희의 행한 일이 따름이라 하시더라"라고 말씀한다. 거기 낙원에서 그들은 달콤한 즐거움을 누릴 것이다. 거기서 그들은 영원히 흐르는 즐거움의 강물을 마실 것이다. 거기서 그들은 완전한 빛과 완전한 사랑 안에 거할 것이다. 거기서 그들은 하나님과 그리스도와 천사들을 보고 대화할 것이며, 인간들에게 사랑하는 아들을 보내신 하나님의 놀라운 사랑을 묵상할 것이다. 거기서 그들은 그들에 대한 하나님의 영광스런 사랑, 창세전에 사랑하신 그 사랑을 묵상할 것이다. 거기서 그들은 자기들을 위해 목숨을 버리신 그리스도의 사랑이 어떤 사랑인지 보고 알 것이며, 그리스도의 아름다움과 탁월하심을 얼굴과 얼굴을 맞대어 보고 알게 될 것이다(고전 13:12). 거기서 그들은 하나님께서 그들이 낮은 세상에 있는 동안 어떻게 대하셨고, 공급해 주셨고, 수천 수백만의 사람들이 이 특권을 노리지 못할 때 은혜의 수단 아래 살도록 하신 은혜를 묵상할 것이다. 그들은 성령을 보내셔서 죄를 깨닫게 하시고, 구원을 갈망하게 하시고, 회개케 하시고, 어둠에서 불러내어 빛에 들어가게 하신 하나님의 놀라우신 자비를 묵상할 것이다.

회개케 하시는 하나님의 자비와 은혜는 지금보다 그때 더 확연히 드러날 것이다. 그때 인생을 사는 전 과정에 베풀어 주신 많은 차원의 하나님의 자비를 묵상하게 될 것이다. 하나님께서 그분의 모사(counsel)로서 어떻게 보호하시고 인도하셨는지를 알게 될 것이다. 지금 어두워 보이는 모든 섭리의 분배 속에 주시는 하나님의 놀라운 지혜와 자비를 알게 될 것이다. 지금 겪는 어려운 일들의 의미를 알게 되며, 그 모든 일들이 합력하여 선이 된 것을 알게 될 것이다. 이 모든 묵상은 그들에게 즐겁고 달콤한 묵상이 될 것이며, 의심할 바 없이 성도 상호간의 대화의 주제가 될 것이다. 하나님께서 어떻게 광야 길을 지나게 하셨는지,

어떻게 인생의 폭풍우와 시험과 원수들을 헤치고 나가게 하셨는지, 그들이 안식의 장소에 이른 후 뒤돌아보고 알게 될 것이다. 그리고 이 모든 일들에 대해 서로 대화하는 일이 얼마나 즐겁고 달콤한지를 알게 될 것이며 그들이 부르는 찬양은 불보다 뜨거울 것이다!

또한 그때 그들은 그분의 교회에서 일어나는 일들을 다스리시고 질서를 세우시는 일에서 드러나는 하나님의 지혜를 보게 될 것이다. 신적 섭리의 계획이 그들에게 열리고 그 계획의 놀라운 지혜가 드러날 것이다. 그리고 그들은 또한 지금 여기 지상에 있는 교회를 향한 당신의 섭리 안에서 이루어지는 하나님의 목적과 약속들이 어떻게 성취되는지 보게 될 것이다. 그들은 또한 하나님의 나라가 세상에서 흥왕하는 것을 보고 기뻐할 것이다. 죄인 하나가 회개하면 하늘에서 기뻐한다는 말을 우리는 듣는다. 의심할 여지 없이, 구약의 성도들은 천국에 들어간 후 그리스도께서 세상에 오신 것을 보고 기뻐했다. 그러므로 그들 가운데 두 사람 모세와 엘리야는 변화산에서 그리스도와 대화하기 위해 내려왔다. 아브라함, 모세, 다윗, 예언자 이사야와 다니엘, 그리고 모든 예언자들은 의심할 바 없이 그들이 전한 예언의 말씀에서 예고된 모든 일들이 성취되는 것을 보고 심히 기뻐하였다. 그들은 선지자들의 설교로 말미암아 이루어진 교회의 영광스러운 확장을 보았다. 또한 하늘에 있는 사도들과 복음 전도자들과 초기 크리스천들과 순교자들은 로마 제국 전반에 걸쳐 이교도가 무너지고 그리스도교가 세워지기까지 그들이 죽은 이후 그리스도의 왕국의 영광스러운 부흥과 확장을 보았다.

거룩한 순교자들은 하나님의 교회를 박해한 이교도 세력의 멸망을 기쁘게 지켜보았다. 요한계시록 6장 9-11절은 "다섯째 인을 떼실 때에 내가 보니 하나님의 말씀과 저희가 가진 증거를 인하여 죽임을 당한 영혼들이 제단 아래 있어 큰 소리로 불러 가로되 거룩하고 참되신 대주재여 땅에 거하는 자들을 심판하여 우리 피를 신원하여 주지 아니하시기를 어느 때까지 하시려나이까 하니 각각 저희에게 흰 두루마기를 주시며 가라사대 아직 잠시 동안 쉬되 저희 동무 종들과 형제들도 자기처럼 죽임을 받아 그 수가 차기까지 하라 하시더라"라고 말씀한다. 그러므로 그들은 그것이 성취될 때 기뻐하였다.

이전 시대에 믿음을 갖고 죽은 성도들은 루터와 칼빈과 다른 개혁가들의 시대에 천주교로부터 부활한 때를 보고 심히 즐거워했다. 이 성시(聖市)와 다른 이웃 성시 위에 부어진 놀라운 성령의 기름 부으심 이전에 천국에 간 성도들, 특히 그 이후에 천국에 간 성도들은 이 놀라운 역사를 보고 심히 기뻐했다. 적그리스도의 패망과 유대인을 부르시는 때에 오고 있는 영광스런 날들 이전에 죽은 성도들은 세상이 그리스도교로 개종하는 것을 보고 기뻐할 것이다.

아마도 우리는 그러한 시기를 보도록 살 수 없음을 애석해할 준비가 되어 있다. 그러나 만일 우리가 죽어 천국에 간다면, 우리는 그들을 보고 그들과 함께 이 세상에 있지 않은 것을 기뻐할 것이다. 그러나 우리는 더욱 기뻐할 것인데, 그 까닭은 그런 일을 행하시는 하나님의 영광에 대해 더 많은 것을 보고 이해할 것이기 때문이며, 하나님을 더 사랑하고, 그럼으로써 하나님의 나라가 더 확장되는 것을 기뻐할 것이다. 그러므로 사도 요한이 그리스도의 왕국의 확장을 위해 장차 이루어질 영광스런 일들에 대해 환상을 보았을 때, 그는 때때로 그 일들을 기뻐하는 하늘의 군대들에 대해 가진 환상에 대해 또한 말한다. 요한계시록 11장 15-17절은 "일곱째 천사가 나팔을 불매 하늘에 큰 음성들이 나서 가로되 세상 나라가 우리 주와 그 그리스도의 나라가 되어 그가 세세토록 왕 노릇 하시리로다 하니 하나님 앞에 자기 보좌에 앉은 이십사 장로들이 엎드려 얼굴을 대고 하나님께 경배하여 가로되 감사하옵나니 옛적에도 계셨고 시방도 계신 주 하나님 곧 전능하신 이여 친히 큰 권능을 잡으시고 왕 노릇 하시도다"라고 말씀한다. 영적인 바벨론인 로마 교회가 몰락할 때, 거룩한 사도들과 선지자들은 수 세기 전에 죽었지만 기쁨의 잔치에 초대된다. 요한계시록 18장 20절은 "하늘과 성도들과 사도들과 선지자들아 그를 인하여 즐거워하라 하나님이 너희를 신원하시는 심판을 그에게 하셨음이라 하더라"라고 말씀한다. 하늘에 있는 허다한 무리는 그 일로 할렐루야로 노래하며 기뻐하므로 하늘은 찬양으로 가득 찬 것으로 묘사되고 있다. 요한계시록 19장 1-3절은 "이 일 후에 내가 들으니 하늘에 허다한 무리의 음성 같은 것이 있어 가로되 할렐루야 구원과 영광과 능력이 우리 하나님께 있도다 그의 심판은 참되고 의로운지라 음행으로 땅을 더럽게 한 큰 음녀를 심판하사 자기 종들의 피를 그의 손에 갚으셨도다 하고 두 번째 가로되 할렐루야 하더니 그 연기가 세세토록 올라가더라"라고 말씀한다. 이 일들은 우리에게 의인들의 영이 자신들을 얼마나 깨끗하게 하였는지에 대한 일부 개념을 주는 것 같다.

3. 그들은 부활 때 받을 더 충분하고 완전한 복을 기쁘게 기다리고 있다. 부활까지 악인들은 받아야 할 충분한 심판을 받지 못하는 것과 같이 의인들 역시 완전한 행복을 갖지 못한다. 그들이 그와 같은 놀라운 영광을 얻었지만, 그 영광의 정점에 도달하지 못한 이유는 그것은 그들이 도달할 최후의 목적지이기 때문이다. 부활 후에 성도들이 받는 보상은 간혹 그들이 받는 주요한 보상으로 말씀되고 있다. 이는 그리스도께서 약속하신 보상이다. 요한복음 6장 40절은 "내 아버지의 뜻은 아들을 보고 믿는 자마다 영생을 얻는 이것이니 마지막 날에 내가 이를 다시 살리리라 하시니라"라고 말씀한다. 이것이 성도가 추구하고 기다리는 주요한 보상이다. 로마서 8장 23절은 "이뿐 아니라 또한 우리 곧 성령의 처음

익은 열매를 받은 우리까지도 속으로 탄식하여 양자 될 것 곧 우리 몸의 구속을 기다리느니라" 하고 말씀한다. 빌립보서 3장 11절은 "어찌하든지 죽은 자 가운데서 부활에 이르려 하노니"라고 말씀하며, 히브리서 11장 35절은 "여자들은 자기의 죽은 자를 부활로 받기도 하며 또 어떤 이들은 더 좋은 부활을 얻고자 하여 악형을 받되 구차히 면하지 아니하였으며"라고 말씀한다. 그러므로 그리스도의 재림 때 얻게 될 행복이 중요한 행복으로 말씀되고 있다. 디도서 2장 13절은 "복스러운 소망과 우리의 크신 하나님 구주 예수 그리스도의 영광이 나타나심을 기다리게 하셨으니"라고 말씀한다.

바로 이 부활을 성도들은 하늘에서 기쁘게 기다리고 있다. 그들은 하나님의 약속을 의지하여 달콤한 안식 상태에서 하나님의 때에, 가장 적당하고 완성된 때에 이루어질 부활을 기쁘게 기다리고 있다.

나는 이제 경건한 자들이 부활과 심판 날에 받게 될 영광과 존귀와 평강에 대해 생각하고자 한다.

1. 정한 때가 도래할 때 하늘에 고지(告知)가 나타날 것인즉, 그것은 그들에게 큰 기쁨이 될 것이다. 하나님께서는 당신의 영원하신 섭리 안에서 때를 정해 두셨지만 지금은 그것이 감추어져 있다. 그것은 땅 위에 있는 사람에게뿐만 아니라 하늘에 있는 천사들과 성도들에게도 감추어져 있고, 고난을 당하신 예수 그리스도까지도 알지 못한다. 마태복음 24장 36절은 "그러나 그날과 그때는 아무도 모르나니 하늘의 천사들도, 아들도 모르고 오직 아버지만 아시느니라"라고 말씀한다. 그들은 기쁘게 그날을 기다리고 있지만 그때가 언제인지는 알지 못한다. 그러나 그때가 도래하면 하나님의 영원하신 계획이 알려질 것이다. 기쁜 소식이 온 하늘에 울려 퍼지고, 모든 성도가 주 예수 그리스도의 지상 재

림에 참여할 준비를 하게 될 것이다.

2. 그들은 그리스도와 함께 최고 높은 하늘에서 지상으로 내려올 것이다. 하늘의 허다한 무리들에게 고지될 때, 그들은 함께 모여 이 기쁘고 영광스러운 재림에 참여할 것이다. 그리고 하나님의 영광의 아들이 지상에 강림하시고 거룩한 천사들이 동반할 것이다. 그리고 천사들뿐만 아니라 성도들의 영혼도 강림할 것이라는 말씀을 데살로니가전서 4장 14절에서 듣는다. "우리가 예수의 죽었다가 다시 사심을 믿을진대 이와 같이 예수 안에서 자는 자들도 하나님이 저와 함께 데리고 오시리라." 그리스도는 아버지의 영광으로 강림하신다. 그리스도는 하늘과 땅의 뛰어나신 심판 주(Supreme Lord and Judge)로 영광중에 오신다. 이제 잠시 동안 하늘은 비게 될 것이다. 영광과 축복의 하늘은 심판에 참여하는 자들로 인해 비게 될 것이다.

3. 지상에 있는 성도들은 그들의 구세주가 거룩한 천사들과 함께 하늘 구름을 타고 영광스런 모습으로 오시는 것을 보게 될 것이다. 이 강림에 대한 첫 고지가 하늘에 나타날 것이지만, 곧이어 지상에도 고지될 것이다. 아직은 멀리 계시지만 그리스도께서 오시는 모습이 보일 것이다. 선한 사람과 악한 사람의 모든 눈이 그분을 보게 될 것이다.

그리스도께서 오시는 모습은 지금까지 성도들이 본 광경 중에서 가장 기쁜 광경이 될 것이다. 재림에 대한 첫 고지는 성도들의 마음을 기쁨으로 흘러넘치게 할 것이다. 악한 자들의 마음은 두려움과 놀람으로 가득 차겠지만, 경건한 자들의 마음은 기쁨으로 가득 차게 될 것이다. 성도들이 이 소리를 듣고 한밤중에 잠에서 깰 때, 그리스도께서 심판주로 하늘 구름을 타고 오신다면 이는 그들에게 기쁜 소식이 될 것이다. 그때 많은 성도들이 고통스런 박해를 당하고 있음이 발견될 것인데, 그 이유는 그리스도께서 강림하실 때 악이 창궐하고 성도들이 큰 핍박 아래 있을 것이라는 말씀이 성경 여러 군데에 있기 때문이다. 그러나 그리스도의 강림은 그들을 박해에서 해방시킬 것이다. 그때 그들은 감옥과 토굴에서, 많은 성도들이 갤리선(옛날 노예나 죄수들에게 젓게 한 배—옮긴이)이나 광산에서 그들의 머리를 들고 그들의 구원자가 가까이 오시는 모습을 보게 될 것이다. 이 광경은 그들을 핍박하는 자들을 모조리 흩어 버릴 것이다. 그들의 잔인성에 종지부를 찍고 하나님의 백성들을 자유하게 할 것이다.

그때 지상에 있는 모든 족속들이 구름을 타고 오시는 그리스도를 보고 울부짖을 것이고, 곳곳에 있는 악한 자들은 큰 두려움에 사로잡혀 비명을 지르며 울부짖을 것이며, 성도들은 찬양과 황홀로 가득 찰 것이다. 그리스도께서 승천하셨을 때, 서서 그리스도께서 올라가시는 모습을 쳐다보았다는 말씀을 우리는 읽는다. 그러나 그때 지상에 있는 성도들은 그리스도께서 하늘의 찬란한 영광으로 강림하시는 모습을 두 눈으로 확연히 볼 것이다. 그들 눈에는 숭엄하고 찬란한 영광으로 강림하시는 복되신 구원자의 위엄 있는 모습이 담길 것이다. 이 광경은 모든 슬픔을 종식시키고, 그때부터 영원한 기쁨과 영광이 시작될 것이다. 위대하신 하나님이신 구세주 예수 그리스도의 영광스러운 강림에 대한 소망은 복스러운 소망으로 일컬어진다. 디도서 2장 13절은 "복스러운 소망과 우리의 크신 하나님 구주 예수 그리스도의 영광이 나타나심을 기다리게 하셨으니"라고 말씀한다. 그리스도의 재림이 이루어질 때, 그 광경은 실로 복된 광경이 될 것이다.

4. 그리스도 안에서 죽은 자들은 나팔소리에 영화된 몸으로 일어날 것이며, 살아 있는 성도들은 그들을 보게 될 것이다. 그리스도와 함께 하늘에서 강림한 성도들의 거룩하고 복된 영혼들은 그때 거룩하고 행복한 영혼을 위해 합당한 기관이 될 무한한 지혜와 기술에 의해 준비된

몸과 연합될 것이다. 몸은 이전과 같은 몸으로는 일어나지 않을 것이다. 거기에는 엄청난 차이가 있을 것이다. 고린도전서 15장 42-44절은 "죽은 자의 부활도 이와 같으니 썩을 것으로 심고 썩지 아니할 것으로 다시 살며 욕된 것으로 심고 영광스러운 것으로 다시 살며 약한 것으로 심고 강한 것으로 다시 살며 육의 몸으로 심고 신령한 몸으로 다시 사나니 육의 몸이 있은즉 또 신령한 몸이 있느니라"고 말씀한다. 성도들이 가지고 일어날 몸의 영광에 대해서는 지금 우리가 생각할 수 없다. 지금처럼 우둔하고 무겁게 조형된 몸이 아닐 것이다. 그 몸은 영광을 입은 영혼(the glorified soul)을 사용하는 데 부합된 불꽃처럼 활동적이고 힘찬 몸일 것이다. 지금처럼 영혼에 방해되는 몸이 아닐 것이며, 모든 면에서 영광스러운 영(the glorious spirit)에 부합된 기관일 것이다. 지금처럼 연약하거나, 흠이 있거나 부서지기 쉬운 몸이 아닐 것이다. 연약해 보이지만 능력으로 부활된 몸이다.

지금의 몸은 그 자체를 계속 보충하기 위해 음식과 수면이 필요한 상태에 있지만, 부활한 몸은 그렇지 않다. 지금의 몸은 연약함과 질병에 굴복하지만, 부활의 몸은 그렇지 않다. 지금 만일 하나님께서 영혼에 신성한 빛을 비추시는 어떤 일을 하신다면 몸은 그 빛 아래 들어갈 준비가 되어 있지만, 그때는 그렇지 않을 것이다. 성도들의 영광을 입은 몸(the glorified body)은 마음의 힘 있는 작용에 의해 약해지거나 요동하지 않을 것이다. 지금은 아무도 하나님을 보고 살 수 없지만, 그때는 하나님을 직접 보고도 아무런 탈이 없을 것이다. 지금 성도들은 볼 수 있지만 거의 보지 못한다. 하나님께서, 간혹 그렇게 하시듯이, 당신을 조금 계시하실 때 성도들은 하나님께 그것을 볼 수 있도록 힘을 달라고 구하든지 아니면 하나님의 손안에 머물도록 간구하지 않을 수 없다. 그러나 그때 성도들의 몸은 힘 있는 영적인 몸이라서 하나님의 영광을 지속적으로 그리고 영원히 볼 수 있고 조금의 탈도 생기지 않는다.

성도의 몸은 엄청난 능력을 입고 일어날 뿐만 아니라 찬란한 아름다움을 입고 부활할 것인데, 그들의 몸이 그리스도의 영광스러운 몸과 같을 것이라는 말씀을 듣기 때문이다. 이 세상에 나타난 그 어떤 인간의 몸이 지닌 최상의 아름다움도 부활의 몸과 비교하면 천하고 약하다. 성도들의 몸의 아름다움은 그들의 용모와 몸의 지체들이 지닌 모습의 사랑스럽게 균형 잡혀 있을 뿐 아니라, 그들의 마음의 탁월한 쓰임새에도 놓여 있는데, 그 모든 것이 그들의 용모에 휘황찬란하게 나타날 것이다. 그들의 풍채와 외관은 지혜와, 순결과, 영혼의 사랑에서 자연스럽게 나타날 것이며, 가히 표현할 수 없을 만큼 달콤하고, 자비롭고, 만족스런 모습일 것이다.

만일 나의 추측과 성경이 뒷받침해 주는 바에 대해 말할 수 있다면, 결국 성도의 몸은 빛의 옷을 입을 것이다. 부활에 대해 말하는 선지자 다니엘은 다니엘 12장 2-3절에서, "땅의 티끌 가운데서 자는 자 중에 많이 깨어 영생을 얻는 자도 있겠고 수욕을 받아서 무궁히 부끄러움을 입을 자도 있을 것이며 지혜 있는 자는 궁창의 빛과 같이 빛날 것이요 많은 사람을 옳은 데로 돌아오게 한 자는 별과 같이 영원토록 비취리라" 하고 말씀한다. 그리고 그리스도는 마태복음 13장 43절에서 세상 종말에 관해 말씀하신다. "그때에 의인들은 자기 아버지 나라에서 해와 같이 빛나리라." 그리고 성도들의 부활체에 대해 문자적으로 이해하는 우리의 이해를 방해할 아무것도 존재하지 않으며, 특히 성도들에게서 나는 이 빛이 때때로 부활 때에 있을 것과 그들의 영혼이 분리된 상태가 아닐 것이라는 데 대해 우리의 이해를 방해하는 것은 없다.

모세의 얼굴은 산에서 하나님과 대화했을 때 빛이 났다. 성도들의 몸이 시내 산이 아니라 하늘에서 하나님과 직접 수천수만 번 대화할 때

발산할 빛을 어찌 이루 다 말로 표현할 수 있겠는가! 우리는 그리스도의 몸이 변화했을 때 가장 높은 영광의 상태에서 얼굴빛이 해와 같았고 그리스도의 옷이 희게 빛났다는 말씀을 대한다(마 17:2). 그러나 우리는 성도들의 몸이 그리스도의 영광의 몸과 같이 될 것이라는 말씀을 듣는다. 그러므로 부활 때에 성도들의 몸이 영광스러운 빛을 발하며 그들이 흰 옷을 입으리라고 생각할 충분한 근거가 있다. 그러므로 죽은 성도들은 영광스러운 몸으로 일어날 것이다. 그들은 기쁘고 영광스런 용모를 가지고 무덤에서 머리를 들 것이다. 그리고 동시에 살아 있는 성도들이 순식간에 무덤에서 일어나는 성도들처럼 힘 있고, 활동적이고, 부패하지 않고, 아름답고, 영광스러운 몸으로 변화할 것이다. 고린도전서 15장 51-53절은 말씀한다. "보라 내가 너희에게 비밀을 말하노니 우리가 다 잠잘 것이 아니요 마지막 나팔에 순식간에 홀연히 다 변화하리니 나팔 소리가 나매 죽은 자들이 썩지 아니할 것으로 다시 살고 우리도 변화하리라 이 썩을 것이 불가불 썩지 아니할 것을 입겠고 이 죽을 것이 죽지 아니함을 입으리로다."

　5. 그때 모든 성도들은 날개를 펴고 올라가 공중에서 주님을 만나 영원토록 그분과 함께 있을 것이다. 그리스도 안에서 죽은 자들이 일어난 후, 살아 있는 성도들이 변화되어 신랑을 만날 것이다. 세상은 파멸되고 사악한 자들은 큰 두려움에 사로잡힐 것이나 성도들은 구원을 얻을 것이다. 다니엘 12장 1절은 "그때에 네 민족을 호위하는 대군 미가엘이 일어날 것이요 또 환난이 있으리니 이는 개국 이래로 그때까지 없던 환난일 것이며 그때에 네 백성 중 무릇 책에 기록된 모든 자가 구원을 얻을 것이라"라고 말씀한다. 그들은 죄와 고통이 관영한 이 악한 세상과 영원히 이별하여 구름 속으로 끌어올리어 영광의 구속주와 기쁘게 만날 것이다. 그들은 그리스도께 갈 것이며 다시는 그분과 헤어지지 않을 것

이다. 데살로니가전서 4장 16-17절은 말씀한다. "주께서 호령과 천사장의 소리와 하나님의 나팔로 친히 하늘로 좇아 강림하시리니 그리스도 안에서 죽은 자들이 먼저 일어나고 그 후에 우리 살아남은 자도 저희와 함께 구름 속으로 끌어올려 공중에서 주를 영접하게 하시리니 그리하여 우리가 항상 주와 함께 있으리라."

6. 그때 성도들이 행한 선행은 평강과 존귀를 가져다줄 것이다. 우리는 종종 모든 사람이 각자 행한 일에 따라 심판받을 것이며, 그리스도는 불경건한 자들의 행실뿐만 아니라 성도들의 선행을 기록한 책을 갖고 계신다는 말씀을 듣는다. 그리고 성도들이 행한 선한 행실 자체가 아무리 미약하고 흠이 있어도, 만일 최소한의 신실함으로 행했다면 하나님 보시기에 귀하다. 하나님의 무한하신 은혜를 통하여 결코 상을 잃거나 영광을 잃어버리는 일은 일어나지 않을 것이다. 심판 날에 그들은 선행에 대한 보상으로 칭찬과 존귀를 받게 될 것이다. 그리스도는 성도들이 행한 모든 선, 은밀히 행한 것과 세상이 알지 못하는 일, 그리고 그들의 오른손이 왼손 모르게 한 모든 선행에 대해 존귀를 선포하실 것이다. 그때 그들은 그들이 한 모든 수고에 대해, 자기 부인에 대해, 그리고 그리스도 때문에 당한 모든 고난에 대해 칭찬과 존귀를 주실 것이다. 멸시당한 그들의 모든 선행과 저주받고 욕먹은 모든 일들이 이제는 참된 빛 앞에 드러날 것이다. 그리고 사람들에 의해 아무리 욕을 먹고 비방 받아도, 천사들과 사람들 앞에서 하나님의 칭찬을 받을 것이다. 고린도전서 4장 5절은 "그러므로 때가 이르기 전 곧 주께서 오시기까지 아무 것도 판단치 말라 그가 어두움에 감추인 것들을 드러내고 마음의 뜻을 나타내시리니 그때에 각 사람에게 하나님께로부터 칭찬이 있으리라"라고 말씀한다.

지금 불의한 재판관들 앞에서 저주받은 의인들은 하늘과 땅의 의로우신 재판장 앞에서 면죄 받고 존귀를 얻게 될 것이다. 히브리서 6장 10절은 "하나님이 불의치 아니하사 너희 행위와 그의 이름을 위하여 나타낸 사랑으로 이미 성도를 섬긴 것과 이제도 섬기는 것을 잊어버리지 아니하시느니라"라고 말씀한다. 그때 그들의 구세주와 주님께서 그들에게 "잘하였도다 착하고 충성된 종들아"라고 말씀하실 것이다. 그러므로 마태복음 25장 35-39절에 나타난 최후의 심판 날에 대한 묘사에서, 그리스도는 성도들의 선행에 대해 말씀하신다. "내가 주릴 때에 너희가 먹을 것을 주었고 목마를 때에 마시게 하였고 나그네 되었을 때에 영접하였고 벗었을 때에 옷을 입혔고 병들었을 때에 돌아보았고 옥에 갇혔을 때에 와서 보았느니라 이에 의인들이 대답하여 가로되 주여 우리가 어느 때에 주의 주리신 것을 보고 공궤하였으며 목마르신 것을 보고 마시게 하였나이까 어느 때에 나그네 되신 것을 보고 영접하였으며 벗으신 것을 보고 옷 입혔나이까 어느 때에 병드신 것이나 옥에 갇히신 것을 보고 가서 뵈었나이까." 그들은 자신들이 한 일이 그리스도에 의해 가치를 인정받을 만한 것이 아니라고 생각하지만, 그 다음에 뒤따르는 40절에서 보듯이 그리스도는 그분의 은혜로 그것을 높이 평가하시고 존귀를 부여하신다. "임금이 대답하여 가라사대 내가 진실로 너희에게 이르노니 너희가 여기 내 형제 중에 지극히 작은 자 하나에게 한 것이 곧 내게 한 것이니라." 그리고 만일 성도들이 지은 죄가 재심된다면, 그것은 그들의 수치를 위한 것이 아니라, 신성한 은혜의 영광을 위한 것이며, 재판장이 되실 그 구세주의 속죄를 변호할 기회를 그들에게 주기 위한 것이고, 그들을 용납하실 그리스도의 의를 드러낼 구실을 그들에게 주시기 위한 것이다.

7. 성도들은 그리스도와 함께 보좌에 앉아 사악한 자들과 마귀를 심판할 것이다. 그리스도는 그날 성도들을 존귀케 하실 것이다. 그리스도

는 성도들을 자기와 함께하는 심판관들로 보좌에 앉게 하실 것이다. 마태복음 19장 28절은 "예수께서 가라사대 내가 진실로 너희에게 이르노니 세상이 새롭게 되어 인자가 자기 영광의 보좌에 앉을 때에 나를 좇는 너희도 열두 보좌에 앉아 이스라엘 열두 지파를 심판하리라"라고 말씀한다. 고린도전서 6장 2-3절은 "성도가 세상을 판단할 것을 너희가 알지 못하느냐 세상도 너희에게 판단을 받겠거든 지극히 작은 일 판단하기를 감당치 못하겠느냐 우리가 천사들을 판단할 것을 너희가 알지 못하느냐 그러하거든 하물며 세상일이랴"라고 말씀한다. 그들은 그들을 박해했던 왕들과 그들을 시험했던 마귀들을 심판할 것이다.

8. 심판을 끝낼 때 그리스도는 "내 아버지께 복 받을 자들이여 나아와 창세로부터 너희를 위하여 예비된 나라를 상속하라" 하는 복된 선언의 말씀을 듣게 될 것이다.

그리스도는 말로 표현할 수 없는 은혜와 사랑의 선언으로 성도들에게 이 복된 선고를 내리실 것이다. 그 선고에 들어 있는 한 마디 한 마디 말씀이 그들의 마음을 황홀하게 하고 기쁨에 사로잡히게 할 것이며, 이 영광스러우신 분이 분노로써 사악한 자들을 자신으로부터 떠나게 하시지만, 성도들에게는 "내 아버지께 복 받을 자들아"라는 달콤한 초대를 하실 것이다. 그리스도께서는 사람들과 천사들이 보는 앞에서 그들에게 진복(眞福)을 선언할 것인즉, 그렇게 하시는 까닭은 그들이 아버지께 복을 받을 자들이기 때문이다. 이 선언에는 그들에 대한 그리스도의 사랑의 선언이 담겨 있을 뿐만 아니라 아버지의 사랑의 선언도 들어 있는 까닭은 그들은 아버지의 사랑을 받는 자들이기 때문이다.

그리스도는 그들을 그 자신에게로 이끄셔서 천국을 상속받게 하실 것이다. 그리스도는 그들에게 영광스러운 천국을 주신다. 그들에게 주시기 위해 초대하신 부요는 천국의 부요이며, 그들에게 주시는 존귀는 왕의 존귀이다. 그들에게 더해지는 축복은 세상이 창조되기 전부터 그들을 위해 마련된 천국이다. 하나님께서 그들을 영원 전부터 사랑하셨으므로 그들에 대한 사랑의 현시로서 이 영광스러운 천국을 예비해 두셨다. 그러므로 그들은 그 천국을 소유할 특권이 있고 그것을 소유하기 위해 초대받는다. 그리고 그것을 소유할 뿐만 아니라 하나님의 자녀로서 그 천국을 유업으로 상속받는다.

그러므로 성도들이 이 세상에서, 죽어서 분리된 상태에서, 그리고 심판 날에 갖는 영광과 존귀와 평안을 생각하면서, 이제 나는 성도들이 심판 날 이후에 가질 지고한 행복(consummate state of happiness)을 생각하려는 바이다. 여기서 나는 성도들의 이 행복에 들어섬, 행복의 성격, 행복의 차원, 그리고 행복의 환경에 대해 생각하려고 한다.

첫째, 나는 성도들이 이 지고한 행복에 들어서는 것에 대해 생각하려고 한다.

1. 심판이 끝날 때 그들은 그리스도와 함께 승리의 깃발을 들고 그리고 영광스럽게 하늘에 들어갈 것이다. 한번 판결을 통과하신 그리스도는 다시 돌아오실 것이다. 그리스도는 대기권 위에 있는 가장 높은 하늘로 수천수만의 영광스런 영들과 영광의 몸을 입은 성도들과 함께 올라갈 것이다. 그들은 영원히 불타 없어질 이 낮고도 악한 세상을 떠날 것이며, 큰 불길에 휩싸인 세상을 보게 될 것이다. 그때 시편 47편 4-5절의 예언의 말씀이 성취될 것이다. "우리를 위하여 기업을 택하시나니 곧 사랑하신 야곱의 영화로다 하나님이 즐거이 부르는 중에 올라가심이여 여호와께서 나팔소리 중에 올라가시도다." 그 광경은 지금까지 보지 못한 기쁨에 찬 장관(壯觀)일 것이다. 그리고 그들이 하늘에 올라갈 때 기쁨으로 영원히 살 새 예루살렘에 들어갈 것인즉, 이날은 하늘에서 없었던 가장 기쁜 날이 될 것이다. 예수께서 죽으시고 부활하신 후 하늘에

들어가셨을 때, 하늘에서 그때까지 있었던 기쁨 중에 가장 큰 기쁨의 날이었을 것이다. 그러나 이 두 번 째 승천은 그날보다 더 영광스럽고 기쁜 날이 될 것이다.

2. 그들이 하늘에 들어갈 때, 실제적으로 궁극적이며 완성된 행복 안에서 하나님과 그리스도 곁에 앉을 것이며 완성된 구속을 입게 될 것이다. 이것을 예시하기 위해 다음의 사항들을 생각하자.

(1) 그들은 몸과 영혼을 가진 상태에서 완전하게 행복할 것이다. 이전에 그들의 몸은 무덤 안에서 썩어질 상태에 있는 반면, 그들의 영혼만 행복한 상태에 있었다. 지금 그들은 영과 몸이 결합된 자연적인 상태에 있을 것이다. 영혼이 몸에 의해 행동하는 것이 자연스럽고 몸이 없이는 영혼이 완전하지 않다. 그때는 몸과 영혼 모두가 함께 영화롭게 될 것이다.

(2) 그때 그리스도의 몸은 완전해지고 완성될 것이다. 그때 몸은 하나도 부족함 없이 모든 지체들을 갖게 될 것이다. 지금 그리스도의 몸은 완성되지 않았고 많은 지체들이 필요하다. 그러나 그때 완성될 것이며 모든 지체를 갖게 된다. 지금 그리스도의 몸은 자라는 상태에 있지만, 그때 그 몸은 완전한 상태에 도달하여 더 추가될 필요가 없어진다. 그때 그리스도의 몸은 모든 지체를 갖출 뿐만 아니라 모든 지체가 완전한 상태에 도달하므로 완전해질 것이다. 지금 그리스도의 지체에 필요한 것이 많듯이 불완전한 부분이 많이 있다. 그리스도께 접붙임을 받은 많은 사람들은 약한 부분이 많고 부패성도 있으며 많은 지체들이 고통받고 있다. 그러나 그때 모든 지체가 모든 죄와 슬픔으로부터 완전히 자유하게 되어, 그리스도의 그 어떤 지체에게도 더 이상 죄와 슬픔이 존재하지 않을 것이다.

그때 또한 그리스도의 몸은 본향 집에 완전히 이르기에 흠이 없는 완전한 상태에 도달하게 될 것이다. 영혼이 영광에 이르기 전, 그리스도에게 붙은 몸은 무덤 안에서 기다린다. 그리스도의 몸이 완전한 상태에 도달하게 되는 까닭은 모든 지체가 함께 있기 때문이다. 그리고 이것이야말로 그리스도께서 세상에 다시 오시는 목적 가운데 하나이다(엡 1:10). 그들이 흩어지기 전에 일부는 하늘에 그리고 일부는 땅에 있었는데, 가라지가 보리에 섞이듯이, 그리고 장미에 가시가 돋치듯, 일부는 악한 자들과 혼합이 될 것이다. 그러므로 교회가 완전해질 때 기쁨이 충만할 것이다. 그리고 그리스도는 자신의 신비스러운 몸이 완성되므로 그분의 교회의 완성됨을 기뻐하시며 교회는 그 자체의 완성됨을 인하여 즐거워할 것이다.

(3) 그때 중보자는 세상에 오신 사역의 목적을 성취하실 것이다. 그때 그분은 구속 사역을 완성하시는데, 탄원 사역뿐만 아니라 구속의 적용도 완성하실 것이다. 그때 하나님께서 그리스도께 주신 모든 사람들의 몸과 영혼이 실제적으로 그리고 완전히 구속될 것이다. 그때 그리스도는 그의 모든 원수들을 정복하시고 승리하실 것이다. 그때 그리스도는 모든 권세와 능력을 발아래 밟으실 것이다. 고린도전서 15장 21-25절은 말씀한다. "사망이 사람으로 말미암았으니 죽은 자의 부활도 사람으로 말미암는도다 아담 안에서 모든 사람이 죽은 것같이 그리스도 안에서 모든 사람이 삶을 얻으리라 그러나 각각 자기 차례대로 되리니 먼저는 첫 열매인 그리스도요 다음에는 그리스도 강림하실 때에 그에게 붙은 자요 그 후에는 나중이니 저가 모든 정사와 모든 권세와 능력을 멸하시고 나라를 아버지 하나님께 바칠 때라 저가 모든 원수를 그 발아래 둘 때까지 불가불 왕 노릇 하시리니."

그때 그리스도는 확실히 그분 앞에 놓인 기쁨을 얻으실 것이다. 그때 그리스도는 영원 전부터 마음에 품으셨던 계획을 성취하실 것이다. 그리고 그때 그리스도는 기뻐하시고 그분의 모든 지체들은 그분과 함께 기뻐해야 한다. 그리스도는 모든 원수를 쳐부수고 승리하시고 승리의 기쁨은 영원할 것이다.

(4) 그때 하나님은 세상을 창조하실 때부터 갖고 계셨던 모든 목적을 완성하신다. 그때 만물의 목적이 완성된다. 하나님의 깊으신 계획이 드러날 것이다. 하나님의 놀라우신 계획, 감추어져 있고 복잡 미묘하고 설명하기 힘든 일들이 드러날 것이다. 하나님으로 말미암아 존재하게 된 모든 만물의 목적이 하나님의 영광을 드러낼 것이다. 만물의 시초에 드러난 하나님의 능력과 영광이 만물의 목적과 완성에서 드러날 것이다. 그때 세상 시초에서부터 존재해 온 모든 혁명과 변화가 하나님의 영광을 위한 것임을 보게 될 것이다. 그때 하나님의 섭리의 수레바퀴가 하나님과 그리스도의 영광을 어떻게 드러내었고 하나님의 백성의 행복이 무엇이었는지를 드러낼 것이다. 그리고 그것을 바라보는 성도들의 행복감을 더 상승시킬 것이다. 그때 하나님은 영광을 얻으시고, 아들에게도 영광을 돌리시고 그의 선택받은 백성에게도 영광을 주실 것이다. 그때 하나님은 만물의 선함을 보시고 자신이 하신 사역을 기뻐하실 것인즉, 이 모든 것이 하늘의 기쁨이 될 것이다. 그때 하나님은 안식하시고, 그때부터 이전에 없었던 안식하고 찬양하는 영원한 안식일이 계속될 것이다.

(5) 그때 어린양의 결혼식이 거행된다. 교회가 완전히 정화되고 아름다움을 입을 때, 아무것도 부족함이 없을 때, 몸의 모든 지체들이 조화와 기쁨의 상태에 있을 때, 어린양의 신부는 모든 단장을 끝마치게 된다. 그때 신부는 신랑이 남편으로서의 단장을 마치듯이 모든 단장을 마친다. 그러므로 교회는 그리스도께서 피 흘리시는 큰 대가를 지불하심으로써 단장되어 그 어느 때보다 그리스도와 영광스런 연합을 이루며,

신랑 되신 그리스도와 더 친밀한 교제를 나누며, 신랑 되신 그리스도의 탁월하심과 사랑을 더 한껏 만끽한다. 그때 요한계시록 19장 7-9절에서 말씀하는 최고의 기쁨이 성취될 것이다. "우리가 즐거워하고 크게 기뻐하여 그에게 영광을 돌리세 어린양의 혼인 기약이 이르렀고 그 아내가 예비하였으니 그에게 허락하사 빛나고 깨끗한 세마포를 입게 하셨은즉 이 세마포는 성도들의 옳은 행실이로다 하더라 천사가 내게 말하기를 기록하라 어린양의 혼인 잔치에 청함을 입은 자들이 복이 있도다 하고 또 내게 말하되 이것은 하나님의 참되신 말씀이라." 그날은 그리스도의 마음이 즐거운 날이다. 향연, 화려한 행렬, 거룩한 향유, 그리고 이 결혼식의 즐거움이 영원히 계속될 것이다.

(6) 그때 그리스도는 자신의 교회에 아버지를 주실 것이다. 아버지는 수많은 사람의 자녀들을 구속하시기 위해, 그들을 하나님께로 데려가기 위해 아들을 세상에 보내셨고, 그리스도로 말미암아 그들은 위대하신 창조주와 모든 만물의 아버지, 모든 선의 샘이신 하나님께로 갈 수 있게 되었다. 이 사역을 완성하신 그리스도는 히브리서 2장 13절과 요한복음 17장 12절에서 하신 말씀과 같이 그들을 하나님께로 인도하여 그들을 아버지께 바치신다. "내가 저희와 함께 있을 때에 내게 주신 아버지의 이름으로 저희를 보전하와 지키었나이다 그 중에 하나도 멸망치 않고 오직 멸망의 자식뿐이오니 이는 성경을 응하게 함이니이다." 그리스도께서 아버지께서 하라고 보내신 일을 완성하실 때 아버지의 왕국을 바칠 것이라는 말씀을 우리는 읽는다. 고린도전서 15장 24절은 "그 후에는 나중이니 저가 모든 정서와 모든 권세와 능력을 멸하시고 나라를 아버지 하나님께 바칠 때라"라고 말씀한다. 그리스도는 왕국을 하나님 아버지께 바치신다. 그분이 통치하심으로써 얻으신 것을 그분의 통치의 열매로 드리신다.

(7) 그때 하나님은 자신에 관해 더 풍부한 선언을 하시고 말씀을 전하신다. 하나님은 모든 것의 모든 것이 되실 것이다. 그리고 하나님의 영광과 아들의 영광이 이전보다 더 풍성히 하늘을 수놓을 것이다. 당신의 성령을 더욱 풍성히 부어 주시고, 마치 모든 만물의 궁극적이며 가장 안전한 상태에서 영광이 흘러나듯 성도들의 영광이 극에 달하여 어린 양의 혼인 잔치는 기쁨의 대축제가 될 것이다.

둘째, 나는 이제 성도들이 받을 완성되고 영원한 영광과 복의 성격과 차원에 대해 묘사하겠다. 나는 먼저 그것의 가장 낮은 부분, 장소의 영광(the glory of the place)부터 시작하고자 한다. 그들은 하나님께서 창조하신 모든 창조의 가장 영광스런 부분에 거할 것이다. 누가복음 23장 43절에서는 "낙원"(paradise)으로 일컬어진다. "예수께서 이르시되 내가 진실로 네게 이르노니 오늘 네가 나와 함께 낙원에 있으리라 하시니라." 고린도후서 12장 4절은 "그가 낙원으로 이끌려 가서 말할 수 없는 말을 들었으니 사람이 가히 이르지 못할 말이로다"라고 말씀한다. 요한계시록 2장 7절은 "귀 있는 자는 성령이 교회들에게 하시는 말씀을 들을지어다 이기는 그에게는 내가 하나님의 낙원에 있는 생명나무의 과실을 주어 먹게 하리라"라고 말씀한다.

'낙원'이라는 말은 가장 즐겁고 기쁜 동산이란 뜻을 함축하고 있는데, 에덴동산이 그 모형이었다. 에덴동산은 의심할 바 없이 우리가 가히 상상할 수 없을 정도로 즐거운 곳이다. 그러나 만일 이 세속적인 동산이 그렇게도 즐겁다면 천국의 낙원은 얼마나 즐겁고 영광스럽겠는가! 에덴동산이 그랬던 것처럼 하나님께서 지으신 순수한 일부 피조물이 시련 기간 동안 거주하도록 만들어진 곳이 아니라, 하늘과 땅의 위대하신 왕과 그분의 아들 예수 그리스도께서 영원히 거하실 처소로 무한한 지혜와 기술로 만드신 곳이며, 구속받은 성도들과 천사들이 성삼위 하나님의 영광과 지혜와 사랑을 영원히 보게 될 곳이다.

하나님께서 우주를 만드셨을 때 어떤 부분은 열등한 사용을 위해 지으셨는데, 정말 놀라운 솜씨를 발휘하셨다. 그때 하나님은 땅과 태양과 달과 별들과 눈에 보이는 하늘들을 지으셨는데, 그 모든 것들은 진실로 영광스러웠다. 그러나 하나님 자신을 위해 더욱 특별히 지으신 창조의 한 부분이 있는데 그것은 하나님 자신이 거하실 처소, 그분의 영광스런 안식의 처소이다. 그리고 우리는 이것은 다른 창조와의 관계에서 비교할 수 없는 것, 가장 영광스러운 곳이라는 추측을 할 수 있다. 만일 해와 달과 별과 같은 눈에 보이는 세계의 어떤 부분들이 영광스럽다면 가장 높은 하늘은 얼마나 영광스럽겠는가! 이는 위대하신 하나님의 성, 하늘의 시온 산이다. 지상의 왕들의 꿈은 그들이 거주할 웅대한 도성을 만드는 일이었다. 그러므로 바벨론 왕은 자랑했다. "나 왕이 말하여 가로되 이 큰 바벨론은 내가 능력과 권세로 건설하여 나의 도성을 삼고 이것으로 내 위엄의 영광을 낸 것이 아니냐."(단 4:30). 왕들은 특히 자신의 궁전을 가장 웅대하게 건축한다. 그러나 지렁이들이 거주하는 그러한 지상의 도성들과 궁전들이 그렇게도 영광스럽다면, 전능하신 하나님께서 거하실 영광스런 처소의 영광이 어떠한지를 생각해 보라!

셋째, 하늘이 땅보다 높듯이 낙원은 지상의 그 어떤 동산, 도시 혹은 궁전보다 훨씬 더 영광스럽다고 우리는 기대해도 된다. 하늘은 하나님의 도성일 뿐 아니라 하나님의 궁전이기도 하다. 궁전일 뿐만 아니라 그분의 보좌이기도 하다. 이사야 66장 1절은 "여호와께서 이같이 말씀하시되 하늘은 나의 보좌요 땅은 나의 발등상이니 너희가 나를 위하여 무슨 집을 지을꼬 나의 안식할 처소가 어디랴"라고 말씀한다. 우리는 열왕기상 10장 18-20절에서 솔로몬의 궁전이 얼마나 웅장했는지를 읽는다. "왕이 또 상아로 큰 보좌를 만들고 정금으로 입혔으니 그 보좌에는 여섯 층계가 있고 보좌 뒤에 둥근 머리가 있고 앉는 자리 양편에는 팔걸이가 있고 팔걸이 곁에는 사자가 하나씩 섰으며 또 열두 사자가 있어 그 여섯 층계 좌우편에 섰으니 아무 나라에도 이같이 만든 것이 없었더라." 그러나 개똥벌레의 유충의 보좌는 어떨까?

　하나님께서는 거하실 궁전과 보좌를 하나님 자신에게 걸맞게 웅장하고 영광스럽게 지으시는데 기술에 부족함이 없으시다. 건축자는 하나님이시며 건축 기술이 뛰어나시다. 하나님의 백성 이스라엘 가운데 거하시는 하나님의 임재의 상징으로 건축한 솔로몬 성전이 얼마나 영광스럽고 웅장했던가! 성도들과 천사들 가운데서 영원히 찬송과 경배를 받으실 하나님의 하늘 성전은 얼마나 더 영광스럽고 웅장하겠는가! 이 하늘 성전은 하나님의 은혜와 사랑의 부요함을 보여 주는 목적으로 고안된 곳이다. 그러므로 하나님은 하늘 성전을 장식하시는 데 기쁨과 영광을 조금도 아끼지 않으셨다. 하나님은 모든 창조된 영광을 초월하는 곳을 만드시기에 충분하시다. 지상의 왕들은 그들의 부와 능력에 따라 그들의 집과 궁전을 웅장하게 짓는다. 그러나 하나님은 무한히 부요하시다. 하나님은 하늘을 장식하시는 데 자신을 가난하게 만드실까 하는 두려움 때문에 보화를 사용하시기를 아끼지 않으신다.

　하나님께서 거하실 처소의 영광은 우리가 가히 생각할 수 없음을 고린도전서 2장 9절은 말씀한다. "기록된바 하나님이 자기를 사랑하는 자들을 위하여 예비하신 모든 것은 눈으로 보지 못하고 귀로도 듣지 못하고 사람의 마음으로도 생각지 못하였다 함과 같으니라." 그러므로 성경에서 그에 대해 묘사한 곳에서 우리에게 제시하는 그림자적인 이미지는 이 세상에서 사용하는 말로써는 가장 영광스럽다. 그와 같은 것은 묵시적인 환상에서 요한이 제시하는 영광스러운 묘사와 같다. 요한계시록 21장 10-11절과 18-23절은 말씀한다. "성령으로 나를 데리고 크고 높은 산으로 올라가 하나님께로부터 하늘에서 내려오는 거룩한 성 예루살렘을 보이니 하나님의 영광이 있으매 그 성의 빛이 지극히 귀한 보석 같고 벽옥과 수정같이 맑더라." "그 성곽은 벽옥으로 쌓였고 그 성은 정금인데 맑은 유리 같더라 그 성의 성곽의 기초석은 각색 보석으로 꾸몄는데 첫째 기초석은 벽옥이요 둘째는 남보석이요 셋째는 옥수요 넷째는 녹보석이요 다섯째는 홍마노요 여섯째는 홍보석이요 일곱째는 황옥이요 여덟째는 녹옥이요 아홉째는 담황옥이요 열째는 비취옥이요 열한째는 청옥이요 열둘째는 자정이라 그 열두 문은 열두 진주니 문마다 한 진주요 성의 길은 맑은 유리 같은 정금이더라 성 안에 성전을 내가 보지 못하였으니 이는 주 하나님 곧 전능하신 이와 및 어린양이 그 성전이심이라 그 성은 해나 달의 비췸이 쓸데없으니 이는 하나님의 영광이 비춰고 어린양이 그 등이 되심이라."

하늘은 여기서 성벽이 귀한 돌들로 만들어진 도성으로 묘사된다. 그 기초 또한 모든 진귀한 돌들이며, 문은 각각의 진주로 되어 있고 성의 모든 길은 정금으로 되어 있다. 그러나 요한이 보기에 그 성이 너무나 탁월하여 정금에 비유하기에 역부족이었다. 그 성은 또한 투명하고 아름다운 유리를 가지고 있었다. 사도는 그 아름다움을 표현할 수 있는 지상의 그 무엇을 도저히 발견할 수 없었다. "그 성의 길은 정금인데 맑은 유리 같더라." 그는 계속해서 요한계시록 22장 1-2절과 4-5절에서 묘사한다. "또 저가 수정같이 맑은 생명수의 강을 내게 보이니 하나님과 및 어린양의 보좌로부터 나서 길 가운데로 흐르더라 강 좌우에 생명나무가 있어 열두 가지 실과를 맺히되 달마다 그 실과를 맺히고 그 나무 잎사귀들은 만국을 소성하기 위하여 있더라." "그의 얼굴을 볼 터이요 그의 이름도 저희 이마에 있으리라 다시 밤이 없겠고 등불과 햇빛이 쓸데없으니 이는 주 하나님이 저희에게 비취심이라 저희가 세세토록 왕 노룻 하리로다."

　이 영광스러운 장소는 성도들이 영원히 거할 처소다. 그들은 그리스도와 함께 그들의 아버지 집에 거할 것이다. 그들이 이 집에 거할 것은 그 집이 그리스도의 집이기 때문이다. 그리스도는 하나님의 독생자이시기에 그 집의 소유자요 상속자시다. 교회는 어린양의 신부이기 때문에 그리스도와 함께 그 집에 거할 것이다. 하나님은 하늘을 자신의 특별한 처소로 삼으셨고, 그분의 자녀들이 거할 처소로도 삼으셨다. 세상을 창조하셨을 때 성도들을 위해 하늘을 만드셨다. 그러므로 그리스도는 성도들의 환난의 끝에 말씀하신다. "내 아버지께 복 받을 자들이여 나아와 창세로부터 너희를 위하여 예비된 나라를 상속하라" (마 25:34).

　둘째, 성도들의 몸의 영광이다. 그러나 이에 대해 여기서 주장할 필요가 없는 까닭은 내가 부활에 대해 말할 때 이미 생각했기 때문이다. 나는 오로지 처소의 영광이 아무리 크다 해도, 의심할 바 없이 수단보다 목적의 가치가 더 크듯, 몸의 영광이 그보다 더 크다는 것, 거주하는 처소보다는 거민의 영광이 더 크다는 것을 말하고 싶다. 밝은 하늘 그 자체가 빛을 발하지만, 성도들의 몸은 훨씬 더 밝은 빛을 비출 것이며 훨씬 더 아름다울 것이다.

　셋째, 하나님께서 성도들의 영혼에 입히실 영광과 아름다움은 그들의 몸의 아름다움이 장소의 아름다움보다 더 크듯 몸의 아름다움보다 훨씬 더 아름다울 것이다. 여기에 그들의 주요한 장식이 있을 것이며, 만일 그들의 몸이 그들의 아버지의 나라에서 해처럼 빛난다면, 그들의 영혼은 하나님의 영광스러운 형상 안에서 완전한 빛을 발산하지 않겠는가! 그들이 그리스도께 바쳐지고, 죄에서 자유로워지고, 점도 흠도 없어질 때, 그들은 거룩하고 흠이 없는 모습으로 나타날 것이다. 그들의 몸은 그리스도의 영광스런 몸과 같이 변화될 뿐만 아니라 그들의 영혼은 그리스도의 거룩하고 영광스런 영과 같이 될 것이다. 그들은 찬란한 형상을 흐릴 그 어떤 것도 없이 그리스도의 영광의 빛을 드러낼 것이다. 그들의 영혼은 지혜와 지식에 있어서 영광스럽게 될 것이다. 그들의 능력은 놀랄 만큼 강화되고 확대되며, 그들의 눈은 완전히 깨끗하게 될 것이며, 신성한 빛이 영혼을 채워서 그 안에는 어둠이 조금도 없고 완전한 사랑이 마음을 다스리게 될 것이다. 신적 사랑이 강해질 것이다. 모든 영혼은 말하자면 사랑이 될 것이다. 이 사랑은 그것의 원리에 있어서 가장 크고, 항상 최고도의 실천을 낳을 것이다. 그때 겸손 또한 완전해질 것이다. 그 누구도 영화롭게 된 성도들의 영혼의 성향이 얼마나 순수하고 거룩한지 표현할 수 없을 것인즉, 말하자면 그것은 모든 사랑, 모든 달콤함, 모든 겸손이 될 것이다. 온유하고 고요한 영혼의 장식은 하나님 보시기에 이 세상에서 가장 가치 있다. 그러나 그들이 완전해질 때 그와 같은 영혼의 하늘에서의 장식은 얼마나 귀하겠는가! 성도들의 영혼은 하나님의 보석이다. 하나님께서 그들의 영혼을 닦으실 때 자신의 보석이 얼마나 빛을 발하게 하시겠으며, 영광의 면류관을 쓰기에 합당하게 하시겠는가! 영적이며 합리적인 사람의 영혼이 육체보다 비교할 수 없이 더 아름다운 이유는, 영혼은 육체가 받을 수 없는 하나님의 형상을 받을 수 있기 때문이다. 그리고 성도들의 영혼은 하나님께서 완전하게 하실 때 하나님 자신의 형상을 드러낼 것이다. 그리고 빛을 비취는 은혜 안에서 하나님께서 만드신 바(the divine workmanship)의 영광을 바라보게 될 것이다. 그리고 처소의 영광과 아름다움보다도 더 뛰어난 영혼의 사랑스러움과 아름다움이 드러날 것이다.

넷째, 그들은 그 사회 안에서 큰 기쁨을 갖고 서로를 즐기게 될 것이다. 지금 우리는 서로간의 대화에서 누릴 즐거움이 무엇인지를 알지 못하지만, 의심할 바 없이 그것은 지금 우리가 갖는 것보다 훨씬 더 완전할 것이다. 하늘에 있는 성도들은 한 사회일 것이다. 그들은 그 어떤 분열도 없이 하나로 결속될 것이다. 달콤한 조화와 완전한 연합이 있을 것이다. 거기서 성도들은 노아, 아브라함, 모세, 다윗, 이사야, 바울과 모든 거룩한 순교자들을 만나보고 그들과 자유롭게 대화를 나눌 것이다.

천국은 가장 복된 사회일 것이다. 거기에는 논쟁의 격동이 없을 것이며, 성도들 사이에 분리도 없을 것이다. 다툼이나 시기가 없을 것이다. 악한 의지가 없고 사회 전체에 완전한 평화와 완전한 사랑만이 있을 따름이다. 각 사람이 다른 모든 사람들을 사랑하되 깊고 강한 애정으로 사랑할 것이다. 각 사람이 완전하게 탁월하고 사랑스러우며 모든 다른 사람들의 눈에 그렇게 비칠 것이다. 모든 사람이 다른 사람에게서 사랑스럽고 완전한 하나님의 형상을 보고 극히 기뻐할 것이다. 축복된 사회의 평안을 방해하거나 깨뜨리지 않고 따뜻한 방식으로 서로간의 사랑을 나타낼 것이다.

거기에는 이 세상에서처럼 동료들을 더럽히거나 명예를 실추시키는 악한 자가 섞이지 못할 것이다. 여기 지상에서는 사악한 자들에 의해 교회가 더럽혀지기도 하고 명예가 실추되기도 하지만, 하늘에 있는 교회는 항상 완전하고 순결할 것이다. 요한계시록 21장 27절은 "무엇이든지 속된 것이나 가증한 일 또는 거짓말하는 자는 결코 그리로 들어오지 못하되 오직 어린양의 생명책에 기록된 자들뿐이라"라고 말씀한다. 하나의 몸으로 연합된 이 복된 가족은 완전한 건강 상태에 있는 몸의 지체들이 그렇게 하듯 서로를 섬기며 서로의 행복에 기여할 것이다. 그들은 묵상을 하며 서로를 돕는 기쁨을 누릴 것이며, 그들의 영광스러운 묵상을 서로 나누면서 즐거움을 누릴 것이다. 하나님과 그리스도의 영광에 대해, 하나님께서 능력으로 하시는 영광스러운 일에 대해, 그리고 하나님의 지혜와 자비에 대해 서로 달콤한 대화를 나눌 것이다! 그리고 한 영혼이 다른 영혼에게 하늘의 영광스러우신 왕으로부터 받는 달콤한 대화를 나누어 주며 밝은 생각과 기쁨을 나누어 줄 것이다! 하나님과 그리스도께 드리는 찬양에 있어서 서로를 도울 것인데, 지극히 높으신 분을 높이는 천상의 멜로디에서 각자의 역할을 할 것이다! 그리고 천상의 목소리가 지닌 영광스러운 화음은 높은 곳에 계신 하나님을 찬양하는 데 부족함이 없으리라! 요한은 요한계시록 14장 2절에서 그에 대해 말씀한다. "내가 하늘에서 나는 소리를 들으니 많은 물소리도 같고 큰 뇌성도 같은데 내게 들리는 소리는 거문고 타는 자들의 그 거문고 타는 것 같더라." 그들은 얼마나 열렬하며 얼마나 큰 무리인가! 그리고 그렇게 큰 무리가 된 것, 완전히 거룩하게 된 것, 서로 사랑하게 된 것, 모두가 동일한 시민과 형제자매가 된 것을 얼마나 기뻐하는가!

질문. 성도들이 하늘에 올라갈 때, 지상에 있을 때 그들의 경건한 친구들이었던 사람들과 만나 어떤 특별한 위로를 갖는가? 나는 긍정적으로 대답하며, 데살로니가전서 4장 13-18절의 말씀을 보면 분명하다고 생각한다. "형제들아 자는 자들에 관하여는 너희가 알지 못함을 우리가 원치 아니하노니 이는 소망 없는 다른 이와 같이 슬퍼하지 않게 하려 함이라 우리가 예수의 죽었다가 다시 사심을 믿을진대 이와 같이 예수 안에서 자는 자들도 하나님이 저와 함께 데리고 오시리라 우리가 주의 말씀으로 너희에게 이것을 말하노니 주 강림하실 때까지 우리 살아남아 있는 자도 자는 자보다 결단코 앞서지 못하리라 주께서 호령과 천사장의 소리와 하나님의 나팔로 친히 하늘로 좇아 강림하시리니 그리스도 안에서 죽은 자들이 먼저 일어나고 그 후에 우리 살아남은 자도 저희와 함께 구름 속으로 끌어올려 공중에서 주를 영접하게 하시리니 그리하여 우리가 항상 주와 함께 있으리라 그러므로 이 여러 말로 서로 위로하라."

여기서 분명한 사실이 있다.

- 먼저 떠난 크리스천 친구들과 관련하여 크리스천을 위로하기 위한 방편으로 사도가 말하는 바는, 그들이 먼저 떠난 친구들을 만나 다시 보게 될 것이라는 것이다. 비록 이미 죽었지만 먼저 떠난 친구들이 행복할 뿐 아니라 그들이 먼저 떠난 친구들을 만나보고 그들과 함께 있을 것이라는 것이다. 이 사실이 여기서 분명히 주장되고 있다. 사도는 말한다. "소망 없는 자들과 같이 슬퍼하지 말라 예수 안에서 자는 자들을 하나님이 저와 함께 데리고 오시리라 우리 살아남은 자도 저희와 구름 속으로 끌어올려 항상 주와 함께 있으리라 그러므로 이 여러 말로 서로 위로하라." 그러므로 사도가 말하는 뜻은, 크리스천들은 먼저 떠난 크리스천 친구들을 영광과 행복한 상태에서 다시 만나볼 것이라는 것이 분명하다.

- 다른 성도들을 보는 것보다는 미래 상태에서 만남이 위로를 줄 어떤 다른 무엇이 있을 것이다. 그렇지 않다면 사도는 왜 그들이 보지 못했거나 듣지 못했던 다른 성도들보다는 먼저 떠난 성도들을 다시 보게 될 위로를 언급하겠는가? 그러므로 데살로니가 교인들에게 하는 사도의 말은 먼저 떠난 성도들에 대해 품고 있는 강한 애정은 그들을 다시 만남으로써 충족될 것을 기대하는 분명한 근거를 그들에게 제시하는 것 같다. 왜냐하면 이 애정의 교차는 그들의 슬픔의 근거였기 때문이다. 만일 데살로니가 교인들이 다른 세상에서 그들의 친구들을 다시 보는 것이 친구들로서의 그들에 대해 가졌던 애정의 만족이 아니며, 그 어떤 방면으로든 다시 보는 것을 그와 같은 애정의 만족으로 생각하지 않는다는 것을 안다면, 그들을 보리라고 생각한 것은 더 이상 그들에 대한 위로가 되거나 그들의 슬픔에 대한 치유도 되지 못할 뿐 아니라 다른 나라에서 살거나 죽은 그 어떤 다른 성도들을 보아야 한다고 생각

하는 것일 뿐이다. 그렇다면 그것은 그들의 슬픔에 대한 치유의 근거가 될 수 없다. 그리고 만일 그들이 지닌 슬픔을 치유할 근거가 되지 못한다면, 사도는 슬퍼하는 그들에게 슬퍼하지 말라는 위로나 이유를 말하지 못했을 것이다. 그들이 슬퍼했던 것은 그들이 먼저 죽은 성도들을 다시 만나보아도 그들에 대한 애정을 만족시키지 못할 것이라는 생각이었다.

이교도들이 소망 없이 슬퍼한 것은 그들이 충족된 애정을 갖지 못했기 때문이다. 그렇다면 이 세상에서 성도들이 친구인 다른 성도들에 대해 갖는 특별한 애정은 어떤 면에서 다른 세계에서도 그대로 존속된다. 이 세상에서 함께 거하며 서로를 향해 친절을 보여 주는 성도들, 다른 성도의 참된 행복에 대해 애정을 견지해 온 성도들이 다른 세상에서 그것에 대해 감사하는 사랑을 갖고 피차에 사랑하지 않을 이유가 존재하지 않는다.

하나님께서 다른 사람에게 구원의 도구로 만드신 선한 목회자가 회개한 자를 하늘에서 만나서 특별한 기쁨을 갖지 못할 이유가 없다. 고린도후서 1장 14절은 말씀한다. "너희가 대강 우리를 아는 것같이 우리 주 예수의 날에 너희가 우리의 자랑이 되고 우리가 너희의 자랑이 되는 것이라." 데살로니가전서 2장 19-20절은 "우리의 소망이나 기쁨이나 자랑의 면류관이 무엇이냐 그의 강림하실 때 우리 주 예수 앞에 너희가 아니냐 너희는 우리의 영광이요 기쁨이니라"라고 말씀한다. 나는 왜 미덕의 사랑으로 서로 사랑하고 친절을 베풀던 성도들이 다른 세계에서 더 나은 사랑으로 사랑하지 못하는지 그 이유를 발견하지 못한다. 지상에서 성도들 사이에 이루어진 우정이 다른 세계에서의 우정의 뿌리가 되지 못하는 이유를 알지 못한다. 현재 상태의 연약함의 동물적인 본성에 뿌리를 두고 있는 한, 모든 자연적인 애정은 다른 세계에서 중단되거나,

혹은 경건한 자들이 최후의 심판 때까지 가진 어떤 애정에 관련하여, 하나님의 사랑이 전적으로 그것을 소멸시키시거나 전적으로 중단시키실 것이다. 그러나 영광중에 있는 한 성도가 다른 성도에 대해 특별한 존경을 갖지 않는다고 주장할 그 무엇도 나는 보지 못하는 까닭은, 하나님께서 존재케 하신 그 사람을 도구로 사용하셨고, 그를 그의 행복의 근거로 삼으셨기 때문이다. 혹은 경건한 부모가 경건한 자식들을 잃을 때, 다윗이 그의 아들에 관해 말했던 것처럼 잃어버린 자식에게로 갈 것이라는 생각으로 자신들을 위로하지 않는다(삼하 12:23). "시방은 죽었으니 어찌 금식하랴 내가 다시 돌아오게 할 수 있겠느냐 나는 저에게로 가려니와 저는 내게로 돌아오지 아니하리라." 혹은 이전에 사람들과 친분을 가진 사람도 다른 세계에서 특별한 존경을 할 근거를 갖지 않을 수 있다. 그들은 계산을 근거하여 그들을 보려는 욕망을 가지고 하늘에 갈 수 있다. 지상에서 다른 사람들과 가진 친분의 결과로 바람직한 자격을 갖는 인상은 다른 세계에서도 존속될 수 있다.

다섯째, 하늘에 있는 성도들은 그리스도를 보고 그분과 대화를 나눌 것이다. 그들은 그리스도를 두 가지 감각으로 볼 것이다.

(1) 영광스런 인간 본성을 가지고 나타나시는 그리스도를 그들의 육체의 눈으로 보게 될 것이며, 이는 아주 영광스러운 광경일 것이다. 그렇게 나타나시는 그리스도의 사랑스러움은 성도들을 가장 황홀하게 하는 일이 될 것이다. 성도들의 몸이 지극한 아름다움과 영광을 입고 나타나겠지만, 그리스도의 몸은 의심할 여지 없이 태양이 별빛보다 더 크듯이 성도들의 영광의 몸의 영광을 훨씬 능가할 것이다. 그리스도의 영광을 입은 몸은 하나님께서 창조하신 모든 물리적인 우주에서 가장 뛰어난 걸작품일 것이다. 그분의 용모에서 영광스런 영적 완전함이 드러날 것이다. 그분의 권능, 거룩, 뛰어난 은혜, 사랑, 그리고 온유함이 드

러날 것이다. 성도의 눈은 이 영광스러운 광경을 보고 지치지 않을 것이다. 변화산 위에서 그리스도의 몸의 변화했을 때, 베드로는 초막 셋을 짓되 그리스도와 모세와 엘리야가 거기 머물도록 짓고 하늘의 비전이 끝나지 않도록 하려고 했다.

욥은 그리스도의 이 모습을 존경하여 그에 대한 사상으로 자신을 위로했다. 그는 이렇게 말했다. "내가 알기에는 나의 구속자가 살아 계시니 후일에 그가 땅 위에 서실 것이라 나의 이 가죽, 이것이 썩은 후에 내가 육체 밖에서 하나님을 보리라 내가 친히 그를 보리니 내 눈으로 그를 보기를 외인처럼 하지 않을 것이라 내 마음이 초급하구나"(욥 19:25-27). 이는 성도들이 그들의 육체의 눈으로 보게 될 가장 영광스런 대상이 될 것이다. 그리고 그 무엇보다 이 광경을 보는 자들에게 초래할 지고의 행복이 있을 것이다. 그렇다. 성도들의 영광을 입은 눈은 이 위대하고 영광스러운 광경을 목도할 것이다.

(2) 그들은 영혼의 눈을 가지고 그리스도를 볼 것이다. 성도들은 "그의 계신 그대로 볼 것"이라고 말씀한다(요일 3:2). 그리고 얼굴과 얼굴을 대하여 보는 것같이 알게 될 것이라고 말씀한다(고전 13:12). 성도들은 중보자이신 그리스도를 분명히 이해하게 될 것이다. 영원 전부터 그들의 구원을 어떻게 성취하셨는지를 알게 될 것이다. 그들은 아버지와 아들 사이에 이루어진 영광스러운 구속의 언약을 그리스도께서 어떻게 성취하셨는지를 이해하게 될 것이다. 세상의 기초가 놓이기 전부터 그들을 사랑하신 그리스도의 영원한 사랑을 보게 될 것이다. 그들은 그리스도의 성육신의 신비를 이해하게 될 것이다. 그들은 "천사들도 알기 원했던" 그리스도로 말미암는 구원의 영광스러운 방법을 알고 이해하게 될 것이다. 그들은 구원의 계획을 세우신 하나님의 무한하신 지혜에 대한 충분한 이해를 갖게 될 것이다. 그들은 그들을 위해 겟세마네 동산

의 괴로움과 더할 나위 없는 십자가의 고통을 그들을 위해 감당하신 그리스도의 사랑의 높이와 깊이와 길이와 넓이를 이해하게 될 것이다.

지금의 마음은 그와 같은 것들을 묵상하는 데 우둔하다. 지상에 있는 성도들로부터 듣는 것들에 대해 얼마만큼의 애정을 갖고 듣는가! 그리스도의 만찬에 참여할 때 얼마나 마음이 냉랭하고 생명력이 없는가! 그러나 그때는 그렇지 않을 것이다. 그때는 하나님께서 이루신 놀라운 일들과 구속 사역에서 하신 그리스도의 사랑이 있는 그대로 드러날 것이다. 그때는 그 어떤 죽음과 냉랭함이 없이 그에 대한 생생하고 충분한 감각이 아무런 방해물 없이 지속될 것이다. 구속 사역 안에서 이루어진 모든 일들이 참된 영광 안에서 드러날 것이다. 이해가 놀랍게 열리고, 중천에 떠 있는 태양처럼 영원할 것이다. 마음을 뒤덮는 검은 구름이 한 점도 없을 것이다.

그때 성도들은 그리스도께서 행하시고 고통 받으신 모든 일에서 드러나는 그리스도의 탁월함과 사랑스러움이 얼마나 큰지 충분히 보게 될 것이다. 그들은 지상에 계실 때 그리스도의 인간적인 본성에서 드러난 생명력과 탁월함을 보게 될 것이다. 그분의 놀라운 온유함과 겸손, 고통 아래서의 인내, 아버지에 대한 완전한 순종을 알게 될 것이다. 그때 그들은 또한 영광을 받으신 상태에서의 그리스도의 인간적 본성에서 드러나는 아름다움을 볼 것인즉, 그 아름다움의 탁월함은 베일에 가리지 않고 빛을 발할 것이다. 그들은 그리스도의 신적 권능, 그분의 신성하고 무한하신 거룩, 은혜, 그리고 사랑을 또렷하고 직접적으로 보게 될 것이다. 그들은 그리스도를 완전하신 하나님의 형상으로, 신적 본성의 영광이 충만히 표현되는 형상으로 보게 될 것이다. 그들은 그리스도를 그분의 아버지의 영광의 광채로 보게 될 것이며, 영원 전부터 무한하신 행복 가운데 품어 오신 하나님의 찬란하고 완전한 형상을 보게 될 것이다. 그러나 그분의 신적 본성에서 드러난 그리스도의 영광에 대한 이 광경은 그 아름다운 비전에 속하는바, 나는 여기서부터 이에 대해 좀 더 특별히 말하고자 한다.

그들은 멀리서 이 영광스러우신 분을 볼 뿐만 아니라, 가까이서 그분을 뵙고 대화하도록 허락을 얻게 된다. 그분의 영광과 사랑스러움에 대한 이 광경은 더욱더 대화하고 싶은 욕망을 일으킬 정도로 그들을 고양된 사랑으로 채울 것이며, 언제든지 그렇게 할 수 있는 욕망의 충족이 허용될 것이다.

하늘나라에서 허용될 그리스도와 갖는 이 대화에 관한 두 가지 사실을 관찰하라.

첫째, 그 대화는 아주 자유롭고 친밀할 것이다. 그들을 방해하거나 저지할 그 무엇도 존재하지 않을 것이다. 그리스도께서 아주 영광스러우신 분이기는 하고, 하늘 높은 곳에 좌정하고 계신 하늘과 땅의 주이기는 하시지만, 그분은 성도들을 형제자매로 대하시고 그들은 그리스도와 친구처럼 대화할 수 있을 것이다. 그리스도는 또한 그들에게 존귀와 왕의 위엄을 부여해 주셔서 그렇게도 영광스러우신 왕과 대화하기에 적합하게 하실 것이다. 요한계시록 1장 6절은 "그 아버지 하나님을 위하여 우리를 나라와 제사장으로 삼으신 그에게 영광과 능력이 세세토록 있기를 원하노라 아멘"이라고 말씀한다. 지상에 계실 때 그리스도는 그의 제자들을 아주 친밀하고 자유롭게 대하셨다. 그리스도는 그들을 친구로 대하셨다. 요한복음 15장 15절은 "이제부터는 너희를 종이라 하지 아니하리니 종은 주인의 하는 것을 알지 못함이라 너희를 친구라 하였노니 내가 내 아버지께 들은 것을 다 너희에게 알게 하였음이니라"라고 말씀한다. 그러므로 하늘에서 그리스도는 성도들을 먼 곳에 두지 아니하시고 그분에게 더 가까이 오게 하셔서 보다 친밀하게 대화하게 하실 것이다. 오, 그와 같은 은혜와 겸손으로 위대하고 존귀한 사람으로 성도들을 대하시는 행복이여!

성도들이 그리스도의 엄위한 능력을 보겠지만 그 광경이 그들을 두려움에 사로잡히게 하지는 않을 까닭은, 그들이 그리스도의 위엄과 동일한 그리스도의 사랑, 은혜, 그리고 겸손을 볼 것이기 때문이다.

둘째, 이 대화는 가장 충만하고 만족스러운 것이 될 것이다. 이 사실은 교회가 "어린양의 신부"라는 가장 독특한 표현을 보아 분명하다. 그리스도는 무한하고 영원한 그의 사랑의 샘을 그들에게 여시고, 그 속에서 분출하는 사랑의 샘물을 그들의 마음에 부어 주실 것이다. 이 사랑은 순수한 생명수의 강, 기쁨의 강이 되어 성도들의 영혼에 끊임없이 흘러넘칠 것이며, 그들 안에서 생명의 강처럼 될 것이다. 그리고 그들은 또한 그리스도와의 대화에서 그리스도에 대한 그들의 사랑을 고백하게 될 것이다. 그들의 마음은 그침 없는 시내처럼 흘러내리거나, 혹은 황홀한 사랑의 열풍처럼 상승할 것이다. 그 모든 것들에 대해 우리는 지금 거의 말할 수 없다. 그러나 하나님께서 우리를 도우실 때 우리는 그것들 가운데 조금은 생각할 수 있지만 기껏해야 조금밖에 안 된다.

셋째, 하늘에 있는 성도들은 하나님을 보게 될 것이다. 그들은 그 영광의 도성과 거기에 있는 성도들, 거룩한 천사들, 그리고 그리스도의 영광을 입은 몸을 볼 뿐만 아니라 하나님 자신을 보게 될 것이다. 이는 마태복음 5장 8절에 약속되어 있다. "마음이 청결한 자는 복이 있나니 저희가 하나님을 볼 것임이요." 고린도전서 13장 12절은 "우리가 이제는 거울로 보는 것같이 희미하나 그때에는 얼굴과 얼굴을 대하여 볼 것이요 이제는 내가 부분적으로 아나 그때에는 주께서 나를 아신 것같이 내가 온전히 알리라"라고 말씀한다. 이는 "지복(至福)의 직관"(the beatific vision)이라 일컬어지는데, 이는 그 안에 영광중에 성도들이 받을 복이 들어 있기 때문이다. 이는 그들이 받을 복의 무한한 샘이다. 앞에서 이미 말해 온 그리스도를 보는 일이 여기서 배제되지 않는 까닭은 그분은 신적 인격(divine person)이시기 때문이다. 그러므로 신적 본성 안에 계신 그리스도를 보는 것이 지복의 직관에 속한다. 하나님에 대한 이 비전은 하늘의 핵심적인 복이므로 나는 이에 대해 특히 조금 더 말하려고 한다.

지복의 직관(至福-直觀, 천사나 성도들이 천국에서 하나님을 직접 봄)

1. 이 비전의 주제인 기능(faculty)에 대해 말하자면, 그것은 육체의 눈으로 어떤 것을 보는 것이 아니라 지적인 시각(intellectual view)이다. 하나님에 대한 지복의 직관은 육체의 눈으로 보는 것이 아니라 영혼의 눈으로 보는 것이다. 육체의 눈으로 하나님을 바르게 보는 것과 같은 일은 없다. 하나님의 속성 가운데 하나는 그분은 보이지 않는 것이다. 디모데전서 1장 17절은 "만세의 왕 곧 썩지 아니하고 보이지 아니하고 홀로 하나이신 하나님께 존귀와 영광이 세세토록 있어지이다 아멘"이라고 말씀한다. 히브리서 11장 27절은 "믿음으로 애굽을 떠나 임금의 노함을 무서워 아니하고 곧 보이지 아니하는 자를 보는 것같이 하여 참았으며"라고 말씀한다.

영혼이 누릴 이 지고한 복은 육신적인 감각의 문으로 들어가지 않는다. 이것은 육신을 의존하고 있는 영혼의 복을 위해 창조되거나 열등한 부분을 의지하고 있는 인간의 우등한 부분의 행복을 위하여 창조되는 것이다. 하나님에 대한 지복의 직관이 육신의 눈으로 보는 어떤 것이 아닌 까닭은, 성도들의 분리된 영과 더욱 영적인 천사들, 그리고 결코 육체와 결합되지 않는 존재들이 이 비전을 갖기 때문이다. 마태복음 18장 10절은 "삼가 이 소자 중에 하나도 업신여기지 말라 너희에게 말하노니 저희 천사들이 하늘에서 하늘에 계신 내 아버지의 얼굴을 항상 뵈옵느니라"라고 말씀한다.

영혼의 지고의 행복은 어떤 형태나 가시적인 것이나 모양, 색깔, 혹은 빛나는 빛을 보는 데 놓여 있지 않고 영혼의 눈을 가지고 영적으로 영이신 하나님을 보는 데 있다. 하나님께서 자신을 나타내시는 것이 어떤 외면적인 영광스런 외관, 즉 하늘에서 그분의 임재의 상징에 의해서나 영광을 입은 그리스도의 몸이 아닌 다른 것에 있다고 생각할 이유를 우리는 갖지 않는다. 구약에서 하나님은 가끔 외면적인 영광에 의해 자신을 나타내시고, 어떤 때는 사람의 모양으로 나타내시기도 했다. 그러나 하나님께서 자신을 나타내셨을 때 그것은 그리스도에 의한 것이었다. 외면적인 영광과 인간의 모양으로 사람에게 나타나신 것은 삼위일체 가운데 두 번째 인격이었다. 요한복음 1장 18절은 "본래 하나님을 본 사람이 없으되 아버지 품속에 있는 독생하신 하나님이 나타내셨느니라"라고 말씀한다.

그러나 그리스도께서 인간의 몸을 입으셨기에 더 이상 그 어떤 형태나 모양을 입으실 필요가 없다. 신은 이제 실제적인 몸을 가짐으로써 더 완전하게 육신의 눈으로 볼 수 있게 되었다. 하늘에서 영광의 몸을 입으신 그리스도를 보게 될 성도들은 그분의 임재의 상징인 어떤 외면적인 영광스러운 형태나 모양을 입으신 것을 보는 것보다 훨씬 더 확실하게 그리스도를 바라보게 된다. 이제 그들이 보는 것은 그리스도의 영광스러운 모습뿐만 아니라 실제의 그리스도 그분 자신의 몸을 보게 된다.

그리스도의 영광을 입은 몸에서 하나님을 보는 것은 육신의 눈으로 하나님을 보는 가장 완전한 길이다. 왜냐하면 실제적인 몸을 볼 때 실제적인 몸은 삼위일체 가운데 한 인격이 몸을 입은 것이며, 그 안에 그 자신으로서 영원히 거주하시는바, 신적인 위엄과 탁월함은 성도들이 볼 수 있도록 외면적인 형태나 모양으로 나타나는 것이 가능하다. 성도들은 실제적으로 그들의 눈으로 신적인 인격을 보며, 동일한 방식으로 서로를 보게 된다. 그러나 하나님께서 자신을 외면적인 모양과 그의 임재의 상징으로만 나타내실 때는 신적 인격을 올바르게 보는 것이 아니었다. 그리고 그것은 하나님께서 자신을 보다 불완전한 방식으로 나타내시는 것으로 구약 아래 있는 교회의 불충분한 상태에 부합하는 것이었다. 그러나 이제 그리스도는 실제로 영광을 입은 몸을 갖고 계신다. 그 외면적인 상징들이나 외양은 불필요하고 불완전한 것으로서 사라졌다. 그러므로 이러한 보다 불완전한 길은 영광을 입은 몸을 갖고 계신 그리스도를 봄으로써 모두 불필요하게 되었다.

이는 인간의 몸을 입으신 하나님의 목적 가운데 하나로 보여 성도들은 육신의 눈으로 하나님을 볼 수 있기 위함이다. 그것은 성도들이 이해할 수 있게 할 뿐만 아니라 인간의 본성을 볼 수 있는 모든 방법으로 하나님을 볼 수 있게 하기 위함이다. 우리가 서로를 보는 것처럼 신적 인격으로서의 하나님을 볼 수 있게 하기 위함이다. 그리고 하나님 아버지는 자신을 여러 가지 영광스러운 형태로 계시하실 필요가 없는 까닭은 아들을 보는 그는 아버지를 보기 때문이며(요 14:9), 그리스도는 눈에 보이는 하나님의 형상이기 때문이다(골 1:15). 히브리서 1장 3절은 말씀한다. "이는 하나님의 영광의 광채시요 그 본체의 형상이시라 그의 능력의 말씀으로 만물을 붙드시며 죄를 정결케 하는 일을 하시고 높은 곳에 계신 위엄의 우편에 앉으셨느니라."

그러나 만일 하나님 아버지께서 하늘에서 자신을 드러내시는 어떤 외적인 상징이 있다면, 그 상징을 보는 것은 지복의 비전이 아니다. 그 까닮은, 그것은 영혼의 눈을 가지고 하나님을 보는 것이라기보다 하나님을 보는 훨씬 더 불완전한 길이기 때문이다. 영혼은 육신의 눈보다 수천 배나 더 완전하고 영광스러운 방식으로 하나님을 이해할 수 있다. 영혼은 그 자체가 외적인 감각의 창문을 통하여 보지 않는 영적인 대상을 충분히 이해할 수 있는 능력을 갖추고 있다. 영혼은 육체보다 보다 직접적으로, 보다 확실히, 보다 충분히, 그리고 보다 영광스럽게 하나님을 볼 수 있다.

2. 비전의 행위는, 먼저 직접적인 바라봄이 될 것이다. 비전의 행위는 하나님께서 하신 일을 직접 봄으로써 하나님의 탁월함을 이해하는 것이 아니다. 그것은 성도들이 이 세상에서 갖는 것과 같은 영적으로 하나님을 바라보는 것이 아니라, 하나님의 말씀 안에서 하나님을 바라보는 것이며 하나님의 규례를 사용하는 것인데, 그것은 "어두운 유리를 통해 바라보는 것"이다. 그때 그들은 고린도전서 13장 12절의 말씀대로 다른 사물들에 반영된 하나님의 영광을 볼 뿐만 아니라, 우리가 태양을 바라보듯 그분 자신의 빛에 의해 그분을 바라볼 것이다. 그것은 하나님에 대한 직관적인 비전(intuitive vision)이 될 것이다. 이 세상에서 하나님에 대해 성도들이 가진 지식은 태양이 솟기 전의 여명과 같다. 그것은 태양에서 오는 직접적인 빛이 아니라 반사된 빛이며, 비교적 희미한 빛이다. 그러나 이후에 성도들은 완전한 날을 즐기게 된다. 그들은 그 모습을 방해할 구름이나 수중기도 없이 지평선 위에 찬란히 떠오르는 태양을 직접 보듯이 하나님을 보게 될 것이다.

둘째, 인간의 능력에 따라 그것은 완전한 광명이 될 것이다. 그것은 완전히 이해할 수 있는 바라봄이 아닐 것인즉, 그 이유는 성도들의 마음이 하나님을 이해하는 것이 불가능하기 때문이다. 그러나 본질적으로는 완전할 것이다. 그것은 어떤 의심이나 의심의 가능성 없이 완전하게 확실할 것이다. 그분의 존재, 능력, 지혜, 거룩하심, 선, 사랑, 그리고 충만하심에 있어서 완전하신 하나님을 볼 것인즉, 이는 불신앙이 혼합되지 않은 직관적인 확실성을 수반할 것이며 육신의 눈으로 보는 것보다 훨씬 더 분명할 것이다. 그리고 그때 그것은 그 어떤 어두움이 없이 완전히 드러날 것이다. 지금 이 세상에서는 하나님의 영광에 대해 성도들이 지닌 영적 시각은 어두움과 얼마나 많이 뒤섞여 있는가! 그러나 그때는 불투명한 것이 전혀 없겠고, 분명한 시각을 이해하는 데 방해가 되는 구름은 없을 것이다. 하나님은 휘장 뒤에 계시지 않고 하늘에서도 그 어떤 휘장이 없을 것이다. 그리고 이 바라봄은 지극히 확대될 것이다. 그들은 이 세상에서 그 어떤 성도들보다 하나님의 영광을 더 많이 볼 것이다. 성도들의 영혼은 넓은 범위의 이해로 보면 천사들과 같을 것이다.

3. 이 비전의 대상은 다음과 같은 관찰을 가져다준다.

첫째, 그들은 흥분을 일으키고 사랑의 심지에 불을 붙이는 하나님 안에 있는 사랑스런 모든 것들을 보게 될 것이며, 그들의 자긍심과 칭송을 고양시키는 모든 것, 마음을 따뜻하게 하고 애정을 느끼게 하는 모든 것을 볼 것이다. 그들은 하나님의 무한하신 탁월함과 영광, 하나님의 영광스러운 위엄과 무한하신 거룩에 대해 복되게 바라볼 것이며 천사들이 보는 것처럼 볼 것인즉, 거기에 대해서는 이사야가 6장 3절에서 말하는 바와 같다. "거룩하다 거룩하다 거룩하다 만군의 여호와여." 그들은 하나님의 무한하신 은혜와 선하심을 보게 될 것이다. 그때 영광스러운 샘과 바다가 그들 앞에 환히 열릴 것이다. 그때 그들은 그 모든 것들의 탁월함과 사랑스러움을 볼 것이다. 그들은 하나님의 광대한 영광과 탁월하심에 대한 분명한 시각을 가질 것이다.

둘째, 그들은 사랑을 충복시켜 주는 하나님 안에 있는 모든 것을 볼 것이다. 그들은 그분 안에서 사랑이 추구하는 모든 것을 보게 될 것이다. 사랑은 사랑받는 자의 사랑을 추구한다. 그래서 영광중에 있는 성도들은 그들에 대한 하나님의 초월적인 사랑을 보게 될 것이다. 하나님은 그들에게 주시는 사랑을 나타내시는 데 조금치의 오류도 범하지 않으실 것이다. 그들은 추구하는 대로 부어 주시는 자신들에 대한 하나님의 사랑을 보게 될 것이다. 그들은 더 이상 하나님의 사랑에 목말라하거나 갈구하지 않을 것이고 할 수도 없을 것이다. 지복의 직관을 유발하는 하나님 자신의 이 드러내심은 하나님 안에 있는 사랑의 행위일 것이다. 그들에게 이 비전을 주시는 것은 하나님의 놀라운 사랑으로 말미암는 것이며, 하나님의 놀라운 사랑은 이 비전에 엄청난 달콤함을 더한다. 그들이 영광중에 하나님을 볼 때, 하나님께서 그들을 얼마나 사랑하시는지를 보게 됨으로 그들의 영혼에는 기쁨이 넘칠 것이다!

사랑은 연합을 갈구한다. 그러므로 그들은 이 영광스러우신 하나님께서 자기들과 연합하시는 것을 보게 되며, 그들 자신이 하나님과 연합하는 것을 보게 될 것이다. 그들은 하나님께서 자기들의 아버지이심을 알게 되고, 그들이 하나님의 자녀라는 것을 알게 될 것이다. 그들은 하나님께서 영광중에 그들과 함께하심을 알게 될 것이다. 하나님은 그들과 함께 계시고, 그들 안에 계시고, 그들은 하나님 안에 있게 된다.

사랑은 사랑하는 대상을 소유하려고 한다. 그러므로 그들은 하나님을 그들 자신의 하나님으로 알게 될 것이다. 이 초월적인 하나님의 영광을 바라보게 될 때, 그들은 하나님을 그들 자신의 소유로 알게 될 것이다. 하나님의 영광, 능력, 그리고 지혜를 볼 때, 그들은 그것을 자신들과 함께 누릴 것으로 예비해 두셨다는 사실을 알게 될 것이다. 하나님의 거룩하심의 아름다움을 볼 때, 그들은 그것을 자신들의 것으로, 그들이 영원히 즐기기 위한 것으로 보게 될 것이다. 하나님의 선하심과 은혜의 끝없는 대양을 볼 때, 그들은 그 모든 것을 자신들의 것으로 볼 것이다.

4. 그들이 하나님을 보고 즐기는 방식은 거기서 그리스도와 갖는 친교 식탁(communion)이다. 성도들은 하나님을 즐기는 그리스도와 함께 하는 참여로써 하나님을 즐거워할 것이다. 왜냐하면 그들은 그리스도와 연합되어 있고, 그리스도의 지체로서 하나님을 즐거워하는 일에서 영광을 받고 행복해질 것이기 때문이다. 몸의 지체들로서 머리의 생명과 건강에 참여하듯이, 영광중에 있는 성도들은 하나님의 아들의 복되심에 참여함으로써 행복해질 것이다. 그리스도 안에 있는 존재인 그들은 그리스도에 대한 아버지 하나님의 사랑에 참여할 것이다. 아들이 아버지를 알듯이, 그들은 아들이 아버지를 보시는 일에 함께 참여할 것이다. 아들이 아버지의 품속에 계시듯, 그들도 아버지의 품속에 있을 것이다. 아들이 아버지의 사랑 안에서 무한히 기뻐하듯, 그들 모두가 아버지의 사랑 안에서 같은 즐거움을 누릴 것이다.

여기서부터 그들은 만일 인간이 타락하지 않았다면 가질 뻔했던 것보다 더 고양되고 탁월한 방식으로 하나님을 즐거워할 것이다. 의심할 바 없이, 그분의 아버지의 품속에 참여하시는 그리스도의 행복은 초월적으로 달콤하고 탁월하다. 그러므로 하나님을 즐거워하는 즐거움에 함께 참여하도록 허락받는 그들은 얼마나 행복하겠는가!

5. 하나님에 대한 이 비전을 전달해 줄 대리인은 성령이시다. 이 세상에 하나님에 대한 영적 비전을 전달해 주시는 분이 성령이시듯, 하늘에서 하나님에 대한 지복의 비전을 주실 분도 성령이시다. 하늘에 있는 성도들은 지상에 있는 성도들처럼 그들의 모든 행복, 그들의 모든 거룩함, 그들의 모든 빛을 하나님께 의존한다. 지금 여기서와 한가지로 하늘에서도 하나님께로부터 오는 모든 것은 성령으로 말미암는다. 그들은 하나님으로 충만해지기 때문에, 성령으로 충만해지기 때문에 하나님에

대한 지복의 비전을 갖게 될 것이다. 성령은 요한계시록 22장 1절의 말씀과 같이 하나님과 어린양의 보좌로부터 흘러내리는 순결한 생명수 강이다.

6. 이 비전이 주는 영향으로 영혼은 사랑에 불타오르고 즐거움으로 만족하게 된다.

첫째, 영혼은 사랑으로 불타오를 것이다. 영혼은 수동적인 방관자가 될 것이 아니라, 가장 능동적이 되고 눈에 보이는 사랑의 대상을 향해 가장 강력한 사랑을 나타낼 것이다. 영혼은, 말하자면 보는 눈이 될 것이며 모든 사랑의 행위가 될 것이다. 사랑은 빛이 충만하듯이 사랑으로 충만할 것이며 볼 수 있는 모든 것을 볼 수 있을 것이다. 사랑에 있어서 이해는 가장 완전한 행위가 될 것이다. 이 사랑은 되어야 할 그런 완전한 사랑이 될 것이다. 그 사랑은 완전히 겸손할 것이다. 영혼은 항상 하나님의 발 앞에 엎드려 경배할 것이나 하나님의 사랑의 팔에 안길 것이다. 이 사랑은 그들을 자극시켜 찬양하게 만들 것이다. 그러므로 찬양과 할렐루야가 끊임없이 계속될 것이다.

둘째, 하나님을 봄으로써 영혼은 즐거움으로 충만할 것이다. 그 기쁨이 극에 달하여 영혼은 더 이상의 것을 갈구하지 않을 것이다. 그 기쁨은 영혼이 바라는 대로 받을 수 있을 만큼 은혜로 충만하게 채워질 것이다. 그 기쁨이 너무나 달콤하여 더 이상의 달콤함을 원치 않을 것이다. 그 기쁨이 너무나도 순수하고 탁월하여 영혼은 더 나은 것을 원치 않을 것이다. 시편 17편 15절은 "나는 의로운 중에 주의 얼굴을 보리니 깰 때에 주의 형상으로 만족하리이다"라고 말씀한다. 영혼이 하나님의 영광과 사랑을 볼 때 만족한 즐거움을 얻을 것인즉, 그 까닭은 영혼이 하나님을 받아들이기 때문이다. 말하자면 하나님은 의사소통하시며 그 자신을 영혼에 부어 주신다. 마치 꽃이 태양빛과 그 빛의 즐거운 영향으로 채워지기 전에 문을 열듯이, 말로 형언할 수 없는 달콤함과 만족이 문이 열린 영혼을 채울 것이다!

　다음으로 성도들의 영원한 행복이 놓여 있는 곳을 생각했기에 나는 이제 그 행복의 몇몇 환경에 대해 생각하려고 한다.

　● 그리스도께서 주신 자유로운 은혜의 모든 열매와 죽으신 사랑은 하늘의 행복에 달콤함을 더할 것이다. 이 세상에 있는 성도들은 영으로 자유롭고 주권적인 은혜에 의해 구원의 길을 선택한다. 그리고 이런 방식으로 얻는 구원은 그들 자신의 행위로 얻는 구원보다 훨씬 더 낫고 달콤하다. 그 구원은 그들이 하늘에 있을 때, 그들의 사랑과 겸손이 완전할 때, 이 세상에 있을 때의 미천한 피조물인 것보다 더 풍부한 감각을 가질 때 그들의 행복의 달콤함을 지극히 고양시킨다. 그리고 하나님께서 어떤 놀라운 영광을 그들 앞에 두셨는지를 생각할 때, 하나님의 자유롭고 끝이 없는 은혜를 입은 그들이 감흥되어 달콤한 칭송을 드릴 때 더욱 고양된다! 그리고 그들이 소유하는 이 모든 영광스러운 복됨이 그들 자신의 것이 아니라 영광중에 계신 분의 사랑의 열매라는 사실, 그분 자신의 귀한 보혈로 사신 것이라는 것으로 달콤함을 더하지 않겠는가! 그분의 사랑의 증표로 사랑하는 친구로부터 받아들인다면 그 선물의 가치는 더 높아진다. 그러나 그 기쁨이 영광스러우시고 탁월하신 그분, 성도들이 지극히 사랑하는 그분의 사랑의 열매로 생각할 그때, 하늘은 성도들에 의해 얼마나 더 큰 상을 받겠는가!

　● 결국 잃어버린 자들의 불행에 대해 묵상하며 그들 자신의 처지가 얼마나 다른지 생각할 때 그것은 그들에게 그들 자신의 복됨에 대한 큰 깨달음을 줄 것이다. 성도들은 사악한 자들의 불행을 증언할 것이다. 사악한 자들은 심판 날에 그들이 처할 형편을 보게 될 것이다. 그들은 마귀들과 함께 왼편에 앉은 자신들을 볼 것이며, 심판의 선고가 내려지는

소리를 듣고 그 선고가 이행되는 것을 보게 될 것이다. 성도들은 사악한 자들의 처할 형편이 그들의 형편과 얼마나 다른지를 생각할 때 그들 자신의 행복에 대한 감각이 고양될 것이며, 하나님께서 악인들과 얼마나 다르게 대하시는지를 알게 될 것이다. 그들은 악인들이 받는 두려운 불행, 그들이 피할 수 없는 고통, 그리고 하나님의 구속의 은혜가 그들에게 허락되지 않는 것을 볼 것이다. 그들 자신도 이런 불행을 받을 자격밖에 없었으나 그리스도의 자유로운 은혜로 구속받은 것을 알게 될 것이다. 이 모든 것은 하나님의 자유로운 은혜에 대한 생각을 고양시킬 것이며, 성도들로 하여금 그 은혜를 찬양케 할 것이고, 그들에게 은혜를 주신 하나님에 대한 사랑을 크게 고양시킬 것이다. 그리고 결과적으로 이것은 그분의 사랑 안에서 그들의 기쁨을 고양시킬 것이다. 저주받은 자들은 하늘에 있는 성도들의 행복을 생각하고 그들 자신의 막심한 불행을 발견할 것인즉, 이와 한가지로 하늘에 있는 성도들은 지옥에 있는 저주받은 자들의 불행을 생각할 때 그들 자신의 행복감은 더 커질 것이다.

● 하늘에는 행복과 영광의 다른 차원이 있다. 천사들 가운데 차원이 있듯이─보좌(thrones), 권세(dominions), 정사(principalities), 능력(powers)─성도들 가운데도 차원이 있다. 하늘에는 거할 집들과 위엄의 다른 차원에 속한 집들이 있다. 위에 있는 성도들의 영광은 이 땅 위에서의 거룩과 선한 행실과 비례한다. 그리스도는 그들의 행위에 따라 보상하실 것이다. 열 파운드(pounds)를 남긴 종은 열 도시를 다스릴 권세를, 다섯 파운드를 남긴 종은 다섯 도시를 다스릴 권세를 받았다(눅 19:17). 고린도후서 9장 6절은 "이것이 곧 적게 심는 자는 적게 거두고 많이 심는 자는 많이 거둔다 하는 말이로다"라고 말씀한다. 그리고 사도 바울은 한 별의 영광이 다른 별의 영광과 다르듯이 죽은 자의 부활

에서도 그러하리라고 말한다(고전 15:41).

　그리스도는 우리에게 제자의 이름으로 냉수 한 그릇 대접하는 자는 결코 그의 상을 잃지 않으리라고 말씀하신다. 그러나 이 말씀은 선한 일을 많이 한 것에는 더 큰 상이 없다는 뜻이라면 진리일 수 없다. 그것은 행복과 영광의 낮은 차원을 갖는 사람들의 행복과 영광을 좌절시키는 것이 될 수 없다. 왜냐하면 모든 성도가 완전하게 행복할 것이기 때문이다. 모든 성도가 완전하게 만족할 것이다. 어떤 그릇들은 다른 그릇에 비해 좀 크겠지만, 이 행복의 대양에 던져진 모든 그릇들 안에는 행복이 가득 찰 것이다.

　하늘에는 시기 같은 것이 결코 존재하지 않고 완전한 사랑이 모든 사회를 통틀어 지배할 것이다. 다른 성도들에 비해 높지 않은 영광을 갖는 자들은 자기들보다 높은 영광을 갖는 자들을 시기하지 않고, 그들이 누리는 더 차원 높은 행복을 즐거워하며 그들에 대해 더 위대한 사랑, 더 강한 사랑, 그리고 더 순수한 사랑을 가질 것이다. 그들에 대한 사랑은 그들이 자신들보다 더 행복한 것을 기뻐하는 그런 사랑이다. 그들의 행복에 찬물을 끼얹기보다는, 그들의 행복에 행복을 더할 것이다. 의로운 일을 더 행한 자가 영광에 있어 더 높임 받는 것을 합당하게 여기게 될 것이다. 그리고 선행을 더 한 자들이 그에 합당한 영광을 누리는 것을 기뻐할 것이다.

　그 사회에는 완전한 조화가 있을 것이다. 가장 기뻐하는 자들은 가장 거룩할 것이며, 완전히 거룩한 자들은 완전히 행복할 것이다. 그러나 거룩과 행복에는 각 사람의 능력에 따른 다른 차원이 있을 것이다. 그러므로 영광에 있어서 가장 낮은 자들은 높은 자들 안에 있는 하나님의 형상을 보기 때문에 그들의 영광의 높음을 가장 사랑하게 될 것이다. 그리고 그들을 가장 사랑하기에 영광중에 있는 그들을 바라보는 것을 기뻐하며 행복해할 것이다. 다른 한편, 가장 높은 영광에 거하는 자들은, 가장 사랑스럽기 때문에 사랑으로 충만할 것이다. 행복에 있어서 탁월하듯이 다른 성도들에 대한 자비와 사랑에 있어서도 탁월할 것이며, 하나님과 거룩과 행복에 있어서 낮은 차원에 있는 성도들을 더 사랑하게 될 것이다. 이 외에도 영광에서 탁월한 자들은 겸손에 있어서도 탁월할 것이다. 이 세상에서 다른 사람 위에 있는 자들은 다른 사람들의 부러움의 대상이다. 그러나 하늘에서는 그렇지 않을 것이다. 반대로, 행복에 있어서 탁월한 하늘에 있는 성도들은 거룩에 있어서도 탁월할 것이며, 따라서 겸손에 있어서도 탁월할 것이다. 하늘에 있는 성도들은 땅 위에 있는 성도들보다 더 겸손하며, 거기서는 성도들 사이에 들어갈수록 더 겸손해진다. 하나님을 잘 아는 성도들의 가장 높은 순위(the highest orders)는 하나님과 그들 사이의 차이를 잘 보며, 따라서 비교적 자기 자신들의 눈에 자기들은 작게 보여 더욱 겸손해진다. 하늘에서 나머지 다른 성도들보다 높이 있는 성도들은 그들보다 낮은 성도들의 완전한 행복이 기쁨으로부터 멀리 떨어져 있지 않기에 그들의 행복을 기뻐할 것이다. 그들의 사회에서는 바로 그와 같은 연합이 이루어져 각자가 다른 삶들의 행복에 동참자가 된다. 그때 고린도전서 12장 26절에 선포된 완전함이 이루어질 것이다. "만일 한 지체가 고통을 받으면 모든 지체도 함께 고통을 받고 한 지체가 영광을 얻으면 모든 지체도 함께 즐거워하나니."

● 성도들의 이 행복은 그 어떤 방해도 받지 않는다. 성도들의 행복에 찬물을 끼얹을 것은 그 어떤 것도 존재할 수 없다. 그들의 빛을 가릴 그 어떤 구름은 결코 다가오지 않을 것이다. 그들의 사랑을 식힐 그 어떤 것도 존재하지 않을 것이다. 기쁨의 강은 끊임없이 흐르고, 하나님과 그리스도의 영광과 사랑은 영원히 동일하며, 그 사랑을 방해할 그 어떤

것도 존재할 수 없을 것이다. 성도들 안에 있는 성스러운 사랑은 결코 식지 않는다. 하나님과 그리스도의 영광과 사랑은 영속적이다. 성도들의 능력은 결코 쇠하지 않는다. 그리고 그들은 결코 싫증을 내지 않는다. 그러한 즐거움에 대해 갖는 그들의 흥미는 극에 달할 것이다. 그 영광스런 사회에서 성도들이 부르는 할렐루야는 결코 시들지 않을 것이다. 비록 적극적이고 활기가 넘쳐도, 그들의 행위는 힘에 부침이 없이 완전히 자연스러울 것이다. 태양빛이 기울지 않듯 성도들은 사랑과 찬양과 하나님을 경외함에 있어서 결코 지치지 않을 것이다.

● 이 모든 설명을 요약하면, 그들의 영광과 복됨에는 결코 끝이 없다. 그러므로 그것은 종종 "영생"으로 일컬어진다. 심판 날, 악인이 영원한 형벌에 들어갈 때, 의인은 영생에 들어간다는 말씀을 우리는 듣는다(마 25:46). 하나님 오른편에 있는 즐거움은 영원할 것이라고 말씀한다(시 16:11). 그리고 영생은 단순히 긴 기간이 아니라 절대적인 영원(absolute eternity)이며, 이는 그리스도께서 자기를 믿는 자는 죽지 않을 것이라는 말씀의 관점에서 보면 분명하다(요 6:50; 계 22:5). 새 예루살렘에 관한 묘사에서 말씀하고 있다. "그들이 영원토록 왕 노릇 하리라." 이 영원한 복됨은 모든 것에 면류관을 씌운다. 만일 성도들이 그들의 행복에 끝이 있음을 안다면, 그것은 그들의 기쁨에 찬물을 끼얹는 것이다. 행복이 크면 클수록 종말에 대한 생각은 불쾌하게 만들 것이며, 종말이 없다는 생각을 하면 할수록 기쁨은 더욱 커질 것이다. 성도들은 종말이 있으므로 그들의 행복이 위태로워진다는 생각을 할 필요가 없다. 하나님이 영원하심같이 그들의 행복도 영원하다. 샘이 지속되는 한, 그들은 두려움 없이 그들은 필요한 것으로 채움 받을 수 있다.

적 용

1. 그러므로 회심에 얼마나 큰 긍휼이 뒤따르는지를 배우는 까닭은 회심이 영원한 불행에 노출된 자에게 이 복됨에 이르는 권리를 부여하기 때문이다. 자연인은 이 복에서 멀리 떨어져 있다. 우리는 죄와 사탄에 결박되어 있고, 죄책과 진노 아래 있으며, 복의 샘이신 하나님을 적대하며, 영원한 파멸의 저주 상태에 있는 비참하고, 불행하며, 완성되지 못한 세상에 왔다. 그러나 회심하면 그가 처한 상태에 놀라운 변화가 일어난다. 그날 그는 사망에서 생명으로 옮겨간다. 저주와 불행에서 영원히 영광과 존귀와 평안으로 옮겨간다. 사람이 일단 회심하면, 우리가 듣는 이 모든 축복은 그의 것이 된다. 그는 이제 그 모든 것을 가질 권리를 갖는다. 하나님의 신실한 말씀이 그것을 보증하며 신실하게 약속한다. 하늘과 땅은 지나가지만, 하나님의 말씀은 결코 떨어지지 않고 다 성취될 것이다. 하나님의 말씀에 대한 증거는 하늘 높은 곳에 기록되었다.

사람이 회심하는 날, 그는 축복의 상태에 들어간다. 그가 살아 있는 한 그는 확실히 복된 사람이다. 그리고 회심한 그는 죽을 때에 분리의 상태에서 부활 날에 완전한 영광과 축복을 가질 권리를 갖는다. 이 사실은 회심의 변화가 얼마나 위대하고 복된 변화를 가져오는지를 우리에게 가르치며, 회심한 그들이 그 축복의 주체가 되리라고 생각할 타당한 근거에 대해, 그리고 이제 그들이 갖게 될 변화된 상태로 인하여 어떻게 행복에 겨워 하나님의 이름을 찬양하고 영광을 돌리는지를 우리에게 가르친다. 불행한 상태에서 이끌어내어 영광의 상태에 들어가게 하는 것은 오로지 자유롭고 주권적인 은혜의 역사다. 고린도전서 4장 7절은 말씀한다. "누가 너를 구별하였느뇨 네게 있는 것 중에 받지 아니한 것이 무엇이뇨 네가 받았은즉 어찌하여 받지 아니한 것같이 자랑하느뇨."

2. 그러므로 우리는 구원받은 자들의 영광과 행복이 얼마나 위대한 것인지를 보면서 구원에 대해 냉담하고 부주의한 자들의 어리석음에 대해 배울 수 있다. 노력 없이 위대한 것을 얻고자 기대하는 것은 얼마나 비합리적인 일인가! 사람들은 너무나도 가치 없고 행복하게 해 줄 수 없는 세속적인 부요와 영광을 얻으려고, 그리고 아무리 부지런하고 크게 수고한들 이내 사라져 버릴 것들을 얻으려고 안간힘을 쓴다. 그리고 부주의하고 냉담한 방법으로 구원을 추구하며 그와 같은 영원한 영광과 행복 얻기를 기대할 수 있겠는가? 그렇게 냉담하고 부주의하게 추구하는 이 복됨이 중요한 것이라도 된다는 말인가! 하나님께서 그와 같은 자들에게 그것을 허용하실 만큼 그것을 가치 없게 여기시는가?

3. 그러므로 우리는 세상에서 크리스천이 부딪히는 그렇게 많은 고통과 어둠의 어려움을 해결할 수 있을지 모른다. 어떤 경건한 사람들은 매우 큰 외부의 고통의 주체이며, 어떤 이들은 큰 영적 암흑의 주체이기도 하다. 어떤 경건한 사람들은 그들의 삶의 대부분을 의심, 불안한 생각, 억누르는 두려움을 갖고 어둠 속에서 보낸다. 그리고 종종 하나님의 백성은 이것을 자신들을 대적하는 논쟁으로 삼는다. 그들은 만일 하나님께서 그들을 사랑하셨다면, 그들을 자녀로 삼으셨다면 그와 같은 어둠과 고통 속에 방치하지는 않으셨을 것이라고 주장한다. 하나님은 그들에게 그분의 얼굴빛을 더 보여 주셨을 것이다. 그들은 "만일 하나님께서 나를 사랑하신다면 왜 좀 더 위로를 주시지 않는가? 왜 내가 어둠 속에 있는 것을 보고만 계시고 위로해 주시지 않는가?"라고 말할 준비가 되어 있다. 그러나 우리가 들은 바는 우리가 직면하는 모든 어려움을 해결할 수 있다. 만일 영원히 계속될 그들의 행복이 그렇게 위대하다면, 이 세상에서 머무는 짧은 순간을 위한 그들의 상황이 얼마나 미세한가?

그들이 어둠 속에 있다면 어떤가? 만일 그들이 어둠 속을 걷고 큰 고통을 당한다면? 현재의 고통을 장차 나타날 큰 영광에 비할 수 있겠는가! 족히 비교할 수 없으리라. 만일 하나님께서 영원한 행복을 주신다면, 그것은 그분의 사랑에 대한 확실한 증거며, 그들이 이 세상에서 직면하는 모든 어두움과 슬픔은 무가치한 것이다. 제 아무리 길더라도, 이 모든 어두움은 장차 나타날 영광에 비하면 아무것도 아니다.

4. 이 주제는 의인들에게 위로의 견고한 근거를 제공한다. 그가 그와 같은 영원한 복(blessedness)을 받을 만한 자격이 있다고 생각하는 것보다 그에게 큰 기쁨과 위로를 주는 다른 일이 무엇이 있겠는가? 여기에 모든 역경 아래 있는 자들을 위한 충분한 위로가 있다. 우리가 이 세상에서 어떤 변화에 직면하든, 이는 가장 크고 무거운 고난 아래 있는 자들에게 풍부한 위로의 문제가 될 수 있다. 이와 같은 일들 안에서 비록 무화과나무가 열매를 맺지 않고, 포도나무에 열매가 없을지라도 크리스천은 기뻐할 수 있다. 이 견고한 후원과 위로를 갖고 있기에, 크리스천은 땅이 흔들리고 산이 들려 바다 가운데 빠지는 일이 있어도 두려움이 없다.

그러므로 이러한 일들로 하여금 하나님을 두려워하고 사랑하며 그리스도를 신뢰하는 당신으로 하여금 위로하게 만들라. 하늘에서는 당신을 위해 영광스러운 희망, 쇠하지 않는 기업, 그리고 부패하지 아니하고, 더럽지 않으며 결코 소멸하지 않는 기업이 준비되어 있다!

그러므로 나는 성도들에 대해 반대하고 신뢰하지 못하는 자들을 위해 답하고자 한다.

반론 1. 이 영광과 복됨은 너무 위대하고 황홀하므로 인간과 같은 작자들에게 나눠 주기는 너무 크다. 하나님이 땅의 벌레 같은 자들을 높이신다는 것은 거의 믿을 수 없는 이야기이다.

답변. 그리스도의 죽음과 수난은 이 복됨에 속한 모든 것을 신뢰할 수 있는 것으로 만들었다. 만일 하나님께서 그분의 아들을 우리를 위한 충분한 것으로 삼지 않으셨다면, 우리를 위해 무엇을 크게 생각하시겠는가? 만일 하나님께서 아들을 아껴서 우리를 위한 저주와 죽음의 희생으로 삼지 않으셨다면, 아무리 크다 한들 복됨은 믿을 수 없는 것이 되고 만다. 로마서 8장 32절은 "자기 아들을 아끼지 아니하시고 우리 모든 사람을 위하여 내어 주신 이가 어찌 그 아들과 함께 모든 것을 우리에게 은사로 주지 아니하시겠느뇨"라고 말씀한다. 만일 하나님께서 그분의 사랑을 우리의 행복을 마련해 주시는 방법으로 고안하신 것을 보여 주시려 한다면, 행복 그 자체의 정도는 신뢰할 수 있는 것이다. 그 행복이 인간의 행복을 위해 고안된 것이라면, 인간이 즐기지 못할 정도로 큰 행복은 아니다. 만일 하나님께서 그에 대해 하시는 모든 것이 시종일관된 것이라면, 그분의 무한한 지혜 또한 그들의 영광과 행복을 높은 수준으로 만드실 수 있다.

반론 2. 일부 크리스쳔은 여전히 "그것은 다른 사람들에게 부여할 수 없을 정도로 크지 않지만, 나 같은 피조물에게는 부여될 수 없는 것 같다. 하나님께서 그와 같은 영광을 나 같은 자, 지극히 낮고 무가치하고 미천한 자에게 주시리라는 것은 어불성설이다. 나는 한때 무가치했을 뿐만 아니라, 지금도 여전히 무가치하다. 나는 눈이 멀었다. 나는 수없는 죄를 지었고 선이라곤 눈을 씻고 보아도 찾을 수 없다. 나는 죄를 많이 짓고 선은 하나도 행치 않아 그와 같은 복을 받을 자격이 전혀 없는 존재다. 나보다는 다른 사람들이 그 복을 받아야 한다."고 주장할 수 있다.

답변. 무한하신 은혜는 가장 낮은 자와 무가치한 자에게 부여될 수 있다. 하나님의 계획은 그분의 자유로운 은혜를 영광스럽게 하는 것이며,

이는 자유로운 은혜가 영광을 받는 길이다. 그와 같은 위대한 축복을 가장 무가치한 자에게 주심으로써 은혜가 영광을 받는다. 이는 한 토막 안식이기도 하다. 구속 사역 안에 있는 모든 것은 놀라워서, 그리스도를 부르는 한 이름은 '기묘'(Wonderful)다. 은혜는 획득의 수단에 있어서 놀랍고(그리스도를 죽음에 내어 주셨다), 얻어진 행복의 차원에 있어서 놀랍듯이, 그것을 받는 낮고 무가치한 주체와 관련하여 놀랍다.

5. 이 주제는 이 복됨을 성실히 추구하는 자연인에게 엄숙한 권고를 준다. 그리고 여기서 당신은 첫째로, 이 세상밖에 소유하지 못하고 천국을 소유하지 못한 당신이 얼마나 가난한 자인지를 생각할 수 있다! 당신이 지금까지 경청해 온 이 놀랍고도 영원한 영광에 대해 당신이 가진 몫은 하나도 없다. 당신이 가진 것이라고는 땅의 흙덩이 조금밖에 없다. 그러면 당신이 가진 가치 있는 것은 과연 무엇이란 말인가? 만일 당신이 당신의 이웃이 가진 것보다 땅덩이를 조금 더 가지고 있거나, 만일 다른 사람들보다 돈을 조금 더 버는 방법을 갖고 있다면, 만일 당신이 사용하는 생활필수품들이 다른 사람들이 쓰는 것보다 조금 더 낫고, 다른 사람들보다 세속적인 편리와 즐거움을 좀 더 갖고 있거나, 만일 다른 사람들보다 좀 더 승진된다면, 이는 구차한 몫에 불과하다. 당신은 당신 자신의 것이라고 부를 수 있는 더 나은 행복을 갖지 못한 얼마나 불쌍한 사람인가! 이것들이 당신을 얼마나 행복하게 하겠는가? 그것들이 당신에게 얼마나 큰 만족을 안겨 주겠는가? 오, 당신은 이 세상의 몫만을 가진 불쌍한 사람이로다! 며칠만 지나면 당신은 무덤에 가서 영원 속에 잠들어야 하며, 당신의 영광은 당신의 뒤를 따라 무덤에 내려갈 것이다. 그리고 세상적인 즐거움의 위로를 이 땅에서 다 받은 자들은 얼마나 비참한가(눅 6:24).

둘째, 당신은 어떤 불행에 노출되어 있다! 당신은 이 행복과 영광에 대해서는 어떤 몫도 가지고 있지 않을 뿐만 아니라, 끝없는 불행에 매달려 있어 매일매일 회복 불가능한 위험에 노출되어 있다.

셋째, 당신은 지금 이 복됨을 얻을 기회를 갖고 있다. 지금 당신이 불행에 노출되어 있는 것은 사실이지만, 이 영광은 당신에게 제시되어 있다. 기회는 지나가지 않았다. 당신은 지금 영원히 행복해질 수 있는 기회를 갖고 있다. 다른 세계에서 누릴 행복을 지금 가질 기회는 이 세상 천 배 만 배보다 더 가치 있다.

질문. 천국을 얻기 위해 나는 무엇을 해야 하는가?

답변 1. 당신은 직접 간접으로 당신 자신의 힘으로 천국을 얻으려는 희망을 모두 버려야 한다. 많은 사람들은 자기 자신의 힘으로 천국을 얻을 수 없다는 사실을 알지만, 그들은 간접적으로 그렇게 하려는 희망을 품고 있다. 그들은 자기 자신의 힘으로 그리스도께 가까이 나아가 그분을 구세주로 받아들이려고 한다. 그들은 자신을 구원이란 말에 추종시키려고 한다. 당신은 당신 자신의 힘에 대한 신뢰를 버리고 천국을 얻는 대가로 삼으려는 당시 자신의 의를 버려야 한다. 성도들의 행복과 영광에 대해 줄기차게 논의되어 온 숙고는 자기 자신의 의로 큰 행복을 사려고 생각하는 자들의 어리석음의 극치를 우리에게 보여 주고자 한다. 자신의 행위를 그분으로부터 그와 같은 영광을 사들이려고 하나님께 드리고자 하는 충분한 대가로 생각하는 헛된 생각이여! 만일 인간의 의 때문에 인간에게 영광과 행복을 주시고 그들의 불행한 행위를 그 대가로 받아들이셔야 한다면 하나님은 얼마나 자신의 명예를 떨어뜨리시고 당신 자신의 선하심에 먹칠하시겠는가!

답변 2. 당신의 마음은 천국을 사신 그분께로 가까이 나아가야 한다. 다른 모든 길을 버리고, 당신의 마음은 전적으로 그분께 가까이 나아가 길이요 진리요 생명이신 그분께 달라붙어야 한다. 당신의 마음은 그분에게 빠져야 하며, 당신의 마음은 거저 주시는 은총으로, 자비와 구원하는 은총의 열매로 천국을 받아들이는 기쁨과 달콤함이 되어야 한다. 당신은 확실히 그리스도께서 완전한 구세주이심을 믿고, 당신의 영혼은 현명하고, 거룩하고, 충분하고, 탁월한 방식인 그분에 의한, 그분의 보혈과 그분의 의에 의한 구원의 길에 서야 한다. 당신의 마음은 당신 자신의 의와 모든 다른 길을 떠나서 예수 그리스도를 구세주로 받아들여야 한다. 당신의 기쁨은 이 거룩한 구원의 길에 있어야만 한다.

답변 3. 당신은 하늘의 하나님을 당신의 분깃으로 선택해야 한다. 당신은 시편 73편 25절에서 "하늘에서는 주 외에 누가 내게 있으리요 땅에서는 주밖에 나의 사모할 자 없나이다"라고 말하는 시편 기자의 마음과 같은 마음을 품어야 한다. 당신은 그분을 즐거워하는 것을 다른 그 무엇보다 존중히 여기고 즐겨야 한다. 당신은 하나님을 즐거워하고, 그분과 대화하는 것이 세상의 그 어떤 즐거움이나 이익보다 낫다는 눈을 가져야 한다. 당신이 고안하고 발견할 수 있는 모든 행복 가운데 이 행복이 영원하고 지고한 것으로 선택할 수 있어야 한다.

답변 4. 당신의 마음은 신실하게 천국의 사역(the employment of heaven)에 가까이 이르러야 한다. 천국에서 사람들은 한가하지 않고 지속적으로 사역하며, 그들의 사역은 거룩한 사역이다. 그들은 그들의 시간을 전적으로 거룩한 일에 사용한다. 하나님을 묵상하고 그분을 찬양하고 섬기는 데 사용한다. 요한계시록 22장 3절은 "다시 저주가 없으며 하나님과 그 어린양의 보좌가 그 가운데 있으리니 그의 종들이 그를 섬기며"라고 말씀한다. 만일 당신이 천국에 간다면, 당신의 마음은 그와 같은 사역을 자유롭게 선택하게 될 것이다. 당신은 그 사역들을 즐겨야 하고 그 사역들을 탁월하고 즐거운 사역으로 여겨야 한다.

답변 5. 당신은 마음이 청결하고 손이 깨끗해야 한다. 마음이 청결한 자는 하나님을 볼 것이다(마 5:8). 하나님의 거룩한 산에 오르는 자는 마음이 청결하고 손이 깨끗한 자다(시 24:4). 당신은 모든 죄를 미워하고 당신의 삶에서 아무 죄라도 따르지 말아야 한다. 죄는 당신에게 큰 짐이 되어야 한다. 당신은 진저리를 칠 정도로 죄를 혐오해야 하며, 그것과 맞서 싸워야 하고, 죄로부터 당신의 마음을 더더욱 깨끗하게 해야 한다. 더욱 성실하게 거룩을 사모하고, 하나님의 뜻에 순종하며, 성도다운 삶의 길을 걸어라.

답변 6. 당신은 천국을 위해 모든 것을 팔아 치워야 한다(마 13:44-46). 천국은 당신에게 밭에 감추인 보화 같아야 하거나 값비싼 진주 같아야 한다. 만일 당신이 천국을 소유하려면, 당신은 천국을 당신의 전 분깃으로 삼아야 한다. 당신은 천국 이외의 다른 것들이 천국 가는 길에 방해가 된다면 그 모든 것들을 실제적으로 포기해야 한다. 만일 당신이 천국을 소유하려면, 당신은 당신의 세속적인 유익과 당신의 신용, 이웃에 대한 선한 의지, 세속적인 즐거움과 편리, 그리고 천국 가는 당신의 길에 있는 모든 것을 팔아 치워야 한다. 수많은 사람들은 이것 없이 천국을 얻게 될 것이라고 스스로에게 아첨하며, 천국 문 앞에 얼씬조차 할 수 없는 주제에 천국을 소유할 권리가 있다고 생각한다. 그러나 그들은 결국 실망하고 말 것이다.

답변 7. 당신은 좁고 협착한 길이 아닌 다른 길로 천국에 가려고 기대해서는 안 된다. 어떤 이들은 좁은 길로 걷지 않고 천국에 들어가기를 기대한다. 그들이 걷는 길은 그들 자신의 편리를 만족시켜 주는 길이며, 신앙의 힘들고 어려운 부분을 벗어 버리는 길이다. 그것은 자기 부인, 고통, 수고의 길이 아니라 넓은 길이며 수고, 깨어 근신함, 십자가를 지는 길이 아니다. 그러나 그와 같은 길, 그들이 희망하는 길, 그렇다고 고백하는 길, 무엇을 하든 그들의 경험을 정당화하는 길은 결국 천국 가는 길이 아니다. 어떤 이들에게 성경이 제시하는 길은 너무 좁고 협착하다. 그러므로 그들은 넓은 길을 찾는다. 그러나 그 생각은 헛된 생각이다. 만일 당신이 좁고 협착하지 않은 천국 가는 다른 길을 찾는다면, 당신은 그 길을 찾는 최초의 발명가가 될 수 있다. 만일 당신이 거기 간다면 많은 양 떼가 발자취를 따르게 될 것이다. 만일 당신이 천국에 간다면, 자기 부인과 고통의 길에 있는 것에 만족해야 한다. 매일 십자가를 지고 그리스도를 따르며 많은 환난을 통과해야 할 것이다.

6. 이 주제는 성실하게 거룩한 삶을 추구하는 경건한 자들에게 숭엄한 권고를 주는 근거를 제공한다. 하나님의 무한하신 자비를 얻고 그와 같은 영광스러운 소망을 얻은 당신은 거룩한 대화와 경건한 삶의 방식을 취해야 한다! 하나님께서 당신에게 그와 같은 행복을 허락하신 것을 보면서, 그 은총에 응답하는 길에 서서 성실히 수고하라. 하나님께서 당신에게 자녀 되는 행복을 허락하신 것을 바라보면서 하나님의 자녀다운 길을 걸어라. 에베소서 5장 1절은 "그러므로 사랑을 입은 자녀같이 너희는 하나님을 본받는 자가 되고"라고 말씀한다. 하늘에 계신 아버지를 닮도록 하라. 아버지의 거룩하심같이 거룩하라. 예수님의 제자들과 친구들이 갖는 축복에 들도록 허락받은 것을 보면서 그리스도의 친구로서 길을 걸어라. 당신의 영광스런 주시요 머리이신 그리스도를 닮도록 하라.

여기서 특별히 생각할 몇 가지 사실이 있다.

첫째, 세상이 창조되기 전에 말할 수 없는 축복 안에서 하나님의 큰 사랑을 당신에게 부어 주셨다. 이 축복을 당신에게 주시기 위해 그분의 아들을 주시기까지 사랑하신 하나님의 사랑은 얼마나 놀라운 사랑이며, 당신의 영광을 위해 보혈을 흘리신 그리스도의 사랑은 얼마나 놀라운 사랑인가! 그러므로 당신은 하나님의 영광을 위해 어떻게 살아야 하겠는가! "그러므로 형제들아 내가 하나님의 모든 자비하심으로 너희를 권하노니 너희 몸을 하나님이 기뻐하시는 산 제사로 드리라 이는 너희의 드릴 영적 예배니라 너희는 이 세대를 본받지 말고 오직 마음을 새롭게 함으로 변화를 받아 하나님의 선하시고 기뻐하시고 온전하신 뜻이 무엇인지 분별하도록 하라." "부지런하여 게으르지 말고 열심을 품고 주를 섬기라." "마음을 같이하여 같은 사랑을 가지고 뜻을 합하며 한 마음을 품으라." "오직 겸손한 마음으로 각각 자기보다 남을 낫게 여기고 각각 자기 일을 돌아볼 뿐더러 또한 각각 다른 사람들의 일을 돌아보라." "아무에게도 악으로 악을 갚지 말고 모든 사람 앞에서 선한 일을 도모하라."

둘째, 하나님께서 주신 복이 세상의 것보다 얼마나 더 나은지를 생각하라. 그러므로 당신이 어떻게 세상을 초월하여 살 것인지를 생각하라. 하나님께서는 당신을 세상 가운데서 구속하여 내셔서 당신이 이 세상의 것을 분깃으로 삼아 살지 않게 하셨다. 순례자와 객처럼, 성도들과 하나님의 집에 있는 가족과 함께 동일한 시민으로서 살라. "이 세대를 본받지 말고 오직 마음을 새롭게 함으로 변화를 받으라"(롬 12:2). 만일 당신이 당신의 마음을 썩어질 세상 것에 둔다면 당신에게 그와 같은 영광을 주신 하나님을 얼마나 욕되게 하겠는가? 당신에게 그와 같은 복됨을 주신 하나님의 은혜를 얼마나 욕되게 하는가? 더 이상 세상에 당신의 마음을 두지 말고 하늘에 고정시켜라!

셋째, 하나님께서 당신과 다른 사람들 사이에 얼마나 큰 차이를 두셨는지, 당신의 가족이 다른 가족들과 얼마나 다른지, 하나님께서 다른 사람들보다 당신에게 얼마나 더 많은 은혜를 부어 주셨는지를 생각하라. 그러므로 하나님께서 계신 위엣 것을 찾으라. 그렇게 하는 것이 사탄의 자식들보다 영광을 얻은 하나님의 자녀들이 할 바가 아니겠는가? 신중하게 생각하라. 그리고 "남보다 더 하는 것이 무엇이냐"는 마태복음 5장 47절의 말씀처럼 질문을 받지 않도록 하라. 다른 사람들은 그들을 사랑하는 사람들을 사랑한다. 다른 사람들은 그들에게 선을 행하는 사람에게 선을 행한다. 당신이 부름 받은 대로 소명의 가치 있는 길을 걸어라. 당신 이웃보다 당신의 더 탁월한 영성이 드러나게 하라. 더 많은 사랑, 더 많은 온유함, 그리고 더 많은 겸손을 나타내고, 고난을 참으며 길이 참는 중에 서로 사랑하라. 주님을 기쁘시게 하는 길을 걸어라. 하나님의 택하심을 받은 자녀같이 거룩하고, 사랑할 만하며, 긍휼, 친절, 마음의 부드러움, 온유, 오래 참음이 열매로 나타나게 하라. 빛을 사람 앞에 비춰게 하여 저희로 너희 착한 행실을 보고 하늘에 계신 너희 아버지께 영광을 돌리게 하라.

역 자 후 기

역자는 대학원 시절 복음주의 신학 역사 과목을 이수하면서 조나단 에드워즈를 만났다. 그러나 그에 '대해' 공부한 것이었지 그를 '알지는' 못했다. 그런데 이번에 그가 쓴 《참된 신자가 되라》를 번역하면서 아주 깊이는 아닐지라도 그를 아는 기회를 가지면서 그때 받은 은혜 혹은 감흥이 다시 마음에 되살아나는 것을 체험했을 뿐 아니라, 영적인 각성 내지는 사명을 새롭게 하는 뜨거운 체험을 하게 되었다. 물론 여기에는 눈물의 회개 기도가 수반되었다.

이 눈물의 기도에 나 자신뿐 아니라 한국 교회 목회자들과 성도들에 대한 통회와 눈물이 포함되었다고 말한다면 위선 내지는 영적 사치라고 혹자는 꼬집어 말할지 모른다. 그러나 나는 어느 때부터인가 눈물의 선지자 예레미야처럼 한국 교회와 성도들을 위한 눈물의 선지자가 되기로 결심하고 눈물을 흘려 온 것이 사실이다. 비록 폭포수 같은 눈물이 아닐지라도 말이다.

이 책을 번역하면서 나는 나 자신에 대해 울었고 또한 한국 교회와 성도들을 위해 울었다. 그리고 그 어느 때보다 영적 순례의 리더이신 예수 그리스도의 준엄하신 눈초리를 의식했고 그분의 추상같은 질타가 귓전을 강타하는 것을 들었다. "이미 도끼가 나무뿌리에 놓였으니 좋은 열매 맺지 아니하는 나무마다 찍어 불에 던지우리라"(마 3:10). 번역을 해 나가면서 나는 더욱 영혼의 깊은 전율과 고뇌에 빠져들었다. 목사이기 이전에 "나는 참된 표지를 가진 크리스천인가?" 솔직히 말해, 하던 번역을 멈추고 자성하고 회개하는 시간을 한두 번 가진 게 아니다. 표지 없는 목사라면, 이는 표지 없는 성도보다 위험 수위가 더 높다

나무의 열매는 나무의 정체성(identity)을 드러내는 표지다. 너나 할 것 없이 참된 믿음의 표지가 있어야 참된 크리스천이다.

조나단 에드워드의 《참된 신자가 되라》가 번역된 것은 역자 자신을 위해서나 한국 교회와 성도들을 위해 천만다행한 일이 아닐 수 없다는 것이 역자의 확신이다. 확신하는 바는, 이 책을 읽는 목회자와 성도들은 믿음의 출발선으로 되돌아가 정말 자신이 거듭났는지를 점검하지 않을 수 없을 뿐 아니라 작금의 영적 현실을 냉정하게 비판하고 성찰하게 될 것이다. 회개는 아무리 늦어도 하지 않는 것보다 훨씬 유익하다.

에드워드는 참된 믿음의 표지로서 거룩함 곧 생각과 말과 행동의 성결을 말하며 거룩이 없는 자는 저주받은 자라고 말한다. 성결의 표지는 참 신자의 표지다.

하나님에 대한 영적 지식이 아닌 사변적인 지식이나 사색적 동의는 마귀가 갖는 것이므로 그런 지식에 머물고 있는 신자는 참 신자가 아님을 그는 말한다. 산상수훈에서 말하는 은혜의 증거들, 성령의 열매, 위에서 난 지혜를 따르는 삶, 성실하고 열정적인 욕망, 신적인 일들에의 중요성에 대한 감각, 그리고 하나님의 위엄에 대한 지각의 표지를 가져야 참 신자다.

은밀한 기도를 하지 않고 있는 신자, 일시적으로나 필요할 때만 기도하는 신자는 기도의 영, 믿음의 영이 없는 위선자요 거짓 신자다. 그는

쉬지 않는 은밀한 기도를 참된 신자의 표지로 제시한다.

예배와 예전 같은 규례에 수시로 참여하나 돌아서서 악행하는 신자, 생각과 말, 행동이 덕스럽지 못하고 악한 냄새를 풍기는 신자는 거짓 신자다. 마치 저주받아 죽은 웃시야 왕처럼.

하나님에 대한 사랑과 감사가 없는 신자 역시 거짓 신자다. 참된 신자는 하나님을 사랑하고 감사하는 자, 하나님과의 친밀함을 힘써 추구하는 자다. 그는 영적 삶에서 왕적 권위를 갖는다. 또한 그는 자신을 제물 삼는다. 그리고 찬양의 제사, 순종의 제사, 사역자를 환대하고 가난한 자를 구제하는 자비의 제사, 그리고 믿음의 기도의 제사를 드린다. 이것들이 참된 믿음의 표지다.

참된 믿음의 다른 표지는 헤시케이아(hesicheia), 즉 세상이 알 수도 줄 수도 없는 내적 평안이다. 참된 신자는 이 평안의 표지를 갖는다.

몸을 떠나는 신자는 곧바로 천국에 들어가 그리스도와 연합하고 일치하여 그리스도와 영광스러운 대화를 즐기며, 무한하고 부요한 사랑을 그리스도와 나누며, 그리스도의 통치의 영광에 참여한다. 그리고 영광중에 그리스도와 재림한다.

그리고 의인들이 받을 유업은 영광과 존귀와 평강이다. 그리스도가 그들 안에 계시므로 그들은 탁월하며, 하나님의 진노와 사탄의 능력으로부터 안전하므로 평강하다. 영생의 희망 안에서 그들은 말할 수 없이 기뻐한다.

어떤 성도가 천국엘 갔더니 거기에는 목사들의 입과 성도들의 귀만 와 있더라는 말을 들은 적이 있다. 한국 교회와 성도들의 개탄스런 영적 현실을 누가 꼬집어서 말한 것일까? 그게 사실이라면 우리는 얼마나 불행한 존재인가! 아무쪼록 역자와 이 책을 읽는 분들의 신앙생활에 변혁이 일어나기를 간절히 기도한다. 우리의 신앙이 거짓 믿음(false-faith)은 말할 것도 없고 유사 믿음(pseudo-faith)도 아닌 참믿음이 되기를, 그리고 그렇게 변화되는 데 조나단 에드워즈의 이 책이 기여하게 되리라 믿는다.

번역의 기회를 주신 기독교문사에 깊은 감사를 드린다.

2006년 11월
옮긴이 이기승 목사